《水润雄安》文萃系列丛书

张莉萍 点
彭艳芬 校
赵艳平 赵平分 注

# 雄乘

## （点校注本）

河北大学出版社·保定

出 版 人：朱文富
责任编辑：李丽华
装帧设计：赵　谦
责任校对：陈浩苏
责任印制：常　凯

**图书在版编目（CIP）数据**

雄乘 ：点校注本 / 张莉萍等点校注 . -- 保定 ：河北大学出版社，2022.12
ISBN 978-7-5666-2108-5

Ⅰ . ①雄… Ⅱ . ①张… Ⅲ . ①雄县－地方志 Ⅳ . ① K292.24

中国国家版本馆 CIP 数据核字 (2023) 第 045824 号

XIONGSHENG

出版发行：河北大学出版社
地址：河北省保定市七一东路2666号　邮编：071000
电话：0312-5073003　0312-5073029
网址：www.hbdxcbs.com
邮箱：hbdxcbs818@163.com
印　　刷：涿州市般润文化传播有限公司
幅面尺寸：148 mm × 210 mm
字　　数：273 千字
印　　张：13
版　　次：2022年12月第1版
印　　次：2022年12月第1次印刷
书　　号：ISBN 978-7-5666-2108-5
定　　价：40.00 元

《水润雄安》文萃系列丛书

张莉萍 点
彭艳芬 校
赵艳平 赵平分 注

# 雄乘
## （点校注本）

河北大学出版社·保定

出 版 人：朱文富
责任编辑：李丽华
装帧设计：赵　谦
责任校对：陈浩苏
责任印制：常　凯

**图书在版编目（CIP）数据**

雄乘 ：点校注本 / 张莉萍等点校注 . -- 保定 ：河北大学出版社，2022.12
ISBN 978-7-5666-2108-5

Ⅰ . ①雄… Ⅱ . ①张… Ⅲ . ①雄县－地方志 Ⅳ . ① K292.24

中国国家版本馆 CIP 数据核字 (2023) 第 045824 号

XIONGSHENG

出版发行：河北大学出版社
地址：河北省保定市七一东路2666号　邮编：071000
电话：0312-5073003　0312-5073029
网址：www.hbdxcbs.com
邮箱：hbdxcbs818@163.com
印　　刷：涿州市般润文化传播有限公司
幅面尺寸：148 mm × 210 mm
字　　数：273 千字
印　　张：13
版　　次：2022年12月第1版
印　　次：2022年12月第1次印刷
书　　号：ISBN 978-7-5666-2108-5
定　　价：40.00 元

# 丛书编委会

**主　　任：** 胡连利

**副 主 任：** 刘清波　马丽娟

**委　　员：** （按姓氏笔画排序）

王春光　白云霜　刘世斌　米建军　张莉萍

赵平分　赵艳平　梁若雪　彭艳芬

**总 主 编：** 刘清波

**副总主编：** 马丽娟　张莉萍　彭艳芬

# 总　序

党的二十大擘画了全面建设社会主义现代化国家的宏伟蓝图，做出了“增进文化自信自强，铸就社会主义文化新辉煌”的战略部署。我们保定学院人认真学习贯彻党的二十大精神，立足保定实际，紧跟雄安新区建设步伐，持续激发全体师生的文化创新创造活力，坚定文化自信，积极投身社会主义文化强国建设。

设立雄安新区，是以习近平同志为核心的党中央深入推进京津冀协同发展做出的一项重大决策部署。作为千年大计、国家大事，建设雄安新区是推进北京非首都功能疏解的有力举措，是调整优化京津冀空间结构的必然要求，是培育推动高质量发展和建设现代化经济体系新引擎的关键举措。新区建设秉持“世界眼光、国际标准、中国特色、高点定位”理念，努力打造贯彻新发展理念的创新发展示范区。雄安新区建设注重传承文化基因，让这座“未来之城”不仅成为“数字城市”“智能城市”和“绿色低碳城市”，同时更会成为一座“文化之城”。

建设“文化之城”离不开大学之力。作为毗邻雄安新区最近的大学，保定学院师生情系新区建设、力聚新区发展。自2017年4月1日雄安新区设立以后，新区党工委委托保定学院自5月起组成专家团队，以凝练雄安文化特色、塑造城市精神为研究方向，开展雄安新区规划建设特色文化传承研究，研制课题300题，形成《基于雄安新区深化规划的生态文化地标发掘发展建议书》，创办了雄安文化研究机构，为雄安思想文化建设贡献高校力量。

保定学院是保定市唯一一所市属本科高校，创立于1904年。在百余年的办学历史中，保定学院积淀了厚重的红色基因、科学基因、文化基因。学校建有保定历史文化研究团队和白洋淀文化研究团队，一直以来对雄县、容城、安新三县和华北明珠白洋淀饱含热情的关注、持续发力的研究，涌现了多位相关领域的专家。2021年出版了近180万字的《保定通史》，其中有关雄县、容城、安新三县历史文化的考证研究成为雄安新区历史文化研究的坚实基础。

为贯彻落实习近平总书记在雄安新区考察时做出的重要指示，保定学院结合科研和教育教学实践，组织师生对雄安新区的文化资源进行田野调查，开展文化研究和文化创作，形成“水润雄安”系列丛书，包括《雄乘》《家在雄安》《或鳞或羽》《雄安新区当代书画家志》《传统民俗文化视域下的雄安近代文物》。丛书视角新颖、各辟蹊径：或展现志书里的岁月沧桑，或在文物间探寻生之俗常，或跟踪关注雄安这方水土养育的书画名家，或为雄安写下发乎真情又别有格局的诗文……其中，对文化源流的探赜和思考，对文化传承的认识与担当，对文化场域的畅想与实践，彰显了丛书对推进雄安新区高标准、高质量文化建设的社会意义和时代价值。

文化是闪光的，也是朴素的。文化既承载历史，更激荡未来。相信雄安新区的文化秀林会增添更多保定学院人的色彩和风景。

胡连利

2022 年 12 月

# 前　言

雄县地处河北省中部，夏朝，属有易氏。春秋时期，为北燕之域。战国，为燕国易邑地。秦，属广阳郡，后属上谷郡。汉，属涿郡，即燕之易邑。东汉，属涿郡。永元二年（90年），改名河间国。三国，更名易城县，属河间郡。晋，属河间国。南北朝，复故名易县。北齐天保七年（556年），废易县入莫县，属高阳郡。北周建德六年（577年），灭北齐，莫县入北周，仍属高阳郡。隋，属涿州，后涿州改涿郡。大业二年（606年），改属河间郡。唐武德五年（622年），析固安县和莫县原易县属地，置归义县，属北义州，县治于州中；天宝元年（742年），改属范阳郡。五代，归义县入燕，属涿州。后周，显德六年（959年），世宗亲征伐辽，收复瓦桥关，置雄州，“雄”名源于此。北宋，属辽之涿州。太平兴国元年（976年），更名归信，仍属雄州。金天会三年（1125年），即北宋宣和七年，归义、归信两县皆入金，后废归义县并入归信县，县治仍于州中。元（后）至元二年（1336年），废雄州，归信县并入容城县。明洪武二年（1369年）七月，废归信县入雄州，属保定府，雄县始名于此。洪武七年（1374 年）四月，降雄州为雄县。清顺治元年（1644 年），沿置不变。

2017 年 4 月 1 日，党中央、国务院决定设立河北雄安新区，雄县由雄安新区托管。

今雄县乃自古以来的冀中重镇，地理位置突出，历史文化底蕴深厚，文脉传承绵延不断，堪为名邦。然地方文献典籍有待梳证考查，追溯源流，以摭陈湮没的地方史事，发掘区域文化之内涵，重振地方人文之精神，推陈出新，赓续发展。

天一阁藏明嘉靖十六年（1537 年）刻本《雄乘》是保存至今、最早记录雄县历史、地理、风俗、人物、文教、物产等的地方史志，由镜堂先生王齐纂修，嘉靖十二年（1533 年）曾任雄县知县的谢九仪出资刊刻而成，是后世修纂雄县地方志的基础和蓝本。“雄”之义，威烈雄武、形势险要、称雄天下。“乘”是对一般性史书的通称。嘉靖《雄乘》分上、下两卷，包括疆域、山河、风土、田赋、建置、礼制、官师、人士、选举、祥异等 10 个部分，4 万余字。《雄乘》文笔流畅，史料翔实，整理和保存了雄县许多珍贵史料，奠定此后修纂雄县志书之基础。

谢九仪，字君赐，号少溪，山东章丘（今山东省济南市章丘区）人，嘉靖十一年（1532 年）被选为庶吉士，嘉靖十二年出任雄县知县，其后官至户部左侍郎。谢九仪为人温厚端严，做事审慎，治政严谨，为官勤廉贤能，有治国安邦之才。

谢九仪在雄县兴学校、崇节仪、裁冗费、惩奸贪，礼贤下士，励精图治，吏、户、礼、兵、刑、工相关地方事宜均得治理，以至于吏畏民怀、百废俱新、秩序井然，虽为官不足三个月，但深得民心，口碑极佳。谢九仪才思敏捷，尤工于诗文。

他查核地方典籍，发现缺少地方志，即找到雄县教谕王齐，谈及修志想法。此时，王齐正在编修县志，而且已经完成书稿，只待付梓印行。谢九仪当即表示，整理纂修地方史志是大事好事，应尽快刊刻并欣然作序。然，雄县百姓贫穷，谢九仪决定自己出资刊刻。

王齐，字元修，号镜堂，祖籍江西丰城（今江西省丰城市），河南省新蔡县人。他是宋朝翰林学士、诗人、散文家王禹偁的后代，素有乃祖遗风，博学多才，文史兼长，文长诗赋，史善撰志，笔法简洁平实。

嘉靖八年（1529 年），王齐中举，任雄县教谕，后改任丘知县。任雄县教谕期间，他在县学明伦堂东偏北、教谕宅东建造镜堂，论诗会友，广交文人。镜堂面阔 3 间，设计构造幽静新雅，众人送来一面一尺见方的大镜子，王齐喜欢镜子有自照自鉴、自明自新之意，将此堂室称为“镜堂”，自命“镜堂主人”，于此作诗属文，置琴剖樽，吟诵诗赋，纂修地方史志。“镜堂高起泮池东，萝月娟娟竹树风。古木蟠龙朝夕见，层轩巢燕往来通。黄云香落螯初紫，白雪团开酒正红。万卷少年虚自负，一尊今日有谁同。”因此，常有文人雅士聚于此赋诗论书，抚琴畅谈，以至于镜堂成为当时文人追慕高雅、以文会友、学习诗文、修身养性所向之地。

时值嘉靖十一年中秋，王齐邀约 4 位官员、30 位宾客友人、119 名门人生徒，汇聚镜堂，列坐序爵，爵同序齿，在雄县历史上开启了一场前所未有之中秋盛会。众人列坐于镜堂，“谈孔孟，颂羲皇，鸣瑶琴，赋赓歌，飘孤鹤于高云，荐巨蟹以新醪，金石交宣，欣对未央”。于此“镜堂嘉会”，众人染翰命笔，抒发意趣、志向，成就了一批佳作，成为当时雄县文坛盛景。王齐诗作丰富，保留下来的也有许多，其古雄州八景诗《雄山晚照》《石罅甘泉》《吕庙烟波》《易水秋声》《瓦桥月夜》《镜堂嘉会》《莲浦晴游》《柳溪垂钓》记录和歌咏雄县人文历史、风物景观，文学艺术水平相当了得，附录于《雄乘》后。

明代地方官、文人、史志学家、雄县教谕王齐纂修《雄乘》期间，恰逢谢九仪来雄县任职，二人均专注于兴文教、聚文人，谈诗论道，相知为友，志同道合。谢九仪认为，雄县文坛兴盛当有雄厚史脉承托，而此时王齐书稿已成，正翘首待梓，谢九仪为避百姓再加征索之苦，慷慨解囊，出资刊刻，雄县历史上第一部县志——《雄乘》由此诞生。

《雄乘》“巨细分别，皂白毕陈。其心公，其论确，足以信天下，昭后世，而国史之采有足征”，皆因其“采择精当，法度谨严”，堪称“金钟翠釜，瑚琏圭璋”，国之大器，此乃雄县历史之幸事。更其幸者，《雄乘》被明清近代传承赓续，使我辈得以濯手钝学，钻坚研微。

谢九仪急公好义，仗义疏财，流芳百世。王齐“宏才大气，遂调德清”，修纂《雄乘》，留一代方志信史，功标青史。为嘉靖《雄乘》做点校注，对其编纂者的学识远见、据事秉笔的治史态度更为钦佩感慨。流露笔端，以倡其文风史厚，虽感力不从心，错漏疏讹之处亦在所难免，但历史文献的整理对传承弘扬雄安文脉绵长之优秀传统意义重大。因此，吾辈鼓足勇气，勉力而为，希望学者指点切磋。

彭艳芬　张莉萍

2022 年 12 月

# 目　录

# 《雄乘》点校

上[①]一[②]

## 叙《雄乘》

岁壬辰冬，《雄乘》成。少溪子适绾符来，既服莅，覈厥庶典，咸既厥心，即有阙者，稽于众，佥曰："诸苟完，无已惟邑史。"少溪子悯焉，方图厥成，惟成之艰，乃谋之镜堂子。镜堂子曰："噫，吾业已为之矣，惟力靡竞，靡竞弗勤，是故弗梓。"因启视，犁然就绪，复相与订正，品秩彬彬焉，盖至是绩既底矣。夫梓，工也；史，业也。惟业之修，于工何有？雄民虽甚贫，吾之俸亦可以赡，吾何靳也夫！吾何靳也夫！镜堂子为王元修氏，博物洽闻，天分高，擅史才。其为乘也，核而精，质而正，严而有则，旨远辞文，而不诡于雅。是故可以永式矣。

嘉靖癸巳夏六月，少溪谢九仪识

① 此为"上卷"。

② 此为原书页码。

上二

## 自　叙

镜堂王齐曰：雄旧弗乘，予谕雄之三年，以太守北泉阎公命，始乘之。乘疆域，以正封也；乘山河，以明绩也；乘风土，以经俗也；乘田赋，以恤隐也；乘建置，以序位也；乘礼制，以昭度也；乘官师，以鉴治也；乘人士，以章献也；乘选举，以右教也；乘祥异，以示畏也。三月乃既。予不才是惧，爰命诸子袭相校勘。适少溪谢侯绾章莅政，遂笔削以传焉。呜呼！雄无其乘，犹无雄也。尝闻前谕魏公纶、前令马公纪欲乘弗果，今果乘者，北泉、少溪之功也，予奚有焉？叙厥始终，以征岁月。若夫删繁剔秽、补阙正讹，更有望于大方诸君子云。

## 上二

# 《雄乘》目录



## 上三



---

① 此为校正。

**上三、四**

雄县境之图[①]（略）

**上四、五**

县城之图[②]（略）

**上五、六**

县治之图[③]（略）

**上六**

# 《雄乘》上卷

新蔡王齐　撰

## 疆 域 第 一

乘曰：于赫邦畿，厥惟幽冀，顾兹雄地，昔俨崇关，赵北燕南，出夷入夏，宰割分制，因革变迁，载籍孔昭，古今可述。

① 见附录。
② 见附录。
③ 见附录。

乘疆域。

**【沿革】**

今雄，直隶保定府之属县也。在昔，神农氏王天下，始有地里（理）。黄帝受命，画野分州，都于涿鹿今涿州，雄在涿之南。唐尧继帝喾而兴，还属冀州，如颛帝之所建。虞舜受禅，析冀为幽、并，雄为幽州南境。夏殷，如唐。周兴，复分冀为幽、并，属并州《职方》曰："其浸涞、易。"武王仰观俯察，其分为燕，以封召公奭，又为燕地。历春秋战国，燕王喜十二年，赵拔我武遂今安肃、

**上七**

方城今固安，遂入于赵。秦灭六国，置天下为四十郡，雄属上谷。楚汉间，项羽封臧荼王燕，都蓟，是雄皆其地也。汉高帝十二年，伐燕，克之，封卢绾为燕王，改上谷为燕国，分置涿郡，肇建易县，以属于涿，今西北古县是也。文帝元年，改属河间国。武帝置幽州刺史部，并隶于幽。景帝封绾孙降王卢它为亚谷侯，亚谷在城之东。东汉献帝时，公孙瓒迁今治，号易京，与武遂黑山贼连结为乱，袁绍讨平之，遂复于汉。昭烈在蜀，魏因有之。晋改为易城县。永康后，陷于石赵，据于慕容燕，夺于符（苻）秦，复于晋，归于元魏。至高齐，省入鄚州。自汉历北朝，咸属幽州郡不改。隋开皇三年，废郡为州，又属于涿。大业三年，改州为郡，遂属河间。唐武德元年，改

**上七**

郡为州，始升县为北义州，隶幽州总管府后七年，改总管为都督

府。贞观六年，并省州郡，置十道，州废。八年，复置归义县，属河北道，仍隶幽州都督府。天宝十四载，陷于禄山。至德间，肃宗收复。五代初建瓦桥关，今南关也。石晋割幽燕十六州赂辽，资兵伐唐，雄没于辽。辽升幽州为南京，又更为析津府。周世宗显德六年，收复瀛、鄚，遂废鄚，置雄州雄之名始此并县，以容城、新城来属，仍于瓦桥戍重兵，与霸州益津关、瀛洲高阳关相犄（掎）角，以控扼幽蓟。宋太平兴国六年，以雄州新镇复置平戎军，改县为归信。至道三年，分天下州、军为十五路，遂属河北路。数为辽来侵。景德间，与定和议于狄夏头，以白沟为界河。政和三年，赐州为易阳郡，置广信军。宣

上八

和间，遣使约金人夹攻辽，辽亡，复其地，改析津为燕山府。靖康以后，燕冀北路皆没于金。金改易阳为永定军，隶燕京即燕山府。元至元二年，军、关俱废。二十一年，复建雄州，隶大都路总管府。明年，改大都为燕宁府。又明年，隶顺天路，又隶保定路。国朝洪武初，改州为县，改路为府，因属之。又设云川卫。永乐间，迁于白杨口，今县编户，社十有二、屯七。

**【社屯】**

人和社居民在城，河西，在关，东赵；义和郝家，西楼，庄头，李郎，留通，东侯留，小崔，东槐，西槐，常家，西侯留；利人葛村，昝村，南杨，大河，杨定，罗河，沙窝，北杨，孙村，东李，西李；太平王克，古县，涞河，李村，马家，先王，朱哥，赵村，西留，大谢，西杨，韩家，王槐，东杨，小谢；进福孤庄，神堂，东赵，何哥，赵哥，邢哥；庆丰庄头，开口，董家，大姑，刘家，张哥，马务，郭哥；丰乐

亚谷，郝家，小王，古县，大阴，安哥，邢村，龙湾，崔村，胡哥，道务，狄夏，洪城；

上八

众安下村，王村，狄家，小葛，大葛；进贤洪城，鱼鳞，大葛，史哥，秦哥，韩哥，张家，王东，烹耳，杨哥；宾兴龙华，石桥，小务，留镇，彩家；福顺史哥，秦哥，齐观，南李，北李；安宁小姑，王路，上村，留村。民歌屯居民永通，北关；保宁涞河；礼义任家，陈家；定安李郎；辑睦西留，四角河；致福郝家，王家；殷富常家，北关。

王齐曰：社为土民，屯为迁民。迁民皆永乐间迁南人填实京师者，遂以云川贻地给之，今生齿众而地不加，一遇水旱，死徙多矣，虽以七屯出三社之役，犹为不给。请并入，以补土民之阙，何如?

**【封土】**

县在京师之西南二百有六十里，保定府之东一百有二十里。其东为霸州之保定县，东南则文安，南为河间之任丘，西南则安州之高阳。其西为新安，西北则容城。其

上九

北为新城，东北则霸州。广九十里，袤四十里。东至保定之柏木桥四十里，到保定则六十里。西至新安之大杨村二十里，到新安则四十里。南至任丘之易阳桥十有二里，到任丘则七十里。北至容城之王祥铺二十里，到新城则六十里。西北到容城四十里，以罗河为界。东北到霸州六十里，以赵哥庄为界。东南到

文安九十里，以亰耳湾为界。西南到高阳九十里，以□□①为界。

王齐曰：雄以裁剪小县，界于新城、任丘巨邑间，且路当要冲北有容城十里。迩者，送迎不视界石，而惟中道是代，民有不均之叹矣。

**【分野】**

雄疑在箕尾之间，次析木，寅位，丽北斗枢星、中台下

上九

星，占候主五车天岳星先儒谓卫水南为赵分，北为燕分，分在箕尾之次。《考索》云：上谷入尾七度。《晋书》：自尾十度至南斗十三度为析木，于辰在寅。雄属冀州寅位。《史记·天官书》：二十八宿主十二［州］②，斗柄兼之。各有所属，雄属斗之枢星。《宋史》：中台下星主冀。五车星在毕宿北，主五谷丰耗。东北一星曰天岳，主燕赵分是也。

**【形胜】**

右跨白沟，前临易水《郡志》。收复三关，控扼燕冀《舆地》。山川秀拔，雄镇千里应邵《地里（理）》。雄冠中州，星分箕尾刘驷（因）。角峙双雄，带环诸水。近则京师之咽喉，远则东南之门户今乘。正德间，流贼不敢犯，以可入不可出也。

**【街】**

十有五。在永定门内曰永定东。瓦济门内曰瓦济南。易阳门内曰易阳西。县前曰承宣西通驿。仓前曰澄清西通察院。学东曰兴贤北通永定。太仆行台之东曰考牧。驿前曰皇华。圆通阁之东

---

① □：原书中不可识别之文字。

② 此为脱字。

曰圆通北通永定。南关曰瓦桥。桥之东北曰木

上十

厂，西北曰灰窝，东南曰东关。西关曰永通以桥名。北店曰北关。

【坊】

二十。曰儒林，在学之右；泮宫，在学之左阙；考牧，在太仆行台之左。在瓦济者，曰飞腾，曰进士，曰大司马三，为侯瓒；曰金榜传芳，曰大司徒二，为侯观；曰蟾宫接武，曰及第二，为侯泰；曰豸史，曰都宪二，为袁宗儒；曰进士为何思；曰文奎为邓亨；曰步云为郑襄；曰秀拔为张济；曰光裕为董时；曰贞节为李氏。在瓦桥者，曰登崇为仲闵；曰贞洁为胡氏。

【店】

六。县南十里郝家有铺，有舟，有莲、苇、鱼、虾。西三十里曰王路。北一十五里曰涞河店分南北。东北二十里曰东赵。东南五十里曰下村，八十里曰留镇。

上十

【市】

九。瓦济南，遇三日市；北，八日市。易阳六日市。瓦桥一日市；桥上常市。北关五日市。永通十日市。涞河四日、九日市。东赵二日、七日市。下村四日、九日市。留镇五日市。

【村】

四十有七。县之东二里曰亚谷，七里曰崔、曰小姑，十有五里曰大姑，四十里曰洪城。西三里曰西楼亦有东楼、中楼，十

里曰李郎、曰小王，十有五里曰留通、曰平王、曰昝，二十有五里曰大河、曰罗河俱以河得名、曰北杨杨有东、西、南、北，以其姓也，下放此，三十里曰刘、曰李李分东、西。北二里曰西侯留，十里曰王克，二十里曰西留，二十有五里曰大谢、曰西杨、曰王槐，三十里曰东杨、曰小谢。西北八里曰东槐，十里曰西槐、曰李、曰古县，十有五里曰先王，十有八里曰赵，二十里曰郭、曰杨定、

上十一

曰南杨，二十有五里曰孙、曰沙窝。东北二里曰东侯留，三里曰邢。三十里曰神堂亦有东、西、中之别。东南五里曰大阴，二十里曰道务，四十里曰龙华、曰上，七十里曰石桥，七十有五里曰王东，八十里曰齐观、曰小务，九十里曰李亦分南、北。

**【庄】**

二十有五。县之东三里曰安哥哥者，谚语称兄，乃古人忠厚之辞，二十五里曰张哥、曰郭哥，三十里曰史哥。北三里曰贾家，十有五里曰马家，十有八里曰田家，十有九里曰朱家、曰高，三十里曰韩家。东北二十里曰胡哥，二十五里曰何哥亦分东、西，三十里曰赵哥、曰邢哥，四十五里曰刘家。东南五十里曰大葛、曰狄家，五十六里曰小葛，六十里曰秦哥，六十二里曰韩哥，六十三里曰张家，八十五里曰杨家。西

上十一

南五里曰常家、曰董家。

**【台】**

三。县之北十有二里曰任家，十有三里曰陈家。东北二十[①]里曰王家讹为望驾。

**【湾】**

二。县之东南十里曰龙，八十里曰烹耳一作蓬耳。

**【头】**

五。县之东十有五里曰狄夏，三十里曰马务。西三里曰庄。东北十五里曰孤庄。西南十有五里曰四角河。

**【口】**

四。县之东三十五里曰鱼鳞以多鱼故也，或曰民居之密如鳞。东北三十五里曰开。东南五十里曰王村有渡、曰清门。

**【务】**

一。县之东南九十里曰蔡家。

王齐曰：雄之村落庶矣，然地之在东南者独远且下，而九河之水归焉，故东南之民十年九涝，在西北者亦时

上十二

有白、卢二沟之患，此庶而不富也，司水衡者可得不汲汲焉？

**【营】**

五永清卫军所居，故曰营。县之北十里曰王黑，十有五里曰河西，二十里曰小崔、曰大崔。东北十有八里曰皮家。

王齐曰：我太祖建都南京，尝设云川卫于雄。太宗定鼎京师，雄故畿内地也，卫徙，民至今安之。若永清军营之在雄者，

---

① 据地理实情，应为“十二”之误。

远于卫，不属于县，疆悍负固，令不能约束，日得民之地，岁不供民之役，车马服舍渐甲于民，民就贫矣。有司者宁无处之？

## 山河第二

### 上十二

乘曰：翼翼雄关，世守北陲，扼津负险，举莫与京，易水激秦，白沟敝宋，淫德易置，陵谷变迁，地利靡冯，天险可恃，爰陈国纪，匪直壮观。乘山河。

**【山】**

二。西南二里曰大雄，一名望山。突出群表，屹然独尊。特领燕山，如顾如望。左翼小雄，如呼如携。俯视诸河淀，若牛涔蜗角，带束星罗。峰顶亦广阔，可容数百武。有亭，有林木，宜晚照学谕魏纶诗："鸟翻落照流丹绮，风送归云补翠屏。暝色遥连千里暗，长虹斜压九河明。"东南一里曰小雄。前瞰瓦济，后枕城阜，故传多奇峰今圮。石罅有甘泉，泉深不可测，可愈痼疾。其上有五龙宫，祷雨辄应。宫前有古柳，宜暑。多槐，多榆。宫右有庵，有道魏纶诗："雄山日照蔼晴烟，鬼刳云根迸出泉。仙掌金盘尝贮露，峰头玉井欠栽莲。"

### 上十三

**【河】**

二十。西北三十里曰白沟，晋刘琨守此以拒石勒，一名拒马，即宋辽分界处。其源发涞山，经涞水县达于定兴白涧，趋新城。今不东而南，至王克桥，一支东下，由王家台入矛儿湾，抵天津；一支南下，至北关北，分流入雄河，经侯留村东去今涨则通，涸则塞。惟由永通桥环西南与易水合者，浑浊汹涌可畏，舟楫通焉元刘因诗："蓟门霜落水天愁，匹马冲寒渡白沟。燕赵山河分上镇，辽金风物异中州。"郝经诗："易水南边是白沟，北人为界海东头。石郎作帝从珂败，便割燕云十六州。"十里曰沙河。十有五里曰古乾河、曰涞河。二十五里曰罗河、曰大河皆淤。西南十里曰易水。其源出固安县阎乡西山，东历安州，北受安肃之曹、之徐，下连清苑之石桥、之一亩泉，并蠡之滋、之沙、之鸦儿及唐之唐，汇八为九，雄当其冲。南向穿

上十三

莲花淀，会高阳河，过易阳桥，由龙湾抵天津，入于海。其东向者合白沟，泊西郭，为瓦济《史记》："燕太子丹使荆轲刺秦王，送至易水，歌曰：'风萧萧兮易水寒，壮士一去兮不复还。'"宋冯戴诗："荆轲一去不复返，易水东流无尽期。"五里曰乾河，或曰运粮河今淤。十有五里曰四角。二十里曰高阳，自高阳来，由莲花淀奔易阳桥，入易，东下。瓦济门外者曰瓦济，易水合白沟为之。旧自大雄山下南边绕以入，成化间改冲西城，循濠而南，东会雄河，寻易水，入天津。雄城之周曰雄河。《郡志》："派分易水，围绕雄城。"入瓦济，东下（国朝）天顺间淤塞五里，知县王梦贤浚之，今淤。东南六十里曰清河，自任丘来，历清口门，经矛儿湾，入天津。二十五里曰玉带自鄚州来。今淤。五里曰闸河人言杨延昭运粮河，尚有六郎桩。六郎，延昭行也。东北三十里曰浑河，源发卢沟，

**上十四**

经新城东南，由何哥入天津。二十里曰运粮。东南四十里亦有之今淤。东三十五里曰三汊，以其会易水、白沟、清河之三，故名。东北三十有五里亦有之。西三里曰黄湾，为易水支流，秋泛则旁溢为灾。

王齐曰：雄之河皆西北山水，实浑浊易淤，故多塞，今之通者亦浅于往年矣。君子罔浚，而小人方以曲防为功，是诚筑垣而居水也。果禹之治水乎？抑圭之治水乎？吾不得而知也。

**【淀】**

二十有九。

**【港】**

二。

**【湾】**

六。

**【窊】**

五。

**【漕】**

一。

**【溪】**

一。

**【渡】**

二。

**【窝】**

一。

东之淀，在安哥，曰张家、曰姚家各方十里，曰赵家方十里，曰马山方三里；在大姑，曰苍耳方三十里，多苍耳，泛则涨天，涸则匝地；在小姑，曰绿须方五六里，

**上十四**

草生如须；在马务，曰马阜亦名马务，方三十里，曰白以不毛也、曰稻或生稻也。各方二三里。西之淀，在西楼，曰李家有大李，有小李，各方四五里，港曰薛、曰军，窊曰黄淀方十里，以取土筑殿，故窊；在李郎，曰烧车方三十里，在雄为少，新安为多。昔人载火，遇雨而烧，故得名焉，渡曰婆婆口无舟；在小王，曰流通方二十里，近留通村；在平王，曰马家方二里；在昝村，曰何家方四里；在李村，曰石臼方五里，与新安相半，其形如臼；在刘村，曰王家湾长一里。西南之淀，在董家，曰董家方五里；在董家之南，曰莲花方三十里，多莲多鹭。魏纶诗："芙蕖五月半开花，勾引骚人笑语哗。风定绿云香缥缈，日高红袖影横斜。"；在莲花之西南，曰白洋方六十里，源猪龙河丘家道口，沥水所聚，患及安州、新安，而雄为甚；在白洋之东，曰马蹄湾去城八里。南之淀，在郝家，曰窝罗方七八里，窊曰戴家方十里，漕曰王家各方十里，溪曰柳即堤傍水也。魏纶诗："柳暗溪头野气清，绿蓑青笠觉身轻。一片溪云依野鹭，数声渔唱集啼莺。"东

**上十五**

北之淀，在邢哥，曰白丝方十里；在神堂，曰张家方五六里；在开口，曰巨须方五里、曰菱角多菱、曰李家、曰光以不毛也、曰菰浆多菰。各方三里、曰小方六里，其湾曰大黄、曰小黄各方三里、曰东坡约二里、曰鼋窝约半亩。东南之淀，在龙湾，曰浅方三十

里，旱则民田，涝则水乡；在下村，曰蒲方十里，多蒲，窊曰天井方十里；在上村，曰张家方二十里，窊曰白家方三十里；在大葛，曰陈家方十里，曰郑家方八里；在秦哥，曰五官方三十里，下连任丘，曰马、曰柴河、曰塘各方七八里；在王村，曰青草方五里，渡曰王村有舟；在齐观，曰吴安，曰长儿各方十四五里；在留镇，曰花木港，曰矛儿湾方百余里，上汇百川，下通直沽，水至则江海天成，水落则洲渚星见，傍涯田叟时切望洋，而神机之营地在焉。

沈存中曰："瓦桥关，北与辽人为邻，素无关河为阻。往岁，

上十五

六宅使何承矩守瓦桥，始议因陂泽之地潴水为寨。欲自相视，恐其谋泄，日会僚佐，泛船置酒，赏蓼花，作《蓼花游》数十篇，令座客属和，画以为图。传至京师，人莫喻其意。自此始壅诸淀。庆历中，内侍汤怀敏复踵为之。至熙宁中，又开徐村、柳庄等泺，皆以徐、鲍、沙、唐等河，叫候、鸡距、五眼等泉为原，东合滹沱、漳，其易、白等水，并大河。于是自保州西北沉远泺，东尽沧州泛枯海，几八百里，悉为潴潦，其阔处有及六七十里者，至今为藩篱。而淀淤至处，悉变斥卤为美田，而鱼蟹菰蒲之利，人亦赖之。或谓其岁失边粟，非也。"出《梦溪笔谈》。

王齐曰：予尝登大雄山，引领西北，俯瞰东南，苍烟碧野

上十六

隐隐漠漠，而墟井在下。遂舍屐命舟，溯白沟，窥易水，略清

河渡，探天津之源。见诸林麓星分，渠淀棋布，各各子母相依，可灌可沃，可沟可田。细听村父得鱼换酒，两两醉语，篱落间道晴量雨，恐恐然唯秋水之下，有众又鱼鳖矣。呼而问焉，莫之所对。甚矣，民之惰也，上之怠于教也。宋之何承矩、金之马讽，非今之令乎？今之民，非昔之民乎？故尝拟疏五事，而亦未得闻也。民其终鱼鳖已乎？

补：王齐《修河疏》

臣惟天地位而水为脉络，脉络运而天地之功成。古者洪水病民，神禹氏治之，功配天地。周人力沟洫，汉人开河渠，五谷丰登，万民乐业，皆以水为利，未闻其为害也。

今夫直隶地方，乃唐虞之冀州、燕赵之胜地。《禹贡》：“至于大陆”，“播为九河”。大陆，今邢、赵、深州等地；九河，率在河间、沧州之境，皆禹之所尝治者也。故其博

## 上十六

大爽垲、绳直砥平，历代以来，素称膏腴。唐宋而下，没于金元，灾异为甚，无足怪也。洪惟我朝太祖高皇帝汛扫胡元，廓清禹绩，太宗文皇帝平一水土，定鼎北京，富庶之业，甲于天下。夫何自弘治以来数遭水患，迄今未已？譬如人之脉络失调，病而为痈肿、为疮疡，此特皮肤之患，使不及时砭药以宣导之，坐待溃败，未有不为终身之累者也。今日之势，何以异此？

臣尝溯流穷源，知为患之有二焉：一曰河，二曰淀。河本泄水也，今下流壅塞，故上溢而为灾。淀本潴水也，今河流横逆，故旁出而莫救。夫河之在顺天为卢沟，真定为滹沱，保定为白沟，河间为沙河；淀之在霸州为高桥，雄县为白洋，任丘为五官，武清为三角。至于河间又为《禹贡》九河之故地，保定又为今日九河之下稍，此其被灾最著之什一者也。

臣又按：四府之水之在《一统志》者数之，为河八十有七，为泉二十有五，为水三十有一，与夫十渠、十有五井、十有一池，而沟、潭又各有七，大淀则又有九焉。至于溪、沽、港、泊、渊、洼、陂、湾，以及琐屑难名不登志者，俱谓小淀，或源于桑乾，或发于泰戏，或流自白坡，是皆本诸西山而来。每当大雨时行、秋水灌河之日，众流东下，陆地行舟，万顷田禾俱为萍梗。是故三二年间，民皆薪芦苇而饭鱼鰕，因之为湿疾，继之以

## 上十七

瘟疫，生意斩绝，莫此为甚。臣以大分计之，顺天则利害相半，真定利多而害少，保定利少而害多，至于河间则全受其害矣。

夫以畿辅重地，灾伤如此，荷蒙皇上体好生之德，推再造之恩，免租布赈，连年不已，是诚挽西江于既涸，沛时雨于既焚者矣。谚曰：治灾如治病，急则治其标，缓则治其本。今标已复矣，苟不急求其本以治之，其忧可胜言哉！

臣备员地方，数求源委，访诸舆论，参以管窥，得其说有五焉：一曰浚河道，二曰疏渠淀，三曰撤堤防，四曰兴水利，五曰严考课。宋人之愚，至于眩石以为宝，微臣一念，爱国之诚，不忍自默，谨具奏闻，用备采择。

夫今之地即古之地，古之河即今之河，奈何古以为利而今反为害耶？是灾沴虽出诸天，而致之未必不由于人也。臣看得直隶地方，其地平下，其土疏恶，其水浑浊，易于淤塞，在昔非不然也，有司随在而浚之，故不为灾。今也致淤之道虽曰多端，姑以可见者言之：近年以来，并河州县近水居民，一遇河发也，遂设坝为渔，则水去而土存，因致沙淤也，遂私耕为业，复下桩而逼水，积之久，则河渐平、水渐逆，不惟不肯自浚，而反恶夫人之浚之也。乡长不之报，有司不之问，习以为常，坐成兹患，是皆贪小利以败大谋、急近功而贻远害者也，夫何异哉！

宋儒朱熹有曰："禹之治水，只是从低处下手，下面之水尽杀，则上面之水渐平。"臣因朱氏之言而求，

## 上十七

今日之水皆自直沽以入海，是直沽乃众水下流之通会也。为今之计，请乞敕下该部议处，通行各该抚按衙门，会同委官，带领书筭画工人等，及置立工粮、地图、空簿各一扇，先自直沽而上，遍历州县，沿河阅视，以大河为宗、小河为支，就其通塞之处，相其高下之宜，度其浅深之势，拟某河通者几处，某处若干里；某河塞者几处，某处若干里；某处有坝之当起，某处有桩之当拔；某处扫城之当改，某处冲路之当避；某处将淤而近浅，某处新淤而未深；某处有水，当荡涤以去其沙；某处无水，当疏掘以出其土；如水打南岸而淤北岸，则因水势以浚南岸之土；如地淤西岸而浚东岸，则将淤地以补东岸之民。务使河身极其深广，河岸极其高阔。高阔则中有所受，不至蚀啮而与陆相犯；深广则下有所纳，不至束隘而视海如归。每工仍计丈量该挑若干里，上下水势各若干广、若干深，估计合用做工人夫、该支口粮各若干，并查勘以动支何项钱粮，大约该几月日可完。计筭明白，填写附簿，仍令画工就于地图簿上按形草画，有水者其色深，无水者其色浅，与夫支河、众淀，亦要标写明白。其有岁久地平，漫无可考，而水不得出者，仍查各处图经地志及年老知识，求其源委所在，务使官民两便，必于疏通后已。若是，虽不能回滔天之势，量可免陆沉之虞。河道既清，众流得所，抑且西通舟楫之利，东

## 上十八

资漕运之河，不惟有益于生民，而亦有补于国计矣。臣所谓浚河道者，此也。

夫河道既浚，足以泄水。至于众淀，本皆起科田地，顾乃汇若江湖，去冬之沮洳未干，嗣岁之潢潦又至，渐淘渐下，反有深于今之河者矣，于

此不疏，则其患固在也。合无于阅视河道之时，就将附近该修大小水淀一并踏勘估计，图写地势之远近、水势之高下，以大淀为主、小淀为客，主居其中，客罗于外，咸作深沟以通之、筑大道以夹之，俾小淀入于大淀、大淀入于河，而小淀之近河者亦听其自入焉。又使沟远而倍，足以容其水，水行而折，足以杀其势，譬之乡丽于县、县丽于州、州丽于府，界限分明，道里通达，而又犬牙相制，则自无不治者矣。仍因淀之多寡广狭，就以附近居民设立大小淀，户百人以上为大淀，置立淀长、淀副各一人；五十人以上为小淀，止立淀长一人。令其督率本淀之人，但遇雨过水泛之时，逐一巡视水口，兼修河道，一有淤塞，即便疏通；及凡设坝取鱼、下桩淤地、抑沮水利之类，许赴所在官司呈告，治以重罪。若然，水长固盈科而进，水落亦随坎而退，归宿有地，出入有门，定不如今之齐头水下而避有不及，坐洼水成而卒难消遣者矣。或曰：引淀水作沟以入河似矣，其间不无坏人田庐坟墓去处，为之奈何？呜呼！天下之事有缓急、势有利害，但较其轻重多寡而已。贾让有言：濒河十郡置堤，岁费

**上十八**

万万，及其大决，所残无数，如出数年治河之费，足以业所徙之民，大汉方制万里外，岂与河争咫尺利哉！臣亦谓自真定以东、直沽以西，每岁河水淹没不下数十万顷，今日作沟之地况在本淀之中，纵有所妨，而官为之处，亦何难哉。臣所谓疏渠淀者，此也。

夫渠淀既疏，足以散水矣。其间有等势豪百姓、护短有司，不思天下之为公，但知邻国之为壑，各于县界下流紧要去处筑为长堤，水未至则看守曲遏，以图收成之利，水既至则盗掘泄放，以享肥淤之田，甚至经官告理，竟莫谁何。间有通达县官欲为撤去，则顺天不行于保定、真定不属于河间，徒废文移，事皆掣肘，殊不思以官守视之，固各为地方之民，以天下视之，则均为朝廷之土，亦何苦利己损人如此哉！臣尝考之，治水莫善于禹，莫不善于鲧。禹之治水，水之道也，鲧则反是，是谓方命。故《禹

贡》但有疏瀹决排之说，并无堤防壅塞之文。而张戎谓“以堤塞于平地，犹筑垣而居水”，苏轼亦曰“河流湍悍，虽亦其性，然非堤防激而作之，其势不至于此”。由是观之，则断断乎当撤者矣。合无于修理渠淀之时，并视下流，除护城有堤堤有水门、护路有堤堤有桥梁不撤外，毋论远年近日、彼界此疆，但有阻碍，就令治河夫役一并开通，务使利则共享、害亦均分。亦不许因而为奸，或故决官道以摆渡，或盗决民田以复仇，如此则

## 上十九

国有常刑，亦难轻贷。若然，则势有可行，而淀沟之水自无不利者矣。臣所谓撤堤防者，此也。

及考古之井田、沟洫、河渠，与今江南塘堰之制，旱涝有备，甚利于民，臣以北方地理观之，似亦无不可行者也。姑就雄县而言，在宋，何承矩作守，首建屯田之议，尝开塘泊、种稻田，民赖其利；在金，马讽为令，每当秋水涝涨，溢害民田，亦尝视地高下以疏通之，民患遂息。是水利在昔人固皆为之矣，孰谓当今为王畿之地，渠淀棋布，源流爪分，顾有不可为耶？孟子曰：“为下必因川泽。”若因淀以为田，因水以为利，盖亦古人之遗意也。合无于渠淀既疏之后，就委能干官员，仿佛前项古今水利之制以创修之，使主淀居中以潴水，以淀长领之；客淀居外以为田，以淀户领之。旱则引而灌诸田，涝则决而注诸河。至于五沟五滁深广曲折之法，以及《周礼·稻人》之所职者，又在临时相势以为去取，有难以逆定者矣。水利既成之后，各该有司于秋夏水发之时，又为巡省耕耘之举，要见主淀有无收放、客淀有无种治，量行劝惩，以励勤惰。若夫芦苇鱼鰕之利，则又听民自取，而莫之禁焉。若是，虽冀北碱卤之地，足追江南膏腴之田，民可使富也。臣闻礼仪生于富足，而蓝田吕氏之约、乡田同井之风，亦庶乎其可兴矣，尚何赋役之足忧、灾伤之足惧乎？若夫行之既久，民田治而河流安，臣恐十年之后，主、客之淀亦可渐淤

## 上十九

而近平，小民又将开置而弗舍者矣。臣所谓兴水利者，此也。

及查前项工程浩大，费用颇多，使非得人以因时制宜，相机行事，专任而责其成功，则作舍道傍，甲是乙非，微以利害动之，鲜有不因循延玩者矣。候该部奏请，命下之日，仍乞敕各该抚按官员，查照工粮底簿、地里（理）画图，逐一磨筭明白，选委各该有司精勤官员，分投干理，春自二月起，工至四月中止，秋自九月起，工至十月终止，严督完报，如有未尽事宜，悉听从宜区处。中间如遇雨水事故妨误，该地方委官即具由申报抚按衙门知会。其有捏报支调者，各府分理官查举该给口粮，衙门亦不许刁难迟误。每春、秋季终，各分理官将修过工程查勘明白，备册呈报抚按衙门查考，除有妨误外，该修工程比与原拟不及者递加罚治，其全未者请乞别议。若总理等官查无督催卷案及迟误口粮致妨兴举者，巡按衙门亦行参究。其有留心地方、依拟完报者，以礼犒劝。待候工完之日，各抚按衙门仍将各府州县修过工程共若干、动过人夫共若干、支过口粮共若干、限期月日共若干，总类分撒，备造黄册并画图贴说各一本，径自奏缴，仍造青册并画图，申送该部查考。若疏浚之后，但遇水灾壅塞去处，仍令各该地方有司官随时疏浚，具由申报抚按衙门知会，待给由之日，亦凭黜陟。如此则利害切身，人争自奋，各项勘议将不托之空

## 上二十

言矣。臣所谓严考课者，此也。

抑臣所言劳民动众，功远效迟，疑若迂阔而不切于事情者矣，然天下之事，不一劳者不求逸，不暂费者不求宁。况畿辅重地，灾伤已极，若不预为经久之计，而惟目前是图，臣恐年年蠲租、岁岁发粟，钱粮有限而灾伤无穷，将日不暇给矣，是可不为之长虑也哉！

夫浚河道者，所以疏渠淀也；疏渠淀者，所以平水土也。水土平则田

野辟，田野辟则稼穑治，稼穑治则衣食足，衣食足则民生遂、民性复矣。虽以之置常平之仓以御灾疫，犹之可也，尚何蠲租、发粟之汲汲耶？若夫撤堤防、兴水利者，又皆助理河道、安养地方者也。孟子曰：“有行文王之政者，大国五年，小国七年，必为政于天下矣。”臣亦曰：信能行此五者，小则五年，大则十年，弘治以前所谓富庶之业，亦或可复见矣。尚何天意有不可回，地利有不可复，而灾伤之足患哉？虽然，浚河道、疏渠淀、撤堤防、兴水利四者皆措之政者也，其严考课则责诸人者也，而责人亦不可以不慎也。才不办者不足任，心不尽者不足任，苟且顺从者不足任，否则未有不滋滋其谬者矣。故曰“为政在人”，此尤今日之急务也。

仰惟皇上敬天勤民，法祖复古，躬事耕蚕，以先天下，虽禹之尽力沟洫、文王之即康田功，不是过也。臣躬逢盛时，踊跃思奋，用效一得之

上二十

愚，昧死陈言，仰烦天听，如蒙垂念，畿辅重地，关系天下安危，后事为可虑也，量为采择，以拯民患，以开财源，为国家亿万年无疆之业，幸甚！幸甚！

**【古迹】**

殿一。道一。台十。城十。关一。卫一。驿一。楼一。亭二。斋一。祠一。庙四。墓十有一。

皇殿，在县西北十里，约三十余亩。我太宗往来南京，驻跸于此。垣、井犹存。

御道，在大雄山之后。

古台五，在亚谷二、邢村二、田家庄一，俱无考。住驾台，在东七里，高数丈世传，周世宗自方城返，驻跸于此。狄夏台，即狄夏头宋景德间，与辽和议于此。流星台，在西三里。凉马台，在西北三十里，高数丈，上容万余武《城冢记》：“燕、魏分易水为界，

筑三台，登降耀武。”且凉马焉，故名。城子台，在东南八

上二十一

十里，外高中平，地势特出。

古县城，在西北十五里，故址犹存汉易县也。易京城，即今城汉公孙瓒筑。陈孚诗：“晨出鄚州门，回首古易京。百楼不复见，草水白寒雉鸣。鸣角角，黍纂纂，昔谁城此公孙瓒。城南城北陂水满，寒蒲如剑出水短。大火禁（焚）巢天不忧，野凫醉眠沙上暖。”亚谷城，即亚谷村。小姑城，即小姑村。大姑城，即大姑村。杨关城，在西二十里，故址犹存相传杨延昭守三关时筑。外罗城，今城之周，十有八里，缺者如锯，屹者如台，伏者如盘，削者如峰，疏者水之啮，平者民之田宋知州李允则筑。废义州城、雄州城、归义县城、归信县城，俱今之城。若夫县治，则今之驿也陈孚诗：“燕南陲，赵北际。昔年巍城铁可砺，城上烽火明如彗。只今残堞黄云曀，老榆半枯悬薜荔。市翁叱马声嘒嘒，叩以瓦桥潸出涕。英雄虎斗空万世，北风吹沙秋鹤唳。”

瓦桥关，即今之瓦桥今废。

云川卫，即今天宁寺。

小使驿见《茆斋自叙》云：“抵雄州小使驿。”今失其处。

钟楼，

上二十一

即瓦济门城楼。

望山亭，在大雄山元皇统二年徒单公建，后完颜公改为均乐亭。乡进士赵元卿记，见别集。魏纶《望山云树》诗：“天开九水为池沼，地

拥群峰作画屏。”众乐亭，在亚谷城内今户部侍郎袁宗儒建。

雪舫斋，在县治内洪武间知县周士瞻创。进士李继本记：“居山林则有登临赋咏之趣，涉江湖则有漂泊放浪之怀。盖志其志，而不汩于尘壤之迫隘；适其适，而不淆于世虑之纠纷。此古之旷逸之土（士），出乎物而不物于物也。雄邑周侯构斋于公宇之偏，既成而落之，招予与其尝所往来者宴集其中。一室莹洁，其质犹雪然，四顾空明，其状犹舟然。是日，漏下二十刻，饮酒以乐，而天大雪，迥乎若放舟江之浦，而山川皓缟，天地浑沦，不知吾身之在人世间也。侯起而嘱曰：‘斋不可以不名。’于是以‘雪舫’题其额。又起而嘱曰：‘斋不可以无记。’于是识岁月，以书其概。是斋也，广不逾寻丈，朴不事雕藻。壁以楮，不垩不丹；榻以木，不筦不箪。左有图，右有史，艺蔬有圃，洗药有池。豁然而疏，邃然而靓。云容天影之洞涣，琴音书声之流畅，神情道气之融写，其为乐也，则虽猎天山、夺蓬婆、献赋兔苑，而藻思横出，未足以状其概也。然而山林之清寂，不若江湖之夷旷；浮游之险远，不若幽居之闲适。而‘雪舫’名斋，侯独何取于是哉？盖侯自宦游以来，跋涉山川，而江湖之气焱举乎迫隘之中，则

上二十二

其气识之闳也；冰雪之质，蝉蜕乎尘埃之表，则其操行之高也；以岁寒之盟，而托交于千古，则其友谊之笃也；以济川之才，而载道于无穷，则其文学之富、政事之伟也。吾知‘雪舫’名斋，岂不为后日之佳话哉！虽然，雪之降也以天，舫之运也以人，而斋之不坠于风摧雨剥之余，则又在天与人交相胜者也。非知道君子，乌足语是哉！呜呼！太素一雪也，太虚一舟也，安得策汗漫而游无穷，出乎万物之外，叩至道于鸿蒙之初？则雪也、舫也、斋也，孰有而孰无？奚暇于致诘耶？侯征予记，故书是语以志其志，而因以自适也。”

吕公祠，在郝家店，北有桥世传吕仙观莲于此。陈孚诗：“山形

夭矫苍精剑，日气曈昽紫磨丹。度尽世人人不识，午烟起处是邯郸。”李延兴诗：“策名文彩（采）动蟾宫，飞上丹梯笑葛洪。剑影冷含云气湿，笛声清绕月轮空。墨翻诗壁研磨外，神现松精候谒中。几拟欲询仙岁月，芙蓉溪上又秋风。”

尧舜庙，在赵村元至正间建，今惟舜庙。都土地庙，在东侯留村元中统二年郭通建。正德间乡大夫苏琰重修。孟之缙记略：“雄州城之东陲侯留里，有世所谓土地庙者。曩周世宗驾幸瓦桥，有臣迎谒道左。世宗问曰：‘卿何人?’对曰：‘臣侯留村土地。上至，敢不趋侍扈跸。’世宗即赐以冕服，仍敕县长昌其庙貌。兵烬以来，暨我元中统，里之故老恐祀事不举，复完其庙，并刻其梗概于石。仍赋迎享送

## 上二十二

神诗，俾民歌之。诗曰：‘白云兮英英，觐神之仪形兮止神庭。导霓旌兮易水上，神乘车兮来慰民望。秋风冷冷兮开翠微，疏肴富兮有酒在罍。民修悃兮神贶是致，百谷充羡兮岁恒穰足。’”龙王庙，一在小雄山，一在神堂村神堂，相传宋时有神木浮河直立，县官祝而视之，中亟龙骨，遂为庙之梁。历元至今，祷雨辄应。正德八年，人窃其骨，而灵感日衰焉。

焦用墓，在城西三里。焦德裕墓，在用墓左有元学士徐世隆显亲碑。殷圭墓，在东南三十里有元中书省员外朱徽神道碑。董志墓，在东南三十里有元秘书监贺方神道碑。何德全墓，在东楼村有元劝农事王时可墓碣。刘观墓，在西南三里易水之滨有罗汝敬神道碑。仲闵墓，在西二里。侯瓒墓，在东北二里。侯观墓，在瓒东南一里。李奎墓，在西北李村奎无所考。鞑靼冢，在神堂村高阜有石郭外露，相传元人，不知为谁。

王齐曰：《一统志》“城西六里有晏平仲墓”，荡无所考。

《郡志》

## 上二十三

“西楼村有焦赞墓”。今焦墓在山东长山，岂以赞为用远祖，而误以用墓为赞墓耶？若晏平仲乃齐晏婴之字也，今婴墓在临淄齐子城，而高密又有庙焉，吾雄在春秋为燕地，而平仲足迹未尝至燕，岂得墓在雄耶？识此，以待博古者。

附：庙四。寺二十有二。阁三。观二。

庙：东岳在东关之北。二圣在瓦桥北，祀二郎、关王，宋时建。临河人言，庙前有石柱，相传为“缆雄桩”，毁之辄生水患。关王在瓦桥关南。石象在小崔。相传元时夜有石象害苗，乡人祀之。

寺：观音六。在瓦济街西者，洪武间创，景泰间重修，僧会在焉。在孙村者，元至正五年建，天顺间重修。在东杨者，至正十年建。在东李者，成化元年建。在齐观者，唐初建。在永定门内者，天顺五年建。天宁在圆通街，永乐间创建。普觉在先王村，至正间建，天顺间重修。镇海在北杨，唐时建，成化间重修。宏教在李村，景泰间修。庆圆在涞河，天顺五年重修。定慧在东

## 上二十三

赵，唐时建。大觉在神堂，至正五年建。留通在留通，成化五年建。地藏在西楼，天顺元年建。普照在龙华，至正五年建。百尺在东南三十里，至正十年建。清凉在下村，至正六年建。百福在史哥，至正间建。云岩在王村，至正五年建。崇兴在留镇，唐宪宗元年建。三教在侯留，景泰二年建。

阁：圆通在圆通街，永乐十三年云川指挥王俊建。增福在李村，

唐尉迟公修，今圮。神清在神堂，至正间建，嘉靖五年重修。

观：真武二。一在北城之下。《纪圣实录》："宋仁宗康定间，北蕃胡知远来侵雄州榷场，时王勔为经略使，夜半隐隐见真武形，知远遂遁。勔以事闻，令建庙焉。"正德间内监李和重修。补：王齐《十六日与苏守、张尹同游》诗："怪尔仙家紫气重，晴云旭日媚寒松。青山载酒春随杖，绛节朝天午撞钟。五马棋开龙虎斗，双凫丹熟鬼神封。步虚声里归环佩，近市花灯晚更浓。"一在瓦济街城隍庙之西，嘉靖间修。

王齐曰：右所附皆左道不经，或祀非其人，人非其地，或琳梵耗民，缁黄避役，当削不削者，仍其迹也。

## 风土第三

### 上二十四

乘曰：《诗》纪《豳风》，《礼》陈《月令》，范世轨物，崇约黜浮，眷兹雄邑，风刚地洳，桑海相寻，气习罔经，孔子猎较，鲁人供簿，式注见闻，以敦叔季。乘风土。

**【俗尚】**

其俗涉猎，其业耕织，风俗质劲《翰墨大全》。稍事诗书之习，略无浇竞之风宋刘涣记。士轻生而尚义，有荆轲之遗风《图经》。民质朴劲勇，不以浮华为习，而以耕织为生《郡志》。宜犬、豕、马、牛、羊《通考》。

王齐曰：人士都矣，典礼繁矣，气节崇矣，文日盛而质日微矣。草莽者野而伪乎，胥吏者狡而诤乎，市井者轻生而罔利乎，其燕赵遗风固然乎？转移之机，则有司存。

**【时序】**

孟春之月：厥元日，五鼓，更烛，炷香，悬天灯，祀真宰，祀

**上二十四**

先。毕，家众以次称寿。既遂，出贺。婿至，以物酬之。是日，西南风，收秫；霜重，收绵。越三日，拜墓，会宾。厥春日，睐土牛，茹春饼，荐白卜。野人取牛土书门曰“百事大吉”。厥元夕，先后张灯、放花，睇者达曙。厥十六日，病妇群聚窑下，曰“陶炙”。家人蒸纸及剪裁为九条，信手结之，曰“结羊肠”，卜休咎。女子邀厕姑，卜流花，问吉凶，又剪彩簪之，以相夸尚，至莫，过瓦桥“度厄”，或投瓦桥下。厥廿五日，以灰为梯囷形，中撒五谷，砖石压之，曰“填仓”。是日也，亦喜为枣糕，逆女。是月也，遣童子入学；农夫于耜，粪田。

仲春之月：厥二日，以灰糠画龙于井，以青灰引至瓮下或仓库内，曰“引龙”。是日也，将鲤席逆女，仍以礼馈之。厥春分，分腊醇，作春分酒，亦拌醋。是月也，

**上二十五**

春冰既泮，有蘩，有荇，有藻，有菰，贫者取易薪米；渔者咸相率着皮衩发鱼，以网，以叉，以笱，以箔，以钓，以罨，竞取而多获焉。

季春之月：厥寒食，好事者树秋千，放风禽。闺人挝子为戏。至日墓祭，士女毕出。次日，妇亦得归省，展孝敬焉。厥清明，插抑，看花，踏青，挑菜。厥谷雨，禁蝎。是月也，虽

不桑者亦理蚕事；贫民着衩取藕供食，或杂榆荚、槐柳椿芽以烹之。占法：一日、二日雨，主旱。

孟夏之月：厥四日，酿酒，味嘉。厥八日，僧尼为洗祓会，富愚赴会施供。厥廿八前十日，上药王庙。是月也，藕芽既盛，蒲黄亦成，咸取之。占法：一、二、三、四日雨，麦不熟。

仲夏之月：厥五日，贴门符，悬艾，人系百索，啖角黍，泛菖蒲酒，捉蟆，采药。婿妇追节之盛愈于仲

**上二十五**

春。是日雨，主虫。是月也，芒种后遇壬入梅，夏至后遇庚出梅，遇雷电为断梅。以遇壬日数为梅高尺数，度物之高下置之，则不梅矣雄地下湿，故亦梅。如芒种后五日遇壬，则梅高五尺；十日，则梅高一丈也。

季夏之月：厥六日，储水经年不坏，窨曲酱曲有粗细，酱有生熟。是月也，南浦菱芡既登，荷花亦盛，吾民拉朋携妓，画船箫鼓，竟日忘返。至于缙绅，或棹小舟，觞咏自适，时泊柳堤，听渔唱，亦陶陶然，迤逦仲秋后已。

孟秋之月：厥六日，挂地头用楮钱。七日，爆洗。是夕，闺人以茜鸡作乞巧会。厥中元，树麻、谷于门左右。毖祝祖考以素羞，复拜墓。是日亦逆女。

仲秋之月：厥中秋，登楼台，玩月，荐蟹，观鹤，亦树表，验明年上元晴雨。是月也，近水人家咸采芰荷之实易米，仍积菰实以御冬。

季

## 上二十六

秋之月：厥重九，蒸菊糕，舂红餈，荐先，登高，对菊，浮茱萸，尝新酒，亦逆女，亦占冬阴晴。是月也，作蟹，酿菊酒，甲他处。

孟冬之月：厥下元，墓祭，焚寒衣，亦逆女。是日南风，则冬暖；西北风，寒。是月也，民多嫁娶，有力不前者求救于人，曰“告助”。又，斥卤之地稗熟，贫而勤者咸采，积以糊口焉。

仲冬之月：厥长至，祠祭。毕，士夫亦有行交贺礼者。亦逆女。是日，树八尺之表，以验来岁水旱大抵据表之长而中分之，日影中正则丰，不及则旱，过则水，水旱分数亦如之。于上元夜，亦验月影。是月也，淀水未冰，渔家因水势之广狭，制苇箔曲制水中，以通鱼往来，可入不可出。冰合，凿而取之，为费既多，所获亦溥。骑射、畋猎毕举焉。

季冬之月：厥八日，以诸米、赤豆杂果肉，加辣，粥食之，曰“腊

## 上二十六

粥”。男女剃头黔耳。厥廿三或廿四日，暮，以饧饼茶果祠灶，妇女不得参。乡人秉高炬，照麻虫，扫舍宇。亦多嫁娶，以为无忌，除日亦如之。厥除夕，陈祀真宰、祀先之仪，设庭燎、爆竹，树将军炭，击千金木，烧苍术、辟瘟丹，悬新帚、葫芦、麻箸于门。夜分，易门神、桃符，写春帖、天行帖子，具酒殺，各称寿，守岁。是日，作灯十二，准明年之十二月，釜蒸之，

以验水旱其月旱，则其灯干；其月涝，则其水满。又以柴夹豆十二，水浸之，占同。其元宵亦卜之。

王齐曰：人言成化、弘治之间，俗尚勤俭，民多殷富，男务耕读，女务蚕桑，服以木绵，屋蔽风雨，虽大族巨商，婚不论财，速客以八簋为上，酌以大斗，三行五行即止，是以

**上二十七**

民无游食，官多远久。今也皆不然矣，是故一遇荒歉，虽富室亦称贷以卒岁，他可知已。观风者溯流穷源，长为太息。

**【土产】**

谷，多黍，多稷，多粟，多穄，有麦来、牟、荞，有粱，有稻，多糜，多蓟美，有菽黄、黑、豌、菉、红小、杂文、羊眼、蛾眉，有麻黄、白、黑，有苏子，多菰米，有稗米，有穇。

畜，多牛，多马，多驴，有骡，有特，多羊，多豕，多犬，有田犬，有猫；而家禽则有鸡，有鹅，多鸭，多鸽。

果，有桃，有李嘉，多杏，有梅杏，有柰，多沙果，有甜果，有瓶果，有樱桃，有匾桃，有胡桃，多梨嘉，有楂小梨，有楸，有榴，有葡萄，有椹，有癞荔枝，有无花果，有荸荠，有地梨，有茈菰，有蔗。

蔬，多芥，多葱，多蒜，有韭，有薤，多芹，多蒿茼、蒌、蔄，有白菜，有苋，有荠，有芫荽，有苣，

**上二十七**

有莙荙，有菠，有苣苦荬，有蓝，有葵，有白华，多黄华，有葴兰，多荇，多菰，多银条，有蕈，多蒲笋，有蘋，有蘩，有灰，

有马齿，多豆蚕、刀、扁，有甘露子，有玉环，有地瓜，有地皮，有蘑菇，有莳萝。

蓏，多芡，多芰菱，多莲的，多藕，有茄，多瓜甜、王、西、冬、丝、菜、筲，多瓠，多壶，有匏，有芋，有葖萝卜，有葑蔓菁，有茭。

鳞，有鲟，有鳇，有鳣，多鲤嘉，多鮆刀鱼，有鲭，有鲌，多鲱，有鲀，有鮰，有鳗，多鲂嘉，多鲆，多鲢美，有鳗，有鲹，有鲔，多黄骨，有鳢，多鲇，多鳟，多黄颊，多鲫嘉，有鳅，多鳢，多蓟美，多鳊，多鳝嘉，多针，有羊鲚，有石鲢美。

介，多鳖，多蟹美，多虾嘉，多螺，多蚌，多蚹蠃蜗。

兽，有狐，有狸，有獾，有兔，有田鼠，有鼠狼，有彙猬。

木，多椿，多槐，多榆，多柳，有桧，有柏，多桑，有柘，有杨，有垂杨，有楮，有栘唐棣，

## 上二十八

多杜，有樗，多栎，有荆，有棘，有柽，有辣，多荜麻。

花，多菊，多葿蜀葵，多堇，多蕿萱，多荷，有玉簪，有石竹，有马蓝，有蔷薇，有金凤，有莺粟，有黄葵，有鸡冠，有凤仙，有荼蘼，有牵牛，有匾竹，有长春月季，有迎春，有马缨，有八仙，有竹叶青，有剪春罗，有十姊妹，有十样锦，有百日红，有转枝莲，有紫胡蝶，有夜落金钱。

禽，有鸿，多雁，有鹤，有天鹅，多鸨，多鹳，有鵁鶄，有鸩，有鸸，有仓庚，有鳦燕，有鸤，有鸽，有鹛鸠，有鸮，多鹊，多鹰，多鹞，有隼，有鹯，有慈乌，有鸭虎，有鸦，有鸒，有鵋鶀，有榆叶，有鴷啄木，多鸴山鹊，有刀鹩，有鹲，有

鹜，多雀，多反舌，多鹁，有画眉，有绣眼，有鸮，有蜡嘴，有鬼车，多鸳鸯，多鹚鹕鸬鹚，有凫，有鹥，多鸥，多鹭，多鹈鹕，多鸂鶒，多水鸦，多水鹞，多鸭

## 上二十八

有野，有树，多鹜，有脊令。

草，多茼，多茅，多蒲，多苇，多萍，有苯苢，多蓼，多游龙水荭，多薹莎，有菖蒲，有羊蹄，有牛舌，有茈，多藻，多莠，有龙须，多蒿，多椐马鞭，有兔丝，多苜蓿，多水葱，有三棱，多葵荻，有茨蒺藜，有苔。

虫，有蛟，有蜥蜴，有蛇，有蟋率（蟀），多螟，有蝍蛆，多螽，多服翼，多蜂，有螟蛉，多蛙蛙，有蟏肖，有蚱蜢，多蜩蝉，有螗蜋，有萤，有伊威，有莎鸡，有蛩，有蚁，多蚪（蝌）斗（蚪），有蛾，有蚕，有蛴螬，有蟫蠹鱼，多虹蛭，多蚊，多虻，有蝼蛄，有蟭蟟，有蟦，有蛭，有蝶，有蚯引（蚓），多蝇，有蝇虎，多蝎，有蝎虎，多蜉蝣，有蝘。

药，有藮甘草，有半夏，有地黄，有牵牛，有蓄羊蹄，多枸杞，有地骨皮，有茴香，多蓷益母，多蒲黄，多薄荷，有艾，有蓫商陆，多茵陈，有紫苏，有荆芥，有薏苡，有葫芦巴，多大

## 上二十九

戟，有小戟，多瓜蒌，有谷精草，有猪牙草，有远志，有豨签草，有蛇床子，有香附子，有金沸草旋覆花，有麦门冬，有柏子仁，有蟾酥，有马勃，多瞿麦，有苦参，多蘼芜，有亭历，有紫花地钉，有濮公缨，有地榆，有山药重出者略。

货，多水产，有荷叶，多席有蒲，有苇，有扇、有筐俱蒲，有丝，有土绢，有绵花，有布，有麻茼线，有靛，多菊酒，有红花，有蜜，有蜡，有油，有盐，多碱，有䴗，多网罟，有蒲团。

王齐曰：雄亦乐土也。五谷备矣，肉帛具矣，果酒嘉矣，材木任矣，花草娱矣，药物需矣，鸟兽鱼鳖若矣，货财通达矣，仰观俯察，养生丧死无憾矣，雄不得为乐土乎？今之民弗获以偕乐也。天地既辟，民物并生，众寡相夺，胜负

**上二十九**

以形，生齿日益矣，财货日微矣，游惰日冗矣，赋役日繁矣，兼以豪华之争长、灾害之叠至，出有限而费无穷矣，有生之乐何萌耶？诗云“夭之沃沃，乐子之无知”。此之谓也。於戏！欲与民同乐者，其留意焉。

## 田赋第四

乘曰：法备周官，汉通平准，不桀不貉，国裕民殷，叔世靡程，上渔下蚀，丰凶易时，催科孔拙，其何能淑，足民足国。乘田赋。

【户口】

国朝，高皇帝朝，户一千七百七十三，口一万三千二百五十七；

**上三十**

文皇帝朝，户二千三百五十七，口二万一千三百四十六；章皇帝朝，户二千二百八十三，口二万八百九十五；睿皇帝朝，户

二千四百三十九，口二万三千一百九十三；景皇帝朝，户一千九百八十七，口一万九千七百三十六；纯皇帝朝，户二千五百二十六，口二万六千九十六；敬皇帝朝，户二千三百四十五，口二万二千一百四十八；毅皇帝朝，户二千二百七十六，口二万一千五百三十九；今上皇帝朝，户二千三百五十五，口二万九千八百有一十民户一千七百八十九，军户五百二十三，杂役户三十二。

【地亩】

官民地一千三百二十八顷一十有三亩五分九厘二毫官二十三顷四十六亩九分，民一千三百一十有四顷六十六亩六分九厘二毫，养马在内。

站地

上三十

四百四十六顷三亩八分。

清宁宫庄田五百三十九顷九十五亩，在何哥庄诸处东至小浑河，南至清河，西至黄花堤，北至小堤。

皇亲柏氏庄田三百四十二顷五十五亩，在王村口诸处东至苑增坟，南至军庄道，西至白塔口，北至清门口。

马驸马庄田三十七顷六十八亩，在高庄诸处东至贾安，南至贾奎，西至官道，北至王安。

焦驸马庄田二十五顷，在李郎诸村东至车道口，南至清河，西至民草场，北至横堤。

民牧马草场，人和社八十顷七十九亩一分七厘，在县西南旧七十一顷一十四亩八分七厘，新九顷六十四亩三分。东至官道，南至河，西至黄花堤，北至大雄山；义和社九十七顷四十八亩八分二厘，在留通东至张成，南、西俱至河，北至田玘；众安社一百四十八顷九十九亩六分，在龙华东至车儿湾，南至梁王口，西至王汊口，北至堤；

**上三十一**

宾兴社二百四十七顷五十一亩一分，在齐观东至范增，南至牛海，西至吕贵，北至河坡。

神机营牧马草场，在龙华诸村者，八百一十有二顷八十六亩东至茅儿湾，南至○○①，西至○○，北至清河，其间不堪种地七百有一顷八十亩，堪种者亦有上、中、下之分；在西南诸村者，十有二顷东至黄湾嘴，南至马蹄湾清河，西至鸭子台，北至杨家口长河，其间不堪种地三顷六十二亩，堪种者亦有上、中、下之分。

王齐曰：厥土六分之，坟垆者二、斥者一、泥涂者三。

【赋税】

税，麦二千三百有四石四斗一升九合八抄三撮官四十九石四斗九升六合一勺八抄四撮；民二千二百五十四石九斗二升三合八勺九抄九撮；该征一千五十四石五斗三升五合六勺八抄二撮五圭；报效养马免征共一千一百五十二石二斗八升三合三勺四抄七撮五圭；奉户部札子，停征远年在逃未复业人户遗地不堪耕种者九十七石六斗五抄三撮。

人丁，丝折绢二

**上三十一**

百一十有六匹一丈四尺五寸该征一百七十六匹二丈一尺，报效免征者

---

① ○：原书中空白缺少之文字。

三十四匹一丈四尺四寸，停征五匹有一丈二尺；粮粟米四千七百六十一石六斗三升九合九勺二抄九撮五圭官一百一十有四石六斗九升六合二勺一抄六撮，民四千六百四十六石九斗四升三合七勺一抄三撮五圭，该征二千二百三十七石八斗七升二合七勺六抄五撮，报效养马免征共二千三百八十石八斗一升九合九勺六抄五圭，停征一百四十二石九斗四升七合二勺四撮。

谷，草八万七千七百六十一束六分三厘九毫九丝二忽九微五纤官九百二十三束四分八厘，民八万六千八百五十八束七分六厘一毫，该征三万三千九百一束一分三厘五丝，养马免征五万三千八百八十一束一分二厘五丝。

农桑，丝折绢八十三匹二丈一尺三寸九分官一丈六尺五寸五分，民八十三匹四尺八寸四分。

绵，花二百有三斤一十三两二钱官一斤一十二两八钱，民二百有二斤四钱。

站地，岁征归义、乾宁二驿及杨青所工料银一千四百四十九两

## 上三十二

七钱一分五厘。

寄养马，五百一十有八匹。人户称是，岁发岁俵，无定数，亦无定时。

【子粒】

清宁宫庄田堪种地，岁征银一千两七钱七分七厘九毫一丝四忽七微五纤。柏氏庄田堪种地，岁征银三百一十两四钱四分。马驸马庄田堪种地，岁征银七十一两四钱。焦驸马庄田洿下，

岁征鱼虾课程六两四钱。民牧马草场堪种地，岁征银四百八十五两二钱四分四厘。神机牧马草场堪种地，东营岁征银二百二十二两三钱九分五厘，西营征二十一两三钱四分。

王齐曰：庄田及牧马草场地素污下，水涸，民争佃之，种

**上三十二**

未复而水即还矣，三数年来包纳累甚，欲吐不可得也。呜呼！求利未得，而害已随之，此其为凡民也欤。

**【税课】**

岁榷商（商）钞三千五百九十七贯八伯八十文；鱼课钞二千一百五十三贯八伯八十文，闰加之；户口盐钞三万七千五百八十四贯起存各半。

**【徭役】**

岁征南城弓兵银八两一名；御马监草脚夫银八两一名；易州山厂柴夫银八百七十六两二百九十二名，名三两；抬柴夫银一百九十六两三十五名，名五两六钱；皂隶银二百五十六两，有闰加二十一两柴薪皂隶十八名，名十二两；直堂四名，名十两；府学斋夫银十有二两，有闰加一两一名；鄚县弓兵银十有六两二名，名八两；县祇候银八十四两，有闰加七两七名，名十二两；马夫银一百二

**上三十三**

十两三十名，名四两；乡饮银十有六两；祭品银九十八两；学斋夫银七十二两，有闰加六两六名，名十二两；膳夫银四十两；驿馆夫银八十两；顾车银二百两；府、县各项力役银共一千二百九十二两；今听差余银五百余两。

【岁办】

胖袄十有五副六分折银二十三两有四分，爪铁银一十五两，狐狸皮银一十两，杂皮银二十两，翎毛银六两三钱，皂角银一两有五分，挤乳牛连犊银六两。其不以时奉各部所派者，物与数每岁递有多寡，兹不及详。

【俸粮】

知县，月七石五斗米二石二十五升，钞一百五贯。县丞，六石五斗米二石，钞九十贯。教谕、训导，三石不折钞。典史，三石米二石，钞二十贯。驿丞，如典史之数。学生，人一石不折钞。司吏，人一石米三斗，钞十四贯。孤

上三十三

老人，三斗。其俸粮，县随县仓驿从之，学随学仓。

## 建置第五

乘曰：王公设险，官府置廨，郡县肇建，堂廉攸崇，称厥仰瞻，共惟综理，继嗣相视，传舍弗如，乃明部区，稽此兴废。乘建置。

【城池】

雄城。汉建于太平社。东汉献帝时瓒迁今治，修营垒楼橹，作铁门，周遭七里，高十丈，上阔一丈五尺，下阔三丈二尺，濠堑三围，各阔三丈，深一丈。宋庆历知州何承矩、景德间允则复续北城，共九里三十步，及筑外郭即外罗城，浚濠引水，谓之雄河，其宽广皆倍旧制。国朝洪武初知县程九鼎尝治之。弘治初梦贤大加修葺，有堞，有

## 上三十四

铺，有守，有巡；开四街；券三门，东曰永定，南曰瓦济，西曰易阳，咸有楼，南楼有钟，以节晨昏；河亦疏浚，深广于前；植柳三周，以固堤岸。正德末知县马纪又治之。即今知县王子麒大加修葺，当永固焉昔，城西南为易水冲突，北城亦为□，不可行，柳尽为豪民所伐，河亦淤为民田矣。国朝张天瑞记："雄邑在古为易京、瓦桥，于今为保定属县。城基弗垣，池沟弗浚，街衢弗门，阛阓弗楼，商贾弗市，驰道弗治，居民行旅苦兴贩之繁，受攘敚之害，凡过客无不叹其寥落者。前此来宰是邑者，率以迎送政务之繁，未暇（暇）也。弘治戊申岁春三月，吾东昌夏津王侯梦贤擢宰是邑，即专意于倾废，曰：'一邑之政，百废不举，庸非我有司之责欤?'于是政令之暇（暇），乃著心思，乃计土木，爰始爰谋，经之营之。捄陾度薨，而民不告劳；匄工庀财，而人不知费。城垣用崇，凡若千仞；门楼耸竖，凡若千尺。因旧沟而疏决地脉，开新衢而取象井田。互市恢宏，道途修整，与凡学校、仓库、桥梁、河道、铺舍、坛场之类，次第用成。自是，教养政日以举，神人事日以集，弗垣者有堞联联，弗浚者有水汩汩，弗门者扃钥以严，弗楼者栋宇峻起，弗市者抱布贸丝，弗治者间矢以砥。兴贩者不劳，攘敚者以靖，平平垣途，有不操梃杖而行者

## 上三十四

矣。邑之士民咸伟侯之政，而乐侯之成。盖自鼻工以逮藏事，不逾年耳。邑有不忘侯之德政者，乃以书币走京师，属予纪其事。於戏！学不患于无体，而患于无用；不患于不变，而患于不通。吾良弼之，学之济用，才之疏通，信若此，诚可嘉也已。事用备书，庸告于将来。"又诗："古雄城废几经年，半是人家半是田。"又："三门鼎峙严开阖，百雉城成定市廛。"

**【公署】**

抚按察院行台，在县治前之左。中为帅正堂。后为中堂。前为台，为墀，为东、西序，为仪门，为门。中堂东为吏舍，西为厨。门外有屏，左为总铺，右为官厅门子四人，司键。正德间知县易鸿重修。

太仆寺行台，在县治之西北，视察院少降焉门子二人。

府署，在县治之北，制如太仆，而深邃不逮焉门子二人，正德间鸿创。

**【县治】**

县，在城东南隅，即州治故地。其中为明新堂，东为幕厅，西为銮驾库。后有轩，有门，有子来堂。子来东有雪舫斋今圮，有望楼。后为知县宅。銮驾之西为县丞宅，东为门。门

**上三十五**

北有隙地，为厩。幕厅东为崇积库楼。楼南为典史宅，门由承发司南。明新之前为露台，为墀；左为吏户礼房，为架阁库，为承发司；右为兵刑工房，为马政科。墀前为御箴碑亭。亭左右为庄田，至石；前为仪门。门之东为土地祠。祠南为养廉仓，东为吏廨。仪门前为县门，外为榜房。仪门之内、马科之南，则狱也周显德六年创；洪武间九鼎重建；天顺间知县曹文昌、成化间知县刘杰增修；弘治间知县党琛、陈言，正德、嘉靖间知县王显及鸿及九仪及今子麒咸加修葺云。

官：知县一人掌印，县丞一人管马。

幕：典史一人户兵、司吏各一人；六房典吏六人，咸主文书；承发科吏一人，主承发公文；马政科司吏一人，掌马；里长百九十人，岁十有

九人，主里甲赋税；书手三十一人，主造册；群长岁十有四人；医兽五人，主马；门子四人，司键；皂隶五十六人，司朴；快手二十人，有马；民壮八十七人，咸主警；祇候九人，主候；马夫十人，司厩；禁子五人，主狱；吹鼓手十有六人，司乐；匠

## 上三十五

役二十八人，各执其艺。

**【学校】**

学，在县之北。元在学之东北曰“夫子洼”处，洪武八年九鼎改创。中曰“明伦堂”，堂壁刻御制卧碑一通。堂前为礼庭。其东曰“明德”，西曰“日新”，两斋相向，斋南各有号房七楹。堂之两翼，左为祭器库，右为养贤仓。堂后为教谕宅。宅之东为镜堂，有翼，有轩，有明远门王齐创建，今子麒重修，以课多士。礼庭之左右有科贡题名碑二通。其南为今上敬一碑亭碑七通。亭之前，循文庙之后，趋西迤南有训导宅二，趋东为仪门，直南为庠门。门之内，由东有射圃，中有观德亭；门之外，有屏，有坊，东曰“泮宫”，西曰“儒林”其制，广二十有八丈，袤七十丈，四至直方，三廨俱通瓦济。景泰间文昌，天顺间嵩，弘治间子坚，正德间纪，嘉靖间鸿、九仪，咸加整饬。若敬

## 上三十六

一亭，则县丞王俸建也，今子麒修葺，视前为备，故士多宁宇肄业焉。大梁杨东山《镜堂记》：“雄邑庠明伦堂之东有僻地焉。新蔡王子元修敷教之明年，构堂三楹，名曰‘东堂’，盖为游息潜修之所也。落成之期，客有献方镜者，广尺许。元修嘉其有自照之义，乃更堂之名为‘镜堂’，遂号‘镜堂主人’，赋诗刻诸壁，见取名也。后二年，遭杨子于涿鹿，述堂之厥

成并所有，属志之。杨子曰：甚矣，王子之好奇焉耳。君子之好不同，其致未尝不一也。何也？好者情之畅，一者理之归，情拂于理，不情之好，道寓夫数，君子审之也。今元修敷教于雄也，以镜名堂，而主人于斯有自新新人之意，实君子作则之良也。夫靡自明则罔以明人，本体昭矣，则虚含灵感，发幽启玄，天下之务，不其该乎？是王子之好，根诸理也。若夫主人于堂，堂其客也。往闻元修典试关中，谓之主者既客于外，堂之居然者不其为主乎？迨西旋登堂，客主再盟，固其所也。然而倏忽纷舛（舛），世之恒也；迁变久近，时之定也。求其主人不为客、客不永为主人者，鲜矣。是王子之好，明诸数也。堂南面壁庄栗，西岩远峙，石径通桥，曲水环合。前后桃李数株，春华夏实，鲜如硕如。丛菊茂竹，且能抗霜风，挺劲节。而元修置琴剖樽，颂《易》赋诗，俯仰长啸，神交千古，有振世化俗、高涉逖览之志。元修之好，不谓之奇，孰然哉？于是王子矍然逊曰：'杨子之规我矣，愿以斯言往书于堂，以谕夫二三子。'”王齐《镜堂嘉会记》：“嘉靖壬辰，易水中秋，

## 上三十六

岁功康阜，风物闲美。王子燕坐于镜堂，僚友既登，童冠在列，谈孔孟，颂羲皇，鸣瑶琴，赋赓歌，翔孤鹤于高云，荐巨蟹以新醪，金石交宣，欣对未央。已而，月鉴庭槐，露湛园英，抚流光之易逝，慨嘉会之靡常，世促名悠，各勤检素。于是诸子称寿，愿言考终，请缀章缝，永昭宫泮，王子遂染翰焉。会典序爵，爵同序齿。官僚四人，宾友三十人，门人百一十有九人。”俱载诸石。补王齐诗：“古坛双树懒仙家，更筑东堂远俗哗。石径叠桥流曲水，瓦盆移土种新花。青山抚卷看云起，黄鹤听琴送日斜。数爱高人留（刘）白堕，故邀明月照乌纱。”

官：教谕一人掌记，训导二人学生二十人，增广生二十人。附：学生不置额，惟其人。凡学生，岁人复四丁。司吏一人。门子三人。养贤仓斗级四人。

【属①】

归义驿，在县西故归义县治。有中厅，有左、右厢房，有前厅。厅东为厨库，又东为公廨。西为仓房。前为中门。门西为马神庙。外为鼓楼洪武间九鼎创。驿丞一人掌记吏一人；司候库子二人，主铺陈；斗级二人，司贮；馆夫八人，司谷；马驴夫百一十三人，司乘；草脚夫一人，司秣。土民马上、中、下五十三匹，南马三十六匹，驴六十头。大小铺陈百一十三床，以馆宾旅。大小什物七十七件，以备晴雨。

递运

上三十七

所，在木厂街，大使一人。

河泊所，在马务，河泊一人。俱洪武间建，天顺间裁革。

阴阳学，在县之西，训术一人掌记。洪武八年建，阴阳生五人，咸主日。

医学，在阴阳学之西，训科一人掌记。医生五人，咸主医。阴阳、医生咸以市人充之，不闲本业，给役使而已。

僧会司，在观音寺，僧会一人掌记。

道会司阙。

社学，在预备仓北，有养正堂，有礼庭，有门垣。其十二社、七屯之学，则各随其地焉教读，如社屯之数。

旌善亭，在县南。

申明亭，在县西，有亭，有门弘治间梦贤、正德间冕重修。老

① 原文在“学校”前，考虑移至此处。

人十九人，木铎老人五人。

【仓库】

养廉仓，在县内岁储县粮，今圮。老人一人；斗级二人，司守。

预备仓，在县东南，有粮厅，有廒，有门，有垣洪武辛未，奉工部札子建。弘治间梦贤、子坚，典史李从宽增修。老人一人，斗级五人。

养贤仓见《学校》。

驿仓见《驿》。

銮驾库，在县内贮仪仗。仪仗五十有二。天丁六十有二，冠、袍、带并如其数。

架阁库，在县内架案牍册籍。典吏一人，主

上三十七

籍。

崇积库，在县内，有台，有楼嘉靖初，县丞锦建，贮贡税、粮课、罚赎诸金币。库子二人，司藏。

驿库见《驿》。

草场，在太仆行台之西约十五亩许。脚夫二人，司草。

【铺舍】

急递铺五，曰总在察院东，曰郝家庄南十里，达任丘，曰王克北十里，达新城，曰杨定西十五里，达容城，曰郭庄东南三十里，达文安。咸有堂，有亭，有舍，有门垣，有墩台，有守铺长，司吏一人，铺司五人，铺兵三十有八人。

冷铺十，俱在城内外设具以御水火盗贼。总甲十人。

**【堤桥】**

堤，曰杷头，西自安州、新安，经县南，绕崔村、马务而东，长二百余里相传筑以捍水，可以行车，亦名“直道堤”；曰大堤，其大谢、王槐、西杨、东杨、东赵俱有之；曰黄花，在西南多黄花；曰沿河，在大阴；曰万柳，在县南，即今路也杨士奇诗“雄县城南水没路”是也。后梦贤修之。自正德十二年水，民利摆渡，桥、道俱决。鸿创修，高五尺，阔五丈，植万柳以固堤岸，故名之。补王齐《冬日城南》诗：“危桥叠岸逐江斜，风

上三十八

急途长走白沙。天作米花横百里，岁收菰米度千家。田翁日傍鼋鼍宅，驿吏星回驷马车。忍听诛求来野哭，谁将此景献重华？”

王齐曰：关南路实要冲，人言昔无堤、桥，时四面皆苇乡，途者数为舟子所败。易鸿建桥筑堤，十里如画，民至今思之。於戏！桥梁道路，有司之职。前后非有司耶？鸿，仁人也！鸿，仁人也！

桥，曰瓦桥，即旧关洪武间九鼎创，嘉靖间鸿重修。魏纶《瓦桥夜月》诗：“银蟾东转海天凉，十二栏干夜未央。睡熟长鲸金作背，归来仙鹤雪为裳。宝珠落水骊龙戏，药杵敲云顾兔忙。试问汉家题住客，终惭商代济川航。”；曰草桥，在县南三里洪武间九鼎创，今废；曰新桥六，皆在县南路，草桥之南，易阳之北嘉靖间鸿创。设船户三十五名，防守盗决。刻石吕公祠前；曰吕公，在吕公祠后永乐间知县赵鲁创，嘉靖间鸿重修。设船户十名，防守。有碑；曰北店，在北

上三十八

关之北天顺间知县秦纮创，今圮；曰王克，在本铺之南，横渡白沟

久废，正德间纪重修；曰王家，在本台；曰任家，在本台正德间民任昇修，今废；曰施家，在县北三里天顺间知县周嵩创，今废；曰王黑，在本营；曰侯留，在本村天顺间嵩创，今废；曰孤庄，在本庄；曰东作，在永定门；曰西成，在易阳门东、西俱正德间纪创，今废；曰永通，在县西一里，横渡白沟景泰间知县曹伟创，正德间纪、鸿咸重修焉。

**【武备】**

教场，在永通街南，有阅武堂，有将台，有垒，有射侯，有讲武坊岁时掌操官率民快习武其中，听知县劝惩。

**上三十九**

《雄乘》上卷终。

**下①一**

## 《雄乘》下卷

王齐　撰

## 礼制第六

乘曰：唐虞邈举，周礼弗作，礼坏乐崩，奸政滥俗，我朝天开，纲陈纪列，经世遂生，万民永式，矧雄近郊，观法靡忒，爰述旧章，维征维极。乘礼制。

---

① 此为“下卷”。

**【公仪】**

圣诞、冬至、正旦，知县帅僚属设仪，具服。先一日，习仪于天宁寺；至日，于县行。

朝贺礼，如制祝从县官。

开读诏敕，知县帅僚属如朝贺仪行礼，如制。

下二

新官上任，先一日，致斋于城隍庙无斋所，则宿公所。至日，祭城隍。毕，诣县，祭门。毕，具公服，行谢恩礼。毕，公座。毕，便服，行参见礼。毕，谕僚属。署公移，乃飨官属父老。

鞭春，岁立春先一日，县官率众迎于东郊，赴春宴。至日，候其时，县官具朝服，帅僚属行鞭春礼，如制。

日食，知县帅僚属，具朝服，于县伐鼓，行救日礼。

月食，具常服，行礼如日食。

**【祀典】**

文庙，在明伦堂之前。左为东庑，右为西庑。东庑北有便门，达于学。庙前为露台，为庙门。门之东有旧文昌祠。前为杏坛，亦多桃李。又其前为棂星门洪武间九鼎创，成化间县丞王瑄重修，今子麒大加修葺。门庑俱新焉。祀孔子，配四子及十哲，从祀诸子、汉唐

下二

宋元诸先儒。春举祀于二月，秋八月，上丁日，制也。月朔、望，县官率师生晨参焉文庙门子一人，月香烛、米三斗。祭器库，见《学校》库子二人，司祭器铜爵百有四十，鸿置。

启圣公祠，在学中，祀启圣孔公，以先贤颜无繇、鲁点、孔鲤、孟孙氏配，以先儒程垧、朱松、蔡元定从祀，亦于上丁日先举焉门子一人。

社稷坛，在北关西南。中为坛。为石以依神，北向。周为垣。南为门。坛之西为斋所，有库，有厨厨、库今圮。祀县社、县稷之神。春二月、秋八月上戊日，出主以祭，制也门子一人，司洒扫。

风云雷雨山川坛，在草桥东南，其制如社稷。祀风云雷雨之神、本县山川之神、本县城隍之神。春、秋继社稷坛出主

下三

而合祭之，制也门子一人。

邑厉坛，在北郭内，门、垣俱无。岁清明、七月望、良月朔，先期牒城隍之神主其祭，至期出主，榜无祀鬼神而分祭之，制也门子一人。

里社坛，人和，在东赵；义和，在东槐；利人，在平王；太平，在赵村；进福，在神堂；庆丰，在张哥；丰乐，在小王；众安，在上村；进贤，在洪城；宾兴，在留镇；福顺，在龙华；安宁，在小姑；民歌诸七屯，在任家台及易阳门外。各乡人于春、秋上戊日集之，以祀其里社稷之神。

乡厉坛，在各里社之旁，各祀其乡无祀鬼神，期同邑厉。

城隍庙，在牧厂街之后。有堂，有后堂，有东、西序，有翼室，有

下三

中门，有门当，无像，今有像侍史、从者亦有像。月朔、望往参焉。

名宦祠，在学内射圃前之左，中为崇德堂，门、垣俱备。祀宋河北沿边安抚使李允则、本州团练使何承矩，国朝知县程九鼎、秦纮、王梦贤、马纪、易鸿，教谕王继禄、魏纶，各一坛焉门子一人。

乡贤祠，在名宦之右，中为考德堂。祀国朝太子少保、都察院左都御史刘观，南京兵部尚书侯瓒，太子少保、户部尚书侯观，各一坛焉门子一人。

名宦、乡贤，春、秋继山川坛致祭，其丰与洁随县之宜，而礼仪则放诸家礼、祭礼大都每祠羊一、豕一、果十、蔬十，酒如其神之数。俱子麒修。

王齐曰：祭法有五，曰法施于民，曰以死勤事，曰以劳定

下四

国，曰能御大灾，曰能捍大患，则祀之；又有祀先贤于东序、祀乡先生于社之义。是名宦多论功，乡贤多论德，而功德兼至又所必祀者也。乃若雄之名宦合祭法者，得九人焉而已；乡贤，得三人焉而已；而张叔夜、陈复初、王庸、胡斌，别祀之。《官师》《人士》可详也。或言有可祀者，匪直不可信，且不可考矣。

双忠庙，在白沟，祀宋张叔夜，国朝陈复初，即二公死所也，春、秋继名宦祀焉今子麒建。

孝行祠，在易阳门内，祀元孝子王庸，春、秋继乡贤而致祭焉嘉靖十年，齐请于提学陈中川公建。

王齐曰：忠孝，人之天也。庸也，生非其辰，无可仕矣，隐居

**下四**

事亲，独全其天，是为元之孝子，非今之忠臣乎？是宜祀，以式夫人之不天者。

义行祠，在瓦桥关外，祀义士胡斌，祭期如孝行祠知县谢九仪建。

马神庙，在太仆行台之左，有堂，有门，以祀马祖之神。岁春、秋上戊日，管马官率群长备牲帛以祭。

八蜡庙，在易水之西。县官备牲帛致祭，如马神之期。蝗作时祷之。

龙王庙，在小雄山上。旱则县司祷之，其应如响。

河神庙，在大雄山之后。水则县祷之。

土地祠，在县内。祭期、祭品并如八蜡。

旗纛庙，在教场今圮。岁霜降日，管操官具牲币，率民快祭

**下五**

之，文职不与焉。

**【乡仪】**

乡饮酒礼：岁正月望、十月朔，县官就明伦堂举行，如制。

乡射礼：予按，古礼多不能行。今《会典》所载，洪武初，奉礼部札子，令生员日讲毕习射，府、州、县官办事毕亦习射，

朔、望行射礼如式。八年四月，改令每月上旬习射三日，下旬亦如之。二十五年，重定射式，朔、望以提调官主射。永乐三年七月，复申明之，周旋曲折，简便易行。齐尝准今酌古，参订今射礼仪注，于春、秋二仲月行之，遵时制也。

冠礼：诸生将冠者，白于县，习于学，行于家。

婚礼：[婚礼] 之行，与家礼不尽合。雄人虽不论财，而女家妆奁亦

下五

大侈费，不可不戒。

祭礼：士大夫间有行者，如家礼，亦有不如家礼者。予于时祭，必率诸生行之，以作观者。

丧礼：士 [大] 夫间有放家礼行者，民间则多尚阴阳，供佛饭僧，须严禁乃已。

**【恤政】**

养济院，在易阳街西，中有室、有亭，外有门、有坊洪武间九鼎建，以养民之老而鳏者、寡者、独者。惟其人不限以数，月有粮，岁有薪，季有帛，冬有绵，病有药，死有棺。

惠民药局，在易阳街东，有室，有坊洪武间建，弘治间梦贤重修。

义冢，在城西半里，约三亩许，有垣，有林木。义士胡斌以收葬死无归者，礼也。

下六

**【刑法】**

附县有狱，有卒，有笞，有杖，有讯竹板，有枷，有杻，有缧或以铁，有镣。视囚人之轻重，别其寝处。病者、馁者、寒者，必疗而饲之，衣之，时洒扫之。扃钥械系，不得不严焉。

雄人之讼，有田宅，有钱粮，多户役，多人命，多斗殴，有婚姻，有盗贼，多诉讼，有不孝。凡讼而轻者，县得而自拟之；重者，必达于府，请于抚按行台，转详刑部，而后如拟。

王齐曰：刑法非国家之得已也，世降民漓，不可不慎。尝见今长民者不能明刑而言恤刑，不知严刑而言省刑，务名丧实，怙暴惠奸，杀人者不死，而伤人者不抵罪，伪日滋矣。於戏！果长民者之首务乎？先民有言，“不肉刑，不三代”，又曰“治世刑重，乱则轻”，良有以夫！呜呼！明刑

下六

弼教，虽尧舜周孔不废也，故以刑法附诸礼制之末。

## 官师第七

乘曰：雄在叔世，帅牧并陈，文献无征，勋名靡托，纪纲天启，政教日新，爰有甘棠，式滋堕泪，耳目所及，臧否仍稽，敢袭鲁史，用垂殷鉴。乘官师。

**【抚臣】**

宋——

刘福，下邳人。福魁岸，有膂力，以功迁雄州防御使。至

部，按行城垒，调镇兵以给缮完，出私钱以资宴犒。寇虽大至，恃以无恐。福虽不学，而为政简易，御下有方，在州五年，郡境宁谧，迁梁州观察使《一统》及《淮安志》。

何承矩。初知州事，推诚御众，同其甘苦。首建屯田之议，民赖其利。边民有告机事者，与之款接，无所猜忌，故契丹动

下七

息皆能前知。后拜本州团练使，以轻脱生事，失守御体，承矩求解边任，遂罢之《一统志》及《纲目》。

李允则。景德初，真宗以契丹新定和议，雄州之守难其人，召宰执议之，宰执首举允则，群臣咸谓当其才也，遂有是命。明年，始置河北沿边安抚使，即以允则为之。允则在雄十四年，河北既罢兵，治城垒不辍。虏主问其相张俭曰："闻南朝尚修城备，得无违誓约?"俭曰："李雄州长者，不足疑。"既而有以为言，诏诘之。允则奏曰："初通和，不即完治，他日有所颓圮，复安敢动？因此废守备，臣恐虏性不可测。"上以为然。城北旧有瓮城，允则欲合大城为一。先建东岳祠，出黄金百两为供器，道以鼓吹，居人争献金银。久之，密自撤去，

下七

声言盗自北至，遂下令捕盗，三移文北界。乃兴版筑，扬言护祠，而卒就关城，浚壕，起月堤。自此，瓮城之人悉内城中。岁修禊事，召界河战棹为竞渡，纵北人游观，潜寓水战。州北旧设马坑。城中起楼为斥堠，望十里，自罢兵，人莫敢登。允则曰："南北既讲和，安用此为?"命撤楼，夷坑为诸军蔬圃，

浚井疏洫，列畦垄，筑短垣，纵横其中，植以荆棘，而其地益阻险。因治坊巷，徙浮图北垣上，州民旦夕登，望三十里。下令安抚司所治境，有隙地悉种榆。久之，榆满塞下。上元旧不然灯，允则结彩山，聚优乐，使民纵游。明日，侦虏酋欲间入城中观。允则与同僚伺郊外，果有紫衣胡人至。此夕，与俱入传舍，不交一言，出妓女罗侍左右，剧饮而罢，且置所

## 下八

乘骡庑下，使遁去，即幽州统军也。后数日，为虏所诛。尝宴军中，田仗库火，允则作乐行酒不辍。副使请救，不答。少顷火息，命悉瘗所焚物，密遣使持檄瀛州，以茗笼运器甲，不旬日，兵数已完，人无知者。枢密院请劾其不救状，上曰："允则必有谓，姑诘之。"对曰："兵械所藏，儆火甚严，方燕而燔，必奸人为害，救之，事或不测。"又得虏谍，释缚，厚遇之，谍因出所刺沿边金谷兵马之数。允则曰："若所得谬矣。"呼主吏，按籍书实数与之。谍请加缄印。因厚赐以金，纵遣。未几，继至，还所与数，缄印如故，反出虏中兵马财力地里（理）远近委曲，以为报。一日，民有诉为虏人殴伤而遁者，允则不治，与伤者二千，众以为怯。逾月，幽州以其事来诘，答以无有。盖他

## 下八

谍欲以殴人为质验，得此报，以为妄，乃杀谍。云翼卒亡入虏中，允则移文督还，契丹报以不知所在。允则曰："在某所。"契丹骇，不敢隐，即归，乃斩以徇，后无敢亡者。

蒙斋袁氏曰："帅阃以真才为重，以善谋为主，有才而无谋，不足以为真才矣。允则之守边也，胸中之谋愈出愈奇。惧虏人疑己，而扬言护岳祠，修城筑也。引水作石梁，聚舟为竞渡，寓水战也。撤楼夷坑，而植榆塞下，设险固也。上元旧不然灯，特结山张乐，使民纵游，陷虏将也。不救火灾，密运器甲以补所焚，安众心也。此犹易能耳，未足以见其奇。虏遣间谍刺我兵数，而能使谍者转为我用，此一奇也；虏殴吾民，将以为质，我能反其锋而用之，

下九

又一奇也；云翼卒伍之逃，虏以不知所在为辞，而允则指言某处，运智如神，又一奇也。天下多事之秋，使阃外之寄者皆善谋如此，可以宽顾忧矣。虽然，设谋易，用谋难；自信易，为上所信难。李牧纵匈奴数侵赵边，而终不肯出战，谋则善矣，然其迹似乎养寇。陆抗与羊佑（祜）边境交和，谋亦善矣，然其迹似乎卖国。必也上之人宽洪大度，听其所为，而无掣肘之患，则谋成而功立；不然，信任不专，谗间入之，则所以挠其谋者多矣。予是以深取李允则之善谋，而又三叹真庙之善听也。"

王励，康定间为经略安抚使，抚安雄州之地四十余年《纪圣实录》。东坡《次韵王雄州还朝留别》诗："老李威名八十年，壁间精悍见遗颜。自闻出守风流似，稍觉承平气象还。但遣

下九

诗人歌杕杜，不妨侍女唱《阳关》。内朝接武知何日，白发羞归供奉班。"

老李，谓允则也。

汤怀敏，仁宗庆历中内侍，治水有功。

耿南仲，高宗时为节度副使。

金——

李瘸驴，大安间权中都西路经略使，抚安雄州之地《郡志》。

张甫，贞佑（祐）间封高阳公，镇抚雄州《纲目》。

元——

徒单公，皇统二年以昭武节度使抚安雄州。

完颜公，以昭勇节度使抚安雄州俱《均乐亭记》。

王齐曰：抚民之职，弗易称也。兹若允则，固不可及矣。刘福、王勔，征诸志，则曰“郡境宁谧”；征诸诗，则曰“承平气象”。夫宋之雄与夷狄为藩篱，获宁谧，获承平，民其得所哉，惜乎史不及详也。福耶，勔耶，其称职耶！若承矩、怀敏阻

下十

水之功，又何能掩耶！曰瘸驴、曰甫、曰徒单、曰完颜者，夷狄之臣，宜略而不略者，有事地方，不容以尽略也。

又曰：《郡志》载，五代王思同徙镇雄州、武州，曹元忠为归义节度使。予按《五代史》及《纲目》及《一统志》，思同为雄武节度使。注“雄武在敦煌故地，今秦州也”，亦无徙镇雄州、武州之说；而归义，注“亦在沙州”，况宋之归义县先已改归信矣。二人之误无疑，因削去焉。

**【守将】**

汉——

公孙瓒，伯珪，辽西令支人。献帝时为骑都尉，讨渔阳贼有功。后杀刘虞，尽有幽州之地。恃其才力，不恤百姓，纪过忘善，睚眦必报，遂为鲜于辅等所败。因童谣，徙镇于易，筑城自固，号“易京”，与武遂黑山贼张燕连结为乱。后六

下十

年，为袁绍所破，瓒自焚死《纲目》及《后汉书》。

唐——

刘仁恭，能穴地攻城，军中号“刘掘头”。初为李匡威将，后奔晋，晋以为幽州留后，取沧、景、德三州。请命于昭宗，昭宗不许，但以其子守文为横海节度使。后朱全忠攻沧州，仁恭遂调境内兵屯瓦桥，复求救于晋。晋攻潞州，梁军解去。仁恭幸世多故，穷奢极欲。子守光蒸其妾罗氏，仁恭怒，遂为守光所执，随灭于晋《纲目》及《唐史》。

杨仁晸，庄宗时为魏博节度使。同光四年，将兵戍瓦桥。逾年，代归，至贝州，部兵皇甫晖作乱，劫仁晸，仁晸不从，遂遇害。

赵在礼，以效节节度使裨仁晸戍瓦桥。胁于皇甫晖，反攻

下十一

魏。及李嗣源即位为明宗，徙镇横海、泰宁、天平，所至邸店罗列，积资巨万，人咸苦之为“眼中钉”，索“拔钉钱”。

王晏球，莹之，洛阳人。初畜于杜氏，随杜，后复姓。梁太祖选良家子之才武者置帐下，号“厅子都”，晏球为厅子都指挥使。后降于唐，庄宗赐姓名曰李绍虔。同光四年，与段凝、

房知温将兵屯瓦桥。晏球有机略，善抚御士卒。后为招讨使，大败契丹兵，横刀弃甲六十余里。中国之威大振，自晏球始焉。

段凝。初，妹为梁太祖美人，故亲信之。末帝昏乱，凝依附赵岩，为奸通贿，夺王彦章之功，遂代招讨使。已而梁亡，率精兵五万降唐。复因景进纳赂刘皇后，以求恩宠。庄宗赐姓

下十一

名曰李绍钦，以为泰宁节度使，将兵屯瓦桥。明宗即位，伏诛。

房知温，伯玉，兖州人。初为随军指挥使，后庄宗赐姓名曰李绍英，将兵屯瓦桥。李嗣源反，知温首驰赴之。及嗣源即位，拜泰宁节度使。由是历镇天平、平卢、卢台。在镇，厚敛于民，积资巨万。后废帝立，封东平王。卒，子彦儒尽献所积，拜沂州刺史。

李彦饶，即符彦饶。同光四年，为指挥使，来戍瓦桥。已发魏，时汴州军乱，复还讨平之，始就戍。

杨光远，德明。初为庄宗骑将，明宗时为马步军都指挥使，将兵戍瓦桥，以治称。后晋高祖授宣武节度使，镇平卢，封

下十二

东平王。出帝即位，拜太师。谋作乱，召契丹入寇，出帝遣李守贞讨之。其子承勋欲降，光远不从，承勋劫而幽之，遣使奉表待罪，遂为守贞所诛。召夷狄，为晋首祸，灭晋氏。疮痍中国三十余年，皆光远基之也俱《纲目》及《五代史》。

宋——

郭进，守雄州。太祖令有司造第于御阶之东，赐之，使尽

用同瓦。有司言："非亲王、公主，例不得用。"太祖大怒，曰："进为我捍契丹十余年，使我不忧西北，岂不比我儿女！"卒用之。宅成以赐，进屡辞乃敢受《石林燕语》。

刘延庆，宣和四年屯雄州出外传。

辽——

姚内斌，为契丹将，守瓦桥。后周世宗亲征，遣赵匡胤先破关，内斌降之《纲目》。

## 下十二

周——

陈思让。周世宗以瓦桥新复，改为雄州，命思让戍之《纲目》。

焦赞，镇瓦桥关《一统志》。

元——

达朵儿只，元季以副枢据有雄州。以乡人王成、杜茂为团练、千户，作威济虐，民不堪命刘德和墓碑。

国朝——

杨松。革除年，以松为都督总帅，率兵八千戍雄县，后为燕山副千户朱能执之，不屈而死。

潘忠，为松副将，同时被执俱见杨士奇撰朱能碑。

王俊，永乐中云川卫指挥。

王齐曰：仁晸节矣，松与忠正矣。夫为将而正而节，炳炳琅琅，史册生光，君子不有取耶？若夫瓒、恭而下，及五代、金、元之人，贼也，叛也，虐也，贪也。夫以贪虐叛贼之徒，而

下十三

可为将耶？直虎狼耳！是虽有晏球、彦饶之功，亦弗能自赎矣，他尚何辞哉！

【知州】

陈——

沈敦悦见《陈书·沈不害传》。

梁——

袁正辞，庄宗时拜雄州刺史阙。

宋——

李纬，治兵颇严，不事厨传。积公使钱贮米三千斛为常平，奏，下其法他州《一统志》。

孙全兴阙。

贺令图，贪功生事，轻而无谋。太宗时，令图与其父怀浦首谋北伐，一岁之中，父子皆败，天下笑之《纲目》。

高继勋。时契丹猎燕蓟，候卒报“有兵入钞”，边州皆惊，继勋料其不然。已而，渤海人叛契丹，行剽两界也《一统志》。

安守忠。尝与僚佐宴饮，有军校谋变，阍者会卒入白，守忠



言笑自若，徐谓客曰：“此辈酒狂耳，擒之可也。”人服其量《郡志》。

张利一。时辽人刺两属民为兵，民不堪其辱，利一招徕之。有大姓举族南徙，慕而来者至二万，乃发廪赈恤之。

张昭远。会大雨，陂塘大溢，昭远勒兵筑长堤以捍其冲。

葛怀敏，恩信孚洽，贼不敢犯。改沧州，士民遮留，数日始得去。

赵滋，开封人。父士隆，邠宁环庆路都监，战没。滋强力精捍，有智略，累立战功，至于簿书米盐皆有法。在雄六年，契丹惮之。官至步军都虞侯（候）。

刘兼济。先是，有边民避罪者逃契丹，辄纳之，守将畏罪，不敢诘，兼济悉移檄责还之。

## 下十四

杨应询，善料敌。徽宗以归信、容城两县弓手为契丹所惮，欲增为千人，或恐生事，应询曰：“吾欲备他盗，彼安能禁我?”卒增之。

刘舜卿，善料敌。或告契丹游骑大集，不为动。在雄六年，恩信周洽，著名北州俱《一统志》。

和诜，子美。尝以事诣京师，郑居中召与语而悦之，荐于徽宗，敷奏明畅，大契宸旨，进横阶一等，俾还任。诜因上制胜强远弓式，极轻利，能破坚于三百步外，即边人所谓凤凰弓者。在雄十年，尝阻伐燕之议，及于责。北事之作，未及用以死。盖两河名将云《桯史》。

郭成，在雄以功迁防御使，疏财利施，襟度坦如《郡志》。

## 下十四

元——

陈奉训，号止善《均乐亭记》。刘因有《赠雄侯陈止善》诗：“久被邦君抚养慈，野人无路识风姿。愿将明日甘棠咏，用续诸君止善诗。”

【同知】

元——

牛承事《均乐亭记》。

【判官】

宋——

黄懋，闽人，同承矩治屯田，兴水利。诏发诸州镇兵八千给其役，后果有功。

【吏目】

元——

王钦礼，子敬，任丘人，以詹事院署书转雄州吏目。州当南北冲要，号为繁剧，卒以才识明决服其同僚。后调南皮尉。

王齐曰：宋分命朝臣出守列郡，号权知州军事，则宋之知州不可谓不尊且重矣。而雄独与夷狄为唇齿，使守非其人，则兵、民俱祸矣。今求之史册，若纬与昭远之惠

下十五

爱，怀敏、兼济之威信，利一之招徕，滋、诜之才能，其他专对、料敌，亦皆各尽所长。是以边境靖安，士马休息，契丹累世不敢南窥者，虽曰寇准澶渊之功，要亦有宋置守之称也。雄其多得哉！

【知县】

宋——

李成，为归信令见《人士》。

金——

马讽，为归信令。境内有河曰“八尺口”，每秋潦涨溢，害民田。讽视地高下疏决之，其患遂息《一统志》。

元——

王时可，至正间知归信县事，兼管诸军奥鲁，劝农事作《均乐亭记》。

国朝——

程九鼎，括苍人。洪武初任。时县久汙腥膻，榛莽弗治，九鼎草创开辟，百务修举，俨然一都会也。德远政湮，今弗克

下十五

见，但廨宇间隐隐有九鼎字者，父老相传以为首功。且称其鉴识不凡，于版筑中见刘观兄弟头角秀起，知为非常人，遂遣就学，卒如其言云。

刘岩櫓，名字不传，亦不知何许人李延兴《赠雄侯刘岩櫓》诗：“县斋寂寂远尘氛，草满园扉翠欲曛。日转棠阴侵席过，风回琴响隔花闻。水分九派通沧海，地拥三关压紫云。河朔近来为令者，路人争道不如君。”

周士瞻，松江人出《雪舫斋记》。李延兴《赠士瞻早起》诗：“五鼓频催漏点残，三年清苦笑倪桓。银灯出院秋光静，彩仗穿花曙色寒。腹稿千篇登锦帙，心旌万里照金銮。修名要出龚黄上，不数仙家九转丹。”

张恭，桃源人，永乐间任阙。

朱耀，嘉定人阙。

赵鲁，本县人《报效》。

常毅，黎阳人，宣德间任。毅廉勤恭慎，志在恤民，亦尝新学校、修祭器云。

## 下十六

汪善，正统间任阙。

曹伟《郡志》。

秦纮，世缨，单县进士，授御史，天顺间以言事外补。纮刚毅严明，公廉勤慎，政教兼举，境土肃然，公庭昼静，里甲咸放归治农，而吏胥得以读律，门皂各执艺以供食。暇即召集诸生，亲为讲解。时大旱，祈雨而雨，纮独立雨中，既足乃退。后忤中官，逮系于京者再矣，雄之旄倪几千人伏阙请贷，圣朝宥之，民至今思慕不忘，且能详云。后仕至户部尚书，兼左都御史、太子太傅，谥襄毅公。

周嵩，宣城举人。

曹文昌，代州举人。

邢廷祯，金华人。由明经，成化间任。

李序，混源举人。

## 下十六

刘杰，沁水举人。杰刚方勇略，不畏强御被民董继宗告，调任。

王梦贤，良弼，夏津举人，弘治间任。梦贤廉而勤，公而不阿，其律己也正，而御下也宽，才思敏达，政治有方，修废举坠，百务皆兴，抚按、君子称其有王道焉。后升大兴尹。穷乡父老至今耿耿言梦贤不忘。

雷子坚，绥德举人。

党琛，同州举人。

刘英，掖县进士，由束鹿令调任。英刚直明敏，慷慨敢言，礼士爱民，令行禁止，民亦称便。升知州云。

陈言，长乐进士。言德量渊弘，制行谨厚，工书能文，至剔蠹弊、毁淫祠尤力焉。时久旱，民惶惶然，言蓬首跣足行祷而雨，民赖以安。未久，以外艰去。后升监察御史。

**下十七**

方谦，祁门进士，正德间任被民侯举告，去。

杜珝，潍县举人。珝沉静简默，勤恤民隐，人咸爱慕之。寻以忧去。后升监察御史。

陈珍，祁门举人。

王显，长安举人。由保定教授升任，后调万泉。

李仁，朔州举人。

解汶，汶水举人。后调庆云。

章冕，辽海卫监生。自新安调任。

马纪，直卿，钧州进士。纪廉能勤慎，明敏公平，赈恤流亡，医济瘟疫，省约浮费，芟刈豪强，罔不各得其当，而作新学校、劝课生徒，则尤为如意，故士心归向，民亦允怀，而旁邑之讼狱者日争趋焉。寻升监察御史。

易鸿，冲霄，固始举人，嘉靖初任。鸿严于恶恶，乐于善善，盖

**下十七**

公而明、廉而威者也。持身临事，不徇不阿。斥僧道，毁淫祠，兴学校，恤贫士，事集而不扰，惠洽而不费。秋水浸县南路，

鸿建桥筑堤，涂者称快。民间妇有不孝者，立诛于市，风俗一变，奸宄凛然，士民罔不悦服焉。甫三载，以勤劳卒于官。卒之日，无以为敛。百姓如丧考妣，上下咸赠赙之，至今犹藉藉然，曰“易父母，易父母”。鸿逢迎虽拙，抚字实劳，有永誉焉。

梁致让，德州举人。以捕盗功，升平凉通判。

蒋铭，庄浪卫人，贡生。

张佐，保德人，贡生。

谢九仪，君赐，号少溪，章丘进士。九仪温厚端严，廉能勤慎，礼贤下士，吏畏民怀。兴学校，崇节义，裁冗费，惩奸贪，六事

下十八

允治，百废俱新，三月而政成。才思敏拔，尤工于诗文焉。甫七月，以宏才大器，遂调德清，士民咸为借留，不可得也。少华许公尝称九仪“金钟翠釜，瑚琏圭璋”。今广东道监察御史。

邹骕，武进监生。

杨云，洛阳举人。三月而卒，善弗克施焉。

王子麒，仲郊，号鲁西，汝南人，仪卫司籍举人，今任。

王齐曰：令之循不循，民之治乱关焉，是置令亲民不可不慎，而令之称亦难矣哉。雄在国初，史阙文，文不足征也已。齐广询博访，闻之雄中父老其称治者，咸曰“纮一治也，梦贤一治也，纪、鸿同一治也，九仪一治也。四治之余，若九鼎之治，世远莫详；若毅之介、英之果、言之惠、

下十八

珝之平，亦可以令称矣；而子麒之治，亦懋前声。其他弗闻也”。呜呼！邑之治，令之循也，百七十余年，仅若人而已，令之称亦难矣哉！齐弗敢罔，弗敢蔽，用述雄人之言，以信天下、诏后世。

**【县丞】**

国朝——

张镉，本县人《报效》。

高厚，山东人，成化间任。

罗思纲，四川人。

王瑄，临朐人，吏员。瑄有才干，尝修文庙。

苗凤，延津人，弘治间任。

施信，黄严人。

田泰，尉氏人，正德间任。

王辅，乐陵人。

孟佑，盐城人。

魏应和，咸宁人。

彭锦，大同人，嘉靖间任。

王俸，辽海监生。俸，平易人也。

许辅，临淄监生。

李荣，沁源监生。

胡璟，武定监生，今任。

## 下十九

王齐曰：雄之丞，仅若人而已，视夫令，不及夫三之一，何寥寥耶？无他，才则传，弗才则弗传也；弗才而传者，近也。若瑄之才干、倖之平易，虽欲久而弗传，得哉？

**【典史】**

国朝——

李文交，正统间任。

宋盛，胶州人，成化间任。

蒋贯，湖广人。

李辅，昌邑人，弘治间任。辅有才干，工书。

蔡刚，东平人。

崔纶，东河人。

吴章，江阴人，正德间任。

李从宽，巴县人。从宽，能吏也。

胡广，山西人。

周鼐，安化人。

章璧，宣城人，嘉靖间任。

马思让，恩县人。

辛锐，霍州人。

董永宁，定襄人，今任。

**【教谕】**

## 下十九

国朝——

冯盛，蒲州举人，永乐间任。

王鸾，太和举人，景泰间任。

萧琮，大同举人，成化初任。琮心地光明，勤于启迪，士子恒称颂之。

郑玠，巴县监生。玠条教严明，学亦稍称。

袁明，嘉定举人，弘治间补任。

王继禄，天锡，洛阳举人。继禄光明纯笃，廉静勤慎，博学士也。时雄久乏科第，继禄锐志立教，无间暑寒，日督课程，量才求进，虽柔退不立者亦所不弃，是以苏、袁、赵、吴英豪汇进，皆其造就。雄之人亡少长贵贱，亡不重王先生者，至今犹绻绻追慕不忘，言之有泣下者。若继禄，可不谓恩义兼尽，文行并立，足称师范者耶？九载考绩，升青州推官。以吏事非其所长，退老寡合，卒贫于家云。

## 下二十

钟昕，南海举人。昕，纯笃勤慎士也。升福州通判。

何勖，陈州贡生，自香河升任。勖学政修明，志行高洁，而启迪有方，才识亦称，士子贤之。

魏纶，理之，利津举人。纶少年博学，雅量俊才，尤工于诗文。正德间，以禄养来署学事。条教严明，勤于劝课，身以孝弟相率，故无贤不肖皆知向上。自继禄之后，而文风再振，至今称之。时流贼猖乱，纶上十事，多见施行，朝野重之。丙子，典文湖湘。甫还，召拜南京工部主事。

许珊，宁陵贡士。

揑经，河州举人。经，正直爽慨人也，立身、教人各有法度，生儒咸安之。升平乡令。

刘禄，沁水贡士。

王齐，元修，号镜堂，贯江西丰城人，河南新蔡籍举人，宋内

## 下二十

翰禹偁之后。嘉靖八年任。今任丘知县。

李鹭，滕县贡生。前内丘知县。今任。

王齐曰：雄之多士，固不待文王而兴，然廉顽立儒者亦不可少。是故，雄庠自王洛阳之一造，士风一变，魏利津之再造，士风再变，乃今英隽者知文学，纯厚者知廉耻，冠盖楚楚，科第绳绳，皆王、魏之遗泽也。呜呼！典教如王、魏者，几何人哉！槐阴阁笔，敛衽长思。

**【训导】**

国朝——

王杰，正统间任。

陈瑞，嘉定人。由经明行修科，成化间任。人言瑞不愧是科云。

苏瑁，滨州贡士。

张俊，仪真举人。

甯振，孟津贡生。振孤介寡合，而启迪有功焉。

周奉

## 下二十一

阙。

刘福，章丘贡生。

王定，陈留贡生，弘治间任。

李仪，郑州贡生。仪立教惟宽，行亦可取。

陈佐，益都贡生。

胡询，阳谷贡生。询方直不苟。

毛炳，高密贡生，正德间任。炳，剪剪如也。

冉嵩，温县贡生。嵩，忠厚人也。

陈训，莒州贡生。

张荣，潜山贡生。荣，志行足称，诗文可取。

项镇，登州贡生。

解以德，寿光贡生，嘉靖间任。升吉州学正。

段绅，利津贡生。

杨龙，洛阳贡生。

王世臣，以忠，夏津贡生。升真定县谕。

张若虚，洵阳贡生。今任。

王齐曰：训也，如陈瑞之风范，甯振之清高，胡询之方正，张荣之学识，及今之仕，咸耿耿焉。谅哉训之贤也，其何能掩耶！

## 下二十一

### 【使臣】

宋——

欧阳修。《使辽初至雄州》诗：“古关衰柳聚寒鸦，驻马城头日影斜。犹去西楼二千里，行人到此莫思家。”西楼，辽上京也。

彭汝砺。《使辽至雄州》诗：“马头今日过中都，得到雄州更有书。道路莫嗔音问少，天寒沙漠雁全疏。”

沈文通。《使辽还雄州》诗：“济济新声出禁潢，边城一听醉千觞。明朝便是南归客，已觉身依日月旁。”

曹利用。景德元年，契丹请盟，寇准以利用往，许银十万两、绢二十万匹，定和议于狄夏头，以白沟为界河。

马某。廉访者，号茅斋，阁门宣赞舍人。先是，童贯遣张宪、赵忠赍书遗燕王，王斩之；又使赵翊差使臣谭九、殿直等，说易州土豪史成起兵、献易州，史成送燕京斩之。宣抚司知

下二十二

游说不行，遂遣种师道进兵压境问罪，募马以往。马有胆气口辩，与馆伴萧夔抗论不屈。燕王召李处温议曰：“女真骑据西京，大宋重兵压境，与大金夹攻，朕观天时、人事，不敢当此宝位，欲称藩南朝，同保血属。”言毕，呜咽流涕，处温亦为之泣下。遂遣秘书郎王介儒等来雄州，居二日，以客礼见童贯，作报书，以铁骑送归。呜呼！使于四方，不辱君命，茅斋有焉出外传。

赵良嗣。宣和五年，如金议和，还至雄州，以金书递奏。王辅欲攻之速，乃请复遣良嗣自雄州复如金，许以岁币，卒成和议，金主许以燕京及六州来归。

张叔夜。为签书枢密院事，勤王弗克，从渊圣北狩。上道不

下二十二

食粒，惟饮清汤。至白沟河，御者曰：“过界河矣。”矍然而起，

仰天大呼，扼吭而死。吕中曰：“虏再犯阙，勤王之师一无至者，叔夜以孤军入卫，其忠已足称。及北迁，不食其粟，不入其境，则始终之义无憾矣。”

文天祥。以少保、枢密使、信国公，勤王弗克，有崖山之败，元张弘范遣使护送天祥赴燕渡白沟诗：“昔时张叔夜，统兵赴勤王。东都一不守，羸马迁龙荒。适过白沟河，裂髭（眦）须欲张。绝粒遄不死，仰天扼其吭。思公有奇节，一死何慨慷。江淮我分地，我欲投沧浪。沧浪却不受，中原行路长。下车抚梁门，上马指楼桑。戴星渡一水，惨淡天微茫。行人为我言，



宋辽此分疆。悬知公死处，为我出涕滂。我死还在燕，烈烈同肝肠。今我为公哀，后来谁我伤？文武道不坠，我辈终堂堂。”

国朝——

陈复初。革除年，以礼部侍郎监曹国公李景隆军，大战于白沟河。景隆恃位自骄，罔谙兵律，至于败绩。公见势不可支，从容具朝服，南向百拜，曰：“臣力竭矣，臣事去矣，请见先帝于上天，诉景隆也。”遂跃马入于河，死之出何孟春《备遗录》。

王齐曰：使臣若无与于雄，弗乘亦可也。夫以张、陈之死节，文山之正气，欧阳有《采薇》之风，彭、沈得《四牡》之体，若曹、若马、若赵，皆能抗义直言，不辱君命，篇章与江河同沛，忠义与日月争高，炯炯烨烨，于雄有光，如之何其弗



乘耶？

**【流寓】**

元——

李继本，延兴，号一山，贯河南人，北平籍，乃承旨楚国公彦闻之子。继本幼年博学多才，登王嗣宗榜进士，授太常奉礼兼翰林检讨。元室弗靖，隐教雄邑，所至辄有题咏。故永新刘克彦评其文曰："丰而实，直而通，引物连类，据经援史，铿锵振发，曲折窅如，抑扬收纵，变化多端，卒于仁义道德之归，而规矩不逾也。"有《一山济美集》行于世。

## 人士第八

乘曰：畿甸首化，川岳效灵，造俊生才，立功赞业，忠贞义烈，光启后先，命世名时，日昭星纪，淑慝孔明，从违是绍。乘人士。

**下二十四**

**【仕籍】**

元——

焦简，德裕子也，余姚知州。

焦洁，简之弟也，信州治中俱《一统志》。

何源，巨川，归信人。源性质端悫，爱好人伦，弱岁通儒业。及长，明习法律，由高堂都目转知长信，司幕府事。秩满，调庐州路经历，阶承事郎。庐府密迩，风纪、职总、案牍事务之繁，号称不易，源小心谨畏，明练修至，故虽久处剧任，卒能以干敏为时称道。源起身白屋，得与缙绅之列五十余年，以老致仕，累阶承直郎、保定路总管府判墓碣。

董志，于道，龙华人。志性颖悟，甫弱冠，谙经史，尤精律学。始自崇祥典书，就充本院宣使，三迁授缮工司大使，复擢本司照磨兼提控案牍。志笔锋动而文思雅如，声动台阁，二

## 下二十四

转授直枢密院断事。虽边差之烦、储兵之大，照见千里，无不响应。朝廷知其才，超迁奉训大夫，复升大兴尹，兼管诸军奥鲁，劝农事。县居辇毂，事烦讼剧，剖决有方，不劳而治。又历二任，升朝列大夫。不侮矜寡，不畏豪强，威振京华，发摘有功。将大用志，以疾告归。至正间，复迁朝请大夫，监都安肃。未及半载，政声四达，人咸以良有司目之神道碑。

王齐曰：焦氏缺矣，何源能矣，董志明矣，世远言湮，不能详述，或考于墓石而已。石而可信，何、董亦表表哉。

又曰：旧稿载，五代刘昫为雄人，自端明殿学士拜相。今考之《一统》及《郡志》俱无，而《五代史》亦不曰雄人，但称“以问学知名燕蓟间”而已。阙之以俟。

## 下二十五

国朝——

刘观，荣覲。人和人。观丰仪奇伟，天性颖悟，幼为程令所知，长从李延兴游，登进士。授太谷丞，召拜监察御史，升佥都御史。后出守嘉兴，嘉兴称治。寻丁外艰。永乐初，诏访耆旧，奉命起复，除户部侍郎，转副都御史。时肇建北京，命观鸠木于浙。先是，所司惧不如数，恐获罪，往往夸功利，饰虚文。观至，尽革其弊，事不后期，因是全活者累千万人。后

升礼部尚书。未几，凉州羌叛，摇毒西陲。太宗命观以刑部尚书督将臣往征之，羌戎授首，群丑就歼，椎髻襁负而至者万二千余，西土以宁，凯还，迁左都御史。时雄属畿内，尚为云川军所扰，奏迁白杨口，乡里至今安之。官至太子少保。罗修撰汝敬谓公“身事四朝，德隆

## 下二十五

师保，忠信弘毅，为时名卿”。故一时闻望如曾棨、金幼孜、周述、程南云、沈度各有称述，兹不及详云。

王齐曰：乡人言，太宗朝，观尝摄政四十八日；决死刑，刑者伸手，有“黄金二千两”字，观即截其手以进，太宗皇帝嘉叹者久之。夫摄政、却金二事，甚尊且美，当时诸老全未之及，齐弗能传疑，姑述其略，以见公之在朝，朝廷重之；在乡，乡人德之。修撰称其“忠信弘毅”，其有所试哉。

仲闵，希曾，人和人。闵早颖悟，善属文，以举人授淮安同知，明敏刚果，人不能欺。富阳赵公新以吏部行便宜事，识闵

## 下二十六

才器，荐守凤阳。闵政务简易，至驱捕盗、释死冤，则数数见称，旱蝗河疫不能为灾。以故，当时元老若高谷则曰“垄黄独步”，苗衷则曰“岂弟君子”，咸为之立德政碑以示美焉。

侯瓒，奉璋，保宁人。登进士，授户部主事。奉命视湖广饥，奏免税粮八十余万石，民困以苏。历员外郎。出守凤翔，下车即赈济流移，全活者众。九载，升山西参政。进光禄卿，

转右佥都御史，巡抚甘肃。初，卫所以亏拆刍粮，指挥以下经年系狱者八百余人，瓒命各偿其半，数日尽释之。时有哈密之变，瓒召赤斤蒙古二卫，授以方略，克复八城，俘馘千五百余，不自有其功。兵部奏闻，降玺书嘉谕。及战胜边虏，两锡银币。继升兵部右侍郎，改南京礼部，转户部左

下二十六

侍郎，迁南京工部尚书，转兵部参赞机务。数恳致仕，进阶荣禄大夫。公性禀刚介，践履笃实，不妄言笑，尤慎交游。最名有家法，历官若干年，俭素自如，甚恶求谒，子弟稍服华靴皂，辄呵禁之，凡经不明，不得举进士，以故诗礼源源，咸称其家儿云。

郑襄，廷赞，义和人。以举人授凤阳通判。襄公勤廉静，抚字有方，招抚流移，全活者众。居六载，兵民咸保留之。以疾归，凤阳民至今称之。

侯观，仕宾，瓒之季子。登进士，授登封令。勤恤民隐，耨剔宿弊。邑有豪猾，世济其恶者，观廉得其情，亟治之，积恶顿除。时大旱疫，观祷于中岳，愿以身赎，既而咸苏，岁且大熟。部

下二十七

使者以治行异等交荐。以瓒，例不得为科道，授户部主事，进员外郎、郎中。历十七载，始升南京太仆少卿。念荣禄公年老留京师，恳乞终养。越二年，丁外艰。起复，改太常少卿，升户部右侍郎。时内、外盗起俱，命观兼左都御史，理军饷，有

白金、文绮之赐。转左侍郎。武宗北巡，复兼宪职，往从。班师，赐绯鱼衣三袭，荫一子世官。升尚书。四乞休致，乃得。卒，赠太子少保。其少师杨廷和为作墓表，谓公“孝友天至”。荣禄府君性严厉，公委屈承顺，无少忤，晚年服金紫侍侧，终日无惰容。事兄泰如父师，抚养诸子侄若己出，待宗族有恩义，且笃于故旧。乡人来谒者，虽田夫、后进，亦遇之以礼。於戏！若公之德业，真可以起

## 下二十七

顽懦而敦薄俗也夫！

赵循，宗礼，丰乐人。循言动真实，仁厚不争，人固犯之，亦不能詈人，事父母有古孝子风。中乡试，授淮安同知。其《淮安志》云：“循勤政爱民，廉慎不苟，清理兵伍，尤所用心。”

韩竑，人和人。贡生，仕至应州学正。竑经明行修，刚方正直，有古人风度，故所在学者咸宗事之，而子姓亦克称焉。

王齐曰：齐观雄之往哲，若少保公，固磊磊矣；若司马公，廉贞之风，当直与少保媲美，而家法过焉；至如司徒，以孝友著凤阳，以闻望称；若襄之思，若循之厚，若竑之毅，亦又皆章章如也，于雄不有光耶？惟诸往哲，齐尝闻之，袁公司徒、苏公太守、王公别驾者备矣。夫人有言位高

## 下二十八

者言传，德盛者言传，三公者皆雄之望，故其言可传也已，齐何敢轩轾于间哉。於戏！雄山匪高，雄川匪深，惟二三君子，

斯为雄之名臣。

又曰：语云盖棺事始定，故于今之君子，行业有弗录者，俟也。知我罪我，其在兹乎？

**【武功】**

宋——

赵振，归信人。景德中隰州兵马监押，积功累迁龙神四厢都指挥使，历知数州，终佐神武军大将军。振刚强自负，喜谋画，轻财尚气，众乐为用《一统志》。赵珣、赵瑜，皆振之子也，咸工骑射，仕至显官。瑜弟璞亦知名。

李成，归信人，建炎时弓手也。素寡言笑，重然诺，谲诈不情。有膂力，提刀重七斤，能左右轮弄，以骁勇闻于河朔。有众

下二十八

数千，假行仁义，能以甘言抚士卒，故亦能得众心。累功知归信县。雄州失守，成妻子在城中，为乱兵屠戮。成率其众救万人，各扶老携幼，渡河来归。朝廷授以右武大夫，忠州防御使，充京东河北路都大捉杀使。朝廷虑其众太盛，命分二千人往南京，一千人往宿州，把截粮道，余众令押赴行在。成遣部将史亮者统所分之人行。亮至宿州，辄剽杀居民，焚汴河桥。成蹑其后，逗留不进，以陶道士子思相术所诳，遂生异谋。朝廷得其奸，命光世追讨，至光州界，剿杀平荡无余，成仅以身免。初，光世许得成者以成官爵予之，士奋命争夺，故人得其秘箧与所用提刀云。

金——

焦用，世用，赞之后也。用性慈孝，勇而力，智而谋，果敢而

下二十九

有礼。仕金，以战功授束鹿令，升千户，守雄北门。元兵至，州人开南门降，用犹力战，被获。世祖壮其人，以为忠，释之，复其官。命徇山东，未尝妄杀一人。及回，遮道泣谢者蚁集。后值凶荒多盗，城门昼闭，饿殍塞道，用推食食人，全活者众。卒，赠中书左丞，谥正毅墓表及《一统志》。

元——

焦德裕，用之子也。德裕通《左氏春秋》，有才辩，善骑射。金将武仙败走，其党保仙故垒，太宗使德裕招降并擒杀之，其地遂平。累升都元帅府参议。后从征镇江，焦山寺僧诱居民叛，阿术既诛其魁，欲尽坑其党，德裕谏止之。卒，追封恒国公，谥忠肃《一统志》。

殷伯宗，归信人。少有勇力，胆略过人。年十九，从军平江南，

下二十九

有先登陷阵之功，得告身，充弹压勾当。至元八年，从刘元征和林，复有功，授忠显校尉，锡银符、武卫亲军百户。卒于官。

殷圭，伯宗之子也。袭授敦武校尉职如故。泰定间，供给军需，升忠翊。元统二年，兼领仓事，粮储增羡，褒昭信校尉、武卫亲军百户。

殷守中，圭之仲子也，嗣忠翊校尉武卫亲军百户。守中读

书知义，笃于孝彝，负干济之才，府中称其强敏。

国朝——

田庄，洪武末，以武功授保定后卫千户。孙珣袭职。正统间，北虏入寇，祖孙殊死战，不胜，俱亡，珣丧其元，归葬东侯留村，子姓遂绝，而褒赠之典不与焉。

刘泰，少保观之弟也。永乐初，为朱能向道，袭破雄城。累功

**下三十**

升怀远将军，世袭指挥。

王齐曰：赵氏、焦氏、殷氏，世济厥美矣，无论也。田庄节矣，奈何无后。刘泰杂矣，而子孙落落也，不亦宜乎？

**【孝子】**

元——

王庸，伯常，利人人。母李氏有疾，庸夜祷北辰，叩头出血，疾愈。后母卒，哀毁几绝，露处墓侧，旦夕悲号。一日，雷雨暴至，邻人持寝席往蔽之，见庸坐卧之地独不沾湿，咸叹异而去。复有蜜蜂数十房来止其家，岁得其利，以供祀事，有司遂以孝闻《孝顺事实》。

**【义士】**

元——

董得禄，景福，归信人。得禄喜施好礼，耕则让畔，佃则市租，里闬以善人目之。院有古井，佣人浚治之，其钱盈窟。公曰："生子愿忠孝，安用阿堵物耶？"遂舍不治。至于嫁娶

## 下三十

孤幼，存恤流亡，置义塾以教其乡人，皆有成立，迄不责其报焉墓碑。

刘德和，观之父也。幼知读书，通大义。孝友姻睦，发於天性，而赋质刚果，疾恶如仇。元季，雄遭达朵儿只之变见《守将》，有二十三人转徙他邑，捕获，将斩以徇，德和力辩其无辜。既辩则已，戮其一矣。岁丁火歉，人樜草剥树以食，相枕藉死。德和乃渔易河，取麋麖，杂烹之，以给饿者，凡活数千人焉墓表。

国朝——

胡斌，人和人。洪武末，我雄有东门之变，枕骸蔽野，阴云鬼哭，野无居民，途者心悸。斌素仗义扶危，悯穷悼屈，一见黄沙白骨，心甚恻然，荷荆筐往瘗之，虽被霜露、冒星月，亦

## 下三十一

所不惮，越六旬事馂（竣），男女各为丛冢于西门外。至今胡氏子孙岁持麦饭洒焉。知县九仪嘉其义，祀之。

苏景，凤翔守琰之祖也。传云，景善刑名，多阴德，恒生其人而不责其报。一日，其子出牧，得遗金，景命往候之，失金者果奔号而来，遂验还之。隐德弗耀，人多罔闻。后琰登第，咸以为阴德之报。

李恒，仲常，诸生也。博学高才，贫苦亦称。一日早出，拾白金一袋，亟还候于门。少顷，有吏人王振者呼号狂顾，恒

询之，乃失柴夫银一百八十两也，恒即俾之，封识宛然。临贡而卒，卒之日，无以为殓。今其子绪亦诸生焉，贫窭尤甚，不知天之报施善人将何如耶？

**下三十一**

王齐曰：孝义，大节也，予夺弗可妄也。庸也史存焉，斌也冢存焉，昭昭烈烈，与天地相为悠久，故少溪祀之，以观法于雄，望其祠宇，有不兴起者耶？若董、刘征诸墓石，苏、李出自人言，要亦不可阙也，附之。

**【节妇】**

元——

李氏，三台乡渥城簿增昌之女。夙丧父，家贫，事母。李氏气禀醇正，不事容冶。及笄，嫁雄州民刘甫。年二十而甫卒，有子曰英，方五岁。誓不再适，采薪、拾穗、纺绩自存，护持其子。刘氏不亡，李氏之力也国史编修李德原志。

国朝——

李氏，马赞妻也。年二十有六，赞卒，李抚其二孤守节。时永乐初，兵乱，父母不堪其忧，欲夺其志，李以死自誓，勤俭纺绩，以训。其子曰驯，中永乐二十二年乡试。李年逾七十

**下三十二**

有二，如一日。有司以闻，诏旌其门曰“贞节”。

王氏，慧聪，县丞大本之女，庠生胡谦妻也。年二十而谦卒，孤文进甫月余，舅姑怜其贫，欲夺之，不可。抚孤成人，娶刘氏，生孙，未周而进亦卒，遂名其孙曰节，盖勉刘以节也。

节九岁又卒，刘遂改节。一日归省，携礼置之炕，王见而怒，杖逐之，遂拆其炕，曰："毋污此土也!"贫嫠六十余年，贞操如一。有司具实以闻。

胡氏，妙全，刘凤之妻。胡，节妇之女也。年十有九而凤卒，孤宗银甫三月。胡素闻母训，通《孝经》大义，不幸遭此，愿死以从者数四，母谕解之乃止，曰："忘夫，非贞也；弃孤，非信也；背亲，非孝也。吾如吾母，可矣。"遂闭门纺绩，养姑教子。每当令

下三十二

节，辄不饮食，里人闻其哭声，咸为之罢庆贺。孀居五十余年，遭子不肖，贫窭尤甚。有司奏闻，诏旌之。

费氏，通判灿之女也。适恩生侯巽，生说方六月而巽故，时费年十有九也。孀居四十年，教说成人，费始故。遇今上皇帝崇奖节义，例及死者，有司上其事，亦旌表焉。

张氏，进福民梁广妻也。年十七适广。越十年，广卒，哀痛几绝。育遗腹子大安，娶萧氏，年十有八生子幹，而大安亦卒。明年，亦得遗腹子栋。邻妪或以年少劝之，萧抚婴恸哭曰："汝不知吾为节妇妇乎？为节妇妇而失节，纵不愧人，独不愧我姑耶?"妪愧而退。乃共历艰难，终无异志。今张年七十有七，萧亦五十有五，还近亲疏称无间言。齐尝以闻，

下三十三

台署未得报云。

杨氏，年十有七嫁进福民尹章。甫四月而章卒，尹族或利

其有，讽之他适，氏泣誓曰："宁死无二心也！"抚遗腹子景旸，娶妇王氏，生三子。至三十有一，而景旸亦卒。今杨年七十有六，王亦年五十有七，白首同孀，始终不渝。人或问章之貌，杨想像者久之，但涕泪交下，亦不知其似云。

王齐曰：文山谓光岳气分，士无全节。呜呼！士且难矣，尚何望于闺人耶？若王、胡之母女，梁、尹之姑妇，以及李、费诸媛，孤身双节，烈烈休休，是真有士行，直可以敦风教而激习俗者也，吾恐缙绅之列不获多让。

又曰：齐婴岁孤贫，内外寡依，独鞠于先母氏。母氏苦

下三十三

节十有九年，不及见不孝之苟存，又不才，不能为母氏作传，且为王孝子立祠，齐不孝孰甚焉？於戏！树欲静而风不休，子欲养而亲不待，三复流涕，罔极何言！

## 选举第九

乘曰：国家启运，科供肇修，蕴德抱才，乘时奋翼，辅国树功，异轨同途，名哲虽湮，碑板孔烈，次第通考，显蚀靡遗，先进风流，后生龟鉴。乘选举。

**【进士】**

国朝——

洪武乙丑科：刘观。

景泰甲戌科：侯瓒。

成化戊戌科：侯观俱见《仕籍》。甲辰科：侯泰仕嘉，瓒之伯子也，刑部主事。

弘治己未科：苏琰廷珍，号雄山，丰乐人。登进士，任兰溪知县、兰州知州，升户部员外郎中，仕至凤翔知府。

正德戊辰科：

## 下三十四

袁宗儒醇夫，号静庵，殷福人。登进士，江西道御史，大理寺丞、少卿，都察院佥都御史，今南户部侍郎。

嘉靖壬辰科：何思慎之，鲁之子也。初知襄陵，今工部主事。

**【举人】**

元——

至正时一人：赵元卿。

国朝——

洪武时一人：甲子科，刘观见《进士》。

永乐时九人：乙酉科，史简进福人，徐沟知县、张肆代州同知；辛卯科，蔡荣人和人，金县知县；甲午科，马驯人和人，岳州同知；丁酉科，潘纲丰乐人，御史、张翔众安人，临清训导；癸卯科，仲闵见《仕籍》、张翱翔之兄也，常州通判。

宣德时三人：丙午科，杨聪进贤人，三原知县；壬子科，邓亨福顺人，邢（刑）部主事、马驯宾兴人，南国子助教。

正统时二人：戊午科，王章人和人，济阳教谕；甲子科，李果众安人，海丰教谕。

景泰时二人：庚午科，侯瓒见《进士》；癸酉科，郑襄见《仕籍》。

成化时四人：乙酉科，史聪进福人，孟县知县；甲午科，刘铭人和人，大同教授；丁酉科，侯观见《进

## 下三十四

士》；庚子科，侯泰见《进士》。

弘治时五人：戊午科，吴光世保宁人，福山知县、苏琰见《进士》、袁宗儒见《进士》；辛酉科，赵循见《仕籍》；甲子科，张佐定安人。

正德时七人：丁卯科，张儒宗孔，义和人，文登知县；庚午科，王彪文蔚，利人人，仕至莱州通判；丙子科，何鲁子谦，利人人，今平凉通判；己卯科，韩溉汝霖，人和人，今河南府通判、吕应祥伯祯，丰乐人，今西安府同知、张存义守敬，丰乐人，平阴教谕、张济仁甫，义和人，兖州推官，今青州教授。

嘉靖时方六人：乙酉科，吕孟信诚之，应祥族弟也、吴堂子升，致福人，今陕西行苑马寺丞、董时居易，庆丰人，海丰知县；戊子科，侯承爵一位，让之子也、何思见《进士》；辛卯科，刘儒宗正，民哥人。

袁宗儒《科第提名记》："国家悬科举以待士，其诸昉于古乎？曰：未也。古昔先民，莘野钓矶焉尔矣，乡举里选焉尔矣，其名实之播诸宇宙者何如也？然则科目之士由此其选者，抑未尽合古人乎？曰：未也。大道既隐，天下为家，则科条品式灿然海内者，亦圣人通其变于未穷之道也，势也。是故圣王通变以宜民，君子应时而名世。昔者成周命乡论

## 下三十五

秀士，升之司徒，曰选士；司徒论选士之秀士者，而升之学，曰俊士；又论造士之秀者，以告于王，而升之司马，曰进士，凡以简贤而成天下之治者也。我明宪天立极，宾兴彝典，率视成周，故贤才之出，虽不尽假之科目，其在今日，或亦有不能外是而他求者矣。维雄密迩神京，涵濡列圣之

化最先且久，则其人文丕变，宜何如哉！越自开国以迄于今，在太宗时则有若少保氏刘观，在孝宗时则有若司马氏侯瓒，在武宗时则有若司徒氏侯观，其他奋庸以出者彬彬相望。猗与，休哉！兹乃佥议勒石，用昭鉴戒，而以记属诸袁宗儒。乃拜手稽首曰：呜呼！先哲尚矣，予复何言哉！予闻太上贵立德，君子无近名。兹举也，将无近名乎哉？传曰：五百年必有王者兴，其间必有名世者。是惟皋陶、稷、契其人焉。然则兹名也，独非君子之所重于天下后世者哉？盖君子非名之患，而德业之难。如其伊、皋诸君子焉，则亦追配前人矣；如匪伊、皋诸君子焉，则将遏佚前人光矣。於戏！上下数千百年，而卓然名世者其谁哉？儒也是惧，敢镵诸石，用以告夫同志者。”

王齐曰：雄在燕赵间，素多豪俊，然以地乘之阙，宋元靡

**下三十五**

详，奚索汉魏。我朝设科百七年来，进士则有七人，举人凡三十有二人，或功业鸣于时，或文行著于世，表表堂堂，在人耳目，《人士》可考也。学校养士，何其盛哉！

附：系出雄县，在太仓出身者，景泰甲戌科进士高宗本副使；在府学出身者，举人杨皓、张戡。

**【贡生】**

国朝——

洪武时十人：刘翥仕至佥都御史、韩岫由明经授给事中、成林御史、吕兟阳城知县、王襄姚安知府、王自新海宁同知、高泊徽州同知、苑昇、高规、田畴海门知县。

永乐时五人：孙贤德州知州、郭宗宁州判、秦武莱阳知县、薛煦汅县知县、王寅峄县簿。

洪熙时二人：温泰姚安照磨、马善蒲州同知。

宣德

下三十六

时四人：康宁莱芜丞、侯英高陵知县、李俊蒙阴簿、刘通惠州卫知事。

正统时七人：王源长洲丞、刘澄孟县训导、周鼎、马英、张举、王大本绥安丞、刘聪河东运判。

景泰时三人：李廷学任县丞、李雄汶上丞、霍敬舒城簿。

天顺时五人：傅益郓城簿、杨恕上林署丞、许裔群牧所吏目、丁豫平凉经历、王端山东都事。

成化时十二人：刘琛辽府奉祀、史昭太平簿、韩瑾福州卫训导、羊纪昌邑教谕、姚礼齐东簿、徐锺杞县知县，后调石楼、仲恺南锦衣卫经历、李宗和益府教授、郭杰项城训导、王鼐沈丘丞、邓晟临淄簿、王琰辽东卫训导。

弘治时九人：韩竑见《仕籍》、刘士宏青城丞、郭豫灵璧丞、高逵宣城训导、贺正鱼台丞、李大安临淮丞、刘经汝州同知、王贤郯城教谕、王文章兖州训导。

正德时六人：陈耿青州训导、韩伫山丹知事、许锐阳城簿、郭俊太原训导、郭璠灵石训导、董继曾今肃府审理正。

嘉靖时才十人：李希兰丘县丞、苏

下三十六

珑琰族弟，今汾州同知、杨宗今泰安教谕、焦宪、赵元、郭文新、赵璇、侯让临朐教谕、韩希颜竑之孙、董济民。

袁宗儒《岁贡题名记》：“明天子受命十有一年，诏天下曰：惟古帝王，旁招俊乂，严惟丕式，用丕厘耿命，乃兹遹崇科目，匪是弗庸，其无乃阙矣乎？其自今汇征，有位惟其人，不惟其官，将无休哉。维时天下诸司，率奉扬德意，遴选多贤，贡之天子，跻诸华要，而施为声闻，亦遂日流。呜呼！讵谓十室果无其人哉？夫杞梓楩楠同产于山，故山为胜；珍怪宝藏同产于川，故川为灵。人才乘运以出，或哲而谋也，或温而直也，或慈而良也，或矫悍而毅也，要之，唯器所适，而顾于科目之外漫不之崇焉。岂其然哉？雄州属在山谷，控引京华。吾尝俯视方舆，大雄、小雄之山，巉岩崒嵂，如踞如伏，龙泉、易涧之水，萦回旋绕，如环如带，则喟然叹曰：美哉，其兹山乎！懿哉，其兹水乎！其所以发我人文之秀者乎！暨观我国初，御史大夫而下，凡若干人，皆由贡其选，已而入总宪政，懋建勋庸，其诸庶士则项背以兴，率多思奋。古称燕赵多感慨悲歌之士，其信然乎哉！邑侯九仪既镌科第题名于左方矣，乃并镌诸贡者相颃颉焉。君子曰：是可以观政矣。夫政以饰治，治以昭德，故德立而名孚则民劝，治饬而物

## 下三十七

轨则化行，化行而劝时乃罔不兴。故曰：可以观德矣。於乎，休哉！予时为御史大夫，敢执笔于后，以俟观风者采焉。”

附：系出雄县，于府学出身者一人，侯英知县。

【监生】

国朝——

洪武时：王士德由人才，南丰知县。

天顺时：胡清贵县递运所大使。以下十四人，俱应四十以上例、王禧信阳场大使、成章蒲台税课局大使、张礼邵庄驿丞、董谊封丘知县、张珍牛房大使、刘轩永嘉场大使、李聪蒙阴训导、高泰上里场大使、羊礼诸城巡检、俞秉华州税课局大使、张缙时堡巡检、向善延安

仓大使、王文周人和典史。

成化时：董继本宣城簿、王宸广东所吏目、王淮光州吏目。

正德时：苏瑞伊府典簿、徐升高淳簿、董淮太平知事、徐节旌德丞、龚鼎广州卫经历、李希蕙郑州判、林荣官新郑簿。

嘉靖时：李溥今猗氏丞、李儒今宿州卫经历、张文瑞今和顺簿、侯说今长治簿、董汝凤今马湖府经历、徐孟旸、胡恒、董惠民、

下三十七

李森、袁抑、高渭。

【报效】

国朝——

赵鲁、郑谦、张辐俱学生。初，太祖北征时，鲁等赍粮迎于保定西水寨。太祖曰："忠孝民也。"授鲁本县知县、谦新城知县、辐本县丞。后革职。太宗即位，复诏曰："念尔戎功，仍复旧职。"鲁历改藁城、山阳、壶口，辐历改满城、大兴、赵得南锦衣卫指挥同知。以下俱永乐时人、王敬、刘钦俱保定后卫千户、杨春宽河卫千户、贾宣北豹韬卫百户、董埙保定后卫镇抚。

【贻封】

汉——

卢它景帝四年封为亚谷侯。《郡志》。

宋——

赵从信太宗太平兴国初，封为雄州防御使，赠楚国公。《郡志》。

元——

何德全以源贵，赠承直郎、董景福以志贵，赠朝列大夫。

国朝——

刘德和以观贵，赠太子少保兼都察院左都御史、韩从义以岫贵，赠行人左司副、成

下三十八

埙以林贵，赠湖广道监察御史、仲士信以闵贵，赠淮安府同知、杨朋益以聪贵，赠三原知县、侯文质以孙瓒贵，赠南京兵部尚书、侯林以瓒贵，同文质之赠、袁亨以孙宗儒贵，累赠南户部右侍郎、袁安以宗儒贵，同亨之赠。

【任子】

元——

殷端异阙。

国朝——

侯巽以瓒荫，四夷馆中书、侯讷以祖瓒荫，监生、侯谧以观荫，詹事府主簿、侯诰以观荫，锦衣百户、袁扬以宗儒荫，监生。

## 祥异第十

乘曰：洪范征极，春秋考异，靡委气数，爰责我人，见休思愧，见灾思省，庶几夙夜，天威攸霁，昔雄战区，今雄乐土，追述往前，逖览孔觉。乘祥异。

【秦】

始皇二十年甲戌，秦破燕于易水初，燕太子丹质于秦，亡归，怨秦，欲报之，遣

下三十八

荆轲劫秦，送至易水。至秦，不克。秦益发兵，就王剪（翦）于中山，与

燕大战于易水西，大破之。刘驷（因）有《归雄吊荆轲文》。

【汉】

献帝兴平二年乙亥，公孙瓒城易京先是，有童谣曰：“燕南垂，赵北际，中央不合大如砺，唯有此中可避世。”瓒以易地当之，为鲜于辅破，后遂徙镇易。为围堑十重，筑京高十丈，崇楼铁门，专与姬妾居，疏远宾客，无所亲信，谋臣、猛将稍稍乖散。且曰：“兵法，百楼不攻。今吾诸营楼橹数十重，积谷三百万斛，食尽，足以待天下事矣。”建安三年戊寅，袁绍攻公孙瓒，围之绍连年攻瓒，不克，欲与释憾连和。瓒不答，增修守备。绍于是大兴兵以攻瓒。先是，瓒别将有为敌所围者，瓒不救，曰：“救一人，使后将恃救，不肯力战。”及绍来攻南界，别营知不见救，或降或溃。绍军径至易京，瓒众日蹙。四年己卯，春三月，瓒自焚死黑山贼张燕率兵救瓒，瓒密使人赍书，使起火为应，瓒欲自内出战。绍候得其书，如期举火，瓒遂出战，绍设伏击之，瓒大败，复还自守。绍为地道，穿其楼下，烧之，楼辄倾倒，稍至京中。瓒悉缢其家属，引火自焚。

【晋】

武帝咸宁五年己亥，春三月，陨霜，杀桑麦。

惠帝元康八年戊午，大水。

下三十九

【赵】

建武四年戊戌，夏五月，大蝗。

【秦】

建元十八年壬午，夏五月，蝗。大熟。

【魏】

神瑞二年乙卯，荐饥魏比岁霜、旱，民多饥死。

延兴三年癸丑，水。

太和十一年丁卯，春、夏大旱牛疫，民死；秋七月，赈贷。

【隋】

恭帝皇泰二年己卯，窦建德使高士兴拒唐兵于易水，士兴降之初，隋臣罗艺降于唐，唐以为幽州总管。夏，窦建德以兵十万寇幽州，使高士兴拒艺兵于易水。艺才至，士兴即降，建德败还。

【唐】

中宗嗣圣十三年丙申，陷于契丹河北震动。周武氏制，起狄仁杰为魏州刺史，河北始定。神龙元年乙巳，大水。

玄宗天宝十四载乙未，陷于安禄山禄山危范阳，故先陷之。

代宗广德元年癸卯，春正月，收复；夏四月，分属幽州节度使河北副元帅仆固怀恩北伐史朝义，贼将李怀仙请降，杀朝义，

下三十九

传首京师，遂以怀仙为节度使。大历六年辛亥，春三月，旱米斗千钱。

昭宗天祐三年丙寅，秋九月，刘仁恭募兵戍瓦桥梁王朱全忠以幽、沧湘（相）首尾，为魏患，引兵渡河，围沧州。刘仁恭救之，下令境内男子十五以上、七十以下，悉自备兵粮诣行营，文其面曰“定霸都”，士人则文其臂曰“一心事主”，得兵十万，军于瓦桥，畏汴军疆，不敢战。城中食尽，全忠使人说刘守文曰：“何不早降?”守文登城应之曰：“梁王方以大义服天下，若子叛父，来将安用之?”全忠愧其词直，为之缓攻。

【梁】

乾化二年壬申，春正月，晋师及镇、定之兵会于易水，伐幽州晋王李存勖遣周德威东出飞狐口，与赵将王德明、义武将程岩会于易

水，伐燕主刘守光。

【唐】

天成二年丁亥，有年粟斗十钱。

清泰三年丙申，冬十一月，陷于契丹初，石敬瑭求救于契丹德光，草表称臣子之礼，约以卢龙一道及雁门以北诸州为赂，许之，秋九月赴援，唐兵大败。德光立敬瑭为晋皇帝。即位，遂践前约，雄没于夷。

【晋】

师来攻，拔之周德威遣裨将来攻，其将吏及莫州刺史李严皆降。

开运二年乙巳，

## 下四十

春三月，晋师败契丹于白沟初，平卢节度使杨光远招诱契丹入寇。至是，复入寇。驸马杜威等诸军会于阳城，与契丹战，逐北十余里，契丹逾白沟而去。三年丙午，大饥盗贼蜂起。

【周】

广顺二年壬子，契丹大水雄州大水，流民入塞者四十万口。周诏所在赈给存处之。中国民被掠得归者十五六万。

显德六年己未，夏四月，世宗自将伐契丹。五月收复，置雄州，以陈思让戍之世宗以北鄙未复，下诏亲征，命亲军都虞侯（候）韩通等水陆并进。其水陆都步（部）署赵匡胤先至瓦桥关，契丹守将姚内斌举城降，相继关内悉平。宴诸将于行营，议取幽州。诸将曰："陛下离京四十二日，兵不血刃，取燕南之地，此不世之功也。今虏骑皆聚幽州之北，未宜深入。"世宗不听，遂趋幽州。会日暮，还宿瓦桥，命瓦桥关为雄州，以陈思让戍之。有疾，乃还。

【宋】

太宗太平兴国五年庚辰，冬十二月，契丹入寇，帝自将御之契丹主贤围瓦桥关，南京留守耶律休哥帅精骑渡水而战，官军大败，休哥追至鄚州。帝自将御之，次于大名，以高琼为楼船战棹都指挥使，部船千艘，趋雄州，虏遁，乃旋。帝诗有“一箭不遗戎马遁，六军空恨阵云高”之句。

下四十

雍熙三年丙戌，春正月，曹彬出师伐契丹初，贺怀浦将兵屯三交，好议边事，与其子知雄州令图上言：契丹主少，母后专政，宠幸用事，请乘其衅，以取燕蓟。帝信之，以曹彬为幽州道行营都部署，崔彦进副之；米信为西北道都部署，杜彦圭副之，出雄州。三月，遂败契丹于新城东北。夏五月，曹彬次师雄州初，曹彬兵次涿，契丹耶律休哥兵少，不敢出战，设伏林莽，以绝粮道。彬居涿旬日，食尽，退师雄州。帝亟遣使止彬，急引师，缘白沟河，与米信军接，俟潘美、田重进合势以取幽州。后彬败绩。冬十二月，契丹诱执知州贺令图先是，耶律休哥谍给令图曰：“我获罪本国，旦夕欲归南朝。”令图信之，私遗重锦十两。及我刘廷让败绩，休哥宣言“愿见雄州贺使君”。令图意其来降，欲擅其功，即引数十骑逆之。既至，休哥执之。自是，河朔戍兵无复斗志。契丹乘胜长驱而南，杀官吏，俘士民，辇金帛而去。

淳化四年癸巳，春三月，开屯田初，何承矩至雄州，即建屯田之议，会黄懋亦请于河北兴水田，乃以承矩为使、懋为判官，发河北诸州戍兵给其役。

至道元年乙未，夏四月，契丹入寇，何承矩御，却之承矩条子河汉之捷谕州民，且揭于世。契丹谍知，愧忿，将袭取承矩以雪耻，夜引数千骑抵城

## 下四十一

下。承矩整兵出拒，迟明，与契丹酣战，契丹败走。帝闻虏入寇之由，谓承矩轻脱生事，失守御体，罢之。

真宗咸平三年庚子，春正月，契丹引还，范廷召追败之初，契丹入寇，知帝自将，次于大名，乃纵掠而去。廷召追败于雄州城南，斩首万余级，尽获所掠，余寇遁出境。

景德元年甲辰，冬十二月，与契丹定和议于狄夏头帝自将，次澶州。契丹请盟。遣曹利用往定和议于狄夏头，以白沟为界。自此南北弥兵，寇准之功也。三年丙午，春二月，知州李允则城城。

大中祥符元年戊申，有年斗米七八钱。

仁宗天圣六年戊辰，秋八月，水。

康定元年庚辰，契丹入寇，王勔御之契丹将胡知远来侵雄州榷场，王勔为经略安抚使，乃令果勇抵敌，获胜，知远遂遁去。

嘉祐二年丁酉，夏四月，地大震坏城廓，覆压死者数百人。

神宗元丰间，契丹兵窃关锁刘舜卿知州事，契丹兵夜窃关锁，吏密以闻，舜卿但易其门键，大之。后数日，契丹兵牒送盗并锁至。舜卿曰："吾未尝亡锁。"命加于门，不合，并盗还之。虏大惭，治盗以罪。

哲宗元祐八年癸酉，秋八

## 下四十一

月，水。

徽宗宣和四年壬寅，夏四月，白虹贯日时四月十五日，童贯出师时也。出门，牙旗竿折；已而，失二认旗。五月，地震五月戊寅、己卯、庚辰，连夕有流星若盂碗，自紫微、文昌犯天津、河鼓，越天汉斗牛间，皆南向而奔曳，光如匹练，十余夕不已。时方用兵，雄州地震。已而，雄之正寝，忽元武见，龟大如钱，朱蛇仅若箸，每行必相逐。二师拜之，藏以银盒，置于城北楼真武庙。明日，启视之，皆死矣。二师，童贯、蔡攸也。**六月，童贯击辽白沟，败绩，退师雄州**先是，宣徽使童贯驻军高阳关，以蔡攸副之。用知州和诜计，降黄榜，述吊民伐罪之意，且云："若有豪杰能以燕京来献者，即除节度使。"遂分雄州广信军为东、西路，命都统种师道护诸将进兵。师道总东路兵，屯白沟；辛兴宗总西路兵，屯范村。辽人噪而前，师道前军统制杨可世败绩，士卒多伤，雄、莫间死尸相枕藉，遂退保雄州。帝闻报而惧，诏班师。**秋九月，刘光世败绩**光世进军，应易州太师高凤之约，至白沟，为牛栏军所败，不得前，刘延庆泊军雄州。**冬十月，辽人萧容、韩昉至雄州**容、昉至，童贯、蔡攸以军礼见之。贯、攸以其所上表不纳土，止纳款、称臣，麾而去之，斥容、昉曰："非纳土不受!"昉笑曰："纳款即纳土也。虏种类杂，未易图，朝廷当思两全，

## 下四十二

无贻后日之悔。"贯以萧后表飞奏，留容、昉于雄州，听朝廷指挥，**童贯复进兵攻辽，败绩，退师雄州**初，七月，诏再举伐辽。至是，贯遣都统制刘延庆、观察使郭药师将兵十万出雄州，以药师为乡导，渡白沟，至良乡。辽萧幹率众来拒，延庆战败。复遣大将高世宣、杨可世与药师率兵，倍道袭燕山。萧后密报萧幹，幹还燕卷战，药师、世可（可世）败绩生还，世宣死焉。幹复纵兵追延庆，延庆兵溃，退保雄州。燕人知宋无能，为作赋及歌诗以诮之。**七年甲辰，春三月，童贯入燕犒师**贯自河间、莫、雄入燕。马廉访自保州入莫，迎贯于任丘，因语兀室已擒天祚事，谓贯宜急备边，以防女真。贯至燕，抚犒郭药师以下军有差，仍招集逃亡军人，及招刺诸处游手充军，以备边。

钦宗靖康元年丙午，冬，命马忠将所部趋雄州，追袭金人。签书枢密院使张叔夜白沟河死节。二年丁未，秋九月，陷于金金阇母陷河间府、雄州。

宁宗时，蒙古将张柔来攻，拔之柔为河北都元帅，取金雄州。金人复取雄州。

**【金】**

天会七年己酉，置永定军节度使，赐名易阳郡。

贞元

**下四十二**

二年，户口增来属户二万四百一十又一。

贞祐元年癸酉，冬十二月，蒙古主留怯台自将来攻，破之留怯台与子拖雷由中道破雄。束鹿令焦世用分捍北城，力屈而降。人民杀戮几尽，金帛、子女席卷而去，屋庐焚毁，城廓丘墟。

**【元】**

至元六年庚辰，春三月，大水平地水深三丈，民居半溺。十九年壬午，秋七月，旱。二十七年庚寅，夏四月，易水溢田庐漂没无遗，大蝗。秋八月，地大震地陷，黑沙水踊出，坏官署、民居不可胜记，压溺死伤者甚众。

泰定三年丙寅，夏四月，饥初，张珪归省保定，帝思见之，召还，问曰："卿来时，民间何如?"曰："珪老，少宾客，不能远知。真、保、河间，臣乡里也，饥甚，朝廷虽赈以金帛，惠未及者十五六。"帝恻然，命赈粮。四月，复免半租。

天历二年己巳，夏四月，旱，蝗，民饥。

至正十九年己亥，夏五月，大蝗飞蝗蔽天，沟堑尽平。民大饥，银一锭易米八升，有杀子而食者。

**【国朝】**

**下四十三**

太祖洪武元年戊申，春三月，大将军徐达来取雄州，遂下之时达与常遇春会诸将于临清，率马、步、舟师进，遂克之，进围燕都。三十二年己卯，秋八月，我师袭破雄县，总帅都督杨松、潘忠败绩死之初，靖难师起，我师既克滦河，燕山中护卫、副千户张玉进曰："都督杨松、潘忠在雄州，扼吾南路，宜先擒之。"上大悦，遂发兵，命玉为前锋，副千户朱能副之，复得向道刘泰，于八月十五日夜袭破其东门，敌众败走，追及于易阳桥，执其总帅松、忠，不屈而死。复追其余众于莫州，斩获不可胜计，遂乘胜长驱而南矣。三十三年庚辰，夏四月，曹国公李景隆、都指挥平安来攻，帝自将御之，大战于白沟河，礼部侍郎陈复初死之初，景隆受革除之命，以陈复初为监军，帅兵攻北平城。时朱能率师，从太宗至郑村坝，与景隆兵遇，大战，城中亦出兵夹击之，景隆狼狈走还雄县，复收溃散之卒，号百万，进攻。太宗自将御之，以朱能为前锋，张玉、武胜、李彬、陈珪、陈中孚、薛禄、陈贤诸将各进兵至白沟河，败其都指挥平安军。及申，又与景隆兵战，大破之。复初具朝服，南向再拜，跃马入

**下四十三**

于河死之。明日，以能领左哨当前锋，又大败景隆兵，尽克其寨栅。景隆遂走保济南，我师追之。

英宗正统间，蝗遣吏部右侍郎魏骥捕之。

宪宗成化六年庚寅，夏涝，秋旱。二十二年丙午，夏四月，有年夜雨，昼晴。二十三年丁未，大水。

孝宗弘治元年戊申，春三月，知县王梦贤城城。二年己酉，夏六月，大水城市乘桴，野田漂没无遗。

武宗正德十二年丁丑，夏六月，大水禾稼尽伤，民大饥疫，死者枕藉。十三年戊寅，冬十月，星陨为石大如斗。十四年己卯，春，大疫。

今上皇帝嘉靖二年癸未，夏六月，知县易鸿诛不孝妇于市。十年辛卯，夏六月，水，免田租之半，大饥。十一年壬辰，春二月，大赈；夏六月，李氏妇诛不孝子安于瓦桥。

**下四十四**

十二年癸巳，秋八月，大雨雹；冬十月丁丑，星陨而雨。十三年甲午，有年。十五年丙申，夏蝗，秋水。十六年丁酉，春二月，雨伤麦，大赈。

《雄乘》下卷终。

门下史熊兰、赵桃写

**下四十四**

## 雄州秋兴，兼赠少溪谢公德清之别八首

雄山屹立草亭孤，径仄林稀望眼苏。百里花封依日月，十年桑野半江湖。星罗谢傅新棋局，秋入王维老画图。胜地自来多感慨，明时谁许著《潜夫》。

龙泉背郭酿千家，泉上龙宫晚报衙。岁久人窥星宿海，秋高客泛斗牛槎。金茎露下青云湿，玉井莲开白日斜。咫尺蓬莱

隔烟树，一川芦荻散晴花。

吕庙仙桥秋水滨，闲花野草尚鲜新。黄梁（粱）归梦骑黄鹤，白日来游咏白蘋。嘒嘒玄蝉依落木，冥冥鸿鹄傍离人。苕溪此去三千里，雪棹终当一问津苕溪，在德清境。

易水西来会九河，谁家金鼓弄清波。莲房菰米秋偏好，估

**下四十五**

客渔郎晚更多。饮马上流思郭隗，屠龙失计笑荆轲。儒宫萧散寒尊发，细听沧浪孺子歌。

瓦桥关隘井梧秋，急杵繁砧起莫愁。万壑松风连石塞，一天花月近高楼。公孙台殿俱尘土，袁绍干戈亦白头。独有河边黄石在，柳阴时缆济川舟。

镜堂高启泮池东，萝月娟娟竹树风。古木蟠龙朝夕见，层轩巢燕往来通。黄云香落蟹初紫，白雪团开酒正红。万卷少年虚自负，一尊今日有谁同。

西湖十里镜光平，水落云闲夕照明。芦笛秋清归棹缓，藕花风细舞衣轻。忘情仙侣沙鸥狎，放目乾坤海鹤鸣。聊拟习池拚一醉，浪传王谢得齐名。

## 下四十五

柳堤风物已萧森，坐对寒花思不禁。楚北松楸频入梦，燕南桃李几成阴。蹉跎四载青毡敝，留滞三关白发侵。恋国未陈王粲赋，临歧空羡宓生琴。

昔者镜堂公之乘雄也，采择精当，法度谨严，故于诗文咸约取而附见焉，公之自作则避而不录。且乘再梓矣，失今弗录，后将奚传？故《河疏》诸作，夫予既补之矣，而《秋兴》八首尤为时所珍，是故系诸卷末，庶好事者之有征焉。

嘉靖丁酉夏四月，沙田王世臣识

## 下四十六

王齐曰：予少也孤，遭兵燹之余，父书俱失，又不甚知隆师友，望望亡所问途，故闻见亦孤。弱冠得领乡荐，就谕于雄，而乘雄也。雄无多大夫士，而书史亦鲜存者，兀兀穷年，犹家居也。故《雄乘》未备，而少溪已刻传矣。比牧任丘，数领少傅序翁及诸名公之教，且得多读异书，删剔补正，视旧孔益，欲再梓而弗能焉。今年春，鲁西王侯崇文敦化，淑世牖民，以予《任丘志》之成也，谋诸沙田，复委订正，然实不能详详略略如任丘也，姑厘而归之，其卷为二，其纲为十，其目六十有五。

嘉靖十六年四月八日

下四十六

## 跋《雄乘》后

《春秋》，鲁史也，万世信之无间者，褒贬善恶惟公焉而已。夫志，邑史也，若夫作者文字虽工而褒贬未当，又奚贵于志哉！《雄乘》，邑志也，吾师镜堂公之笔也，巨细分别，皂白毕陈，其心公，其论确，足以信无下、诏后世，而国史之采有足征矣。噫！《雄乘》修而邑之善者劝、恶者惧，其辅世立教而功德雄人者，与雄相终始矣。披阅之下，竦然起敬。《乘》，其雄之《春秋》也哉！

嘉靖癸巳菊月吉日，门人刘儒顿首拜书

下四十七

## 诗

中川左国玑大梁进士

昔时怀叶县，今日宰任丘。
笑尔王乔舄，仍为帝里游。
九河追禹贡，一乘衍春秋。
信有馨香德，神明久眷侯。

## 又

海野黄祯兵部郎中

大雅闻王子，相逢郁夏云。
情通簪盖外，荆识海瀛分。
花邑称菡萏，弦歌亦宓君。
谁为雄地乘，史籀有遗文。

# 《雄乘》注释

## 叙《雄乘》

嘉靖壬辰年（1532 年）冬天，《雄乘》完成。恰逢谢九仪（号少溪）掌符到来，他上任后，查核地方典籍，已经全部将其记在心中，如果有缺失的书目，就向众人询问。管理文书的官员说："各种典籍姑且全了，缺的只是地方志。"谢九仪听后感到很惋惜，计划完成县志编修，但又深知编修县志的艰难。于是，他找到教谕王齐（自号镜堂）商量这件事。王齐听后说："啊，我已经在干着这件事呢。只是没有完成，感到财力不足，没有去安排刊刻出版。"于是，王齐取出县志稿本给谢九仪看。谢九仪看到稿本已经基本就绪，又与王齐一起订正，达到品秩兼备。大概到这时只差校正刊刻了。刊刻出版，是一种工作；整理历史，是一项大事业。哪有只是事业成而印工不成的呢？雄县的百姓虽然非常贫困，但我的俸禄还够刊刻出版，（为了整理雄县的历史）我还有什么可吝惜的啊！我还有什么可吝惜的啊！镜堂子是王元修氏，知识渊博，见多识广，天分高，擅长修史。他编写的《雄乘》，翔实而精当，质询而就正，严谨而有分寸，意境深远、富有文采而不与雅正相违，所以可以成为永久的法度。

嘉靖癸巳年（1533 年）夏六月，少溪谢九仪识

# 自 叙

镜堂王齐说："雄县过去没有史乘。我在雄县任教谕三年，应太守北泉阎公之命，开始撰纂史乘。记载疆域，以正其封地的疆界；记载山河，以彰显功绩；记载风土，以塑造社会共同的价值观；记载田赋，以体恤百姓；记载建制，以安排位次；记载礼制，以昭明法度；记载官师，以明察社会的秩序；记载人士，以彰明贡献；记载选举，以崇尚教育；记载祥异，以示敬畏。三个月就完成了。我担心自己才学不够，于是告诉各位学者，先后沿袭校勘。适逢少溪谢侯握章临政，于是请其修正以传之后世。啊！雄县没有自己的史乘，犹如没有雄县一样。曾经听闻前教谕魏纶、前县令马纪想要编写史乘，都没有实现。现在能完成史乘，是北泉、少溪的功劳啊，我在这方面有什么呢？叙述它编写的整个来龙去脉，以岁月为证。至于删除繁复、剔除污秽、补充缺失、改正错讹，更期望于内行之人和各位君子了。"

# 上 卷

## 疆域第一

《雄乘》说：赫赫京畿之地，上古在幽州和冀州，顾看雄县之地，过去俨然崇关，处于赵国之北、燕国之南，出蛮夷，入华夏，宰割分制，因袭变革，典籍记载昭明，古今都有记述，《雄乘》疆域。

**【沿革】**

今雄县，直隶保定府的属县。从前神农氏称王天下的时候，开始有了区划。黄帝顺受天命，划分了疆域，在涿鹿（今涿州）立都，雄县在涿鹿的南边。(唐）尧继帝喾而兴起，雄县还属于冀州，如颛顼帝所建。（虞）舜接受禅让，分冀州为幽州和并州，雄县是幽州的南部边境。夏朝、殷朝与唐尧时一样。周朝兴起，又分冀州为幽州和并州，雄县属于并州（职方司说它浸入涞水、易县)。周武王仰观俯察，它被分为燕地，以之为召公奭的封地，后又为燕地。经历春秋战国，燕王喜十二年（前 243 年)，赵国攻下我武遂（今安肃)、方城（今固安)，即归入赵国。秦灭六国，把天下分为四十郡，雄县属上谷。楚汉时期，项羽封臧荼为燕王，以蓟为都城，这时雄县是他的地盘。汉高帝十二年（前 195 年)，攻打并攻克了燕国，封卢绾为燕王，改上谷为燕国属地，分置涿郡，开始设置易县，归属于涿郡，今西北古县就是易县。文帝元年（前 179 年)，改属河间国。武帝设置幽州刺史部，隶属于幽州。景帝封卢绾的孙子降王卢它为亚谷侯，亚谷在城的东面。东汉献帝时，公孙瓒迁治所，号称易京，与武遂黑山贼联合在一起作乱，袁绍讨伐平定了他们，于是就又归属于汉。昭烈皇帝刘备在蜀，魏趁机占有了它。晋朝改为易城县。永康以后，被石赵攻陷，被慕容氏占有，被苻秦夺取，复归于晋，归于元魏。至高齐时，省并入鄚州。从汉朝历经北朝，都属于幽州郡不变。隋朝开皇三年（583 年），废郡为州，又属于涿州。大业三年（607 年），改州为郡，即属河间郡。唐武德元年（618 年），改郡为州，开始升县为北义州，隶属幽州总管府（后七年，改总管为都督府）。贞观六年（633 年），并省州郡，设置十道，废州。八年（635 年），又设归义县，属河北道，仍隶属幽州都督府。天宝十四载（755 年），被安禄山攻陷。至德年间，肃宗收复。五代初年，建瓦桥关，即现在的南关。石晋割幽燕十六州给辽国，借军队攻打唐，雄县被辽国攻陷。辽升幽州为南京，又改为析津府。周世宗显德六年（959 年），收复瀛州、鄚州，于是废鄚州，设置雄州（雄之名始于此）并县，使容城县、新城县归属，仍在瓦桥关设重兵，与霸州益津关、瀛州高阳关互为犄角以控制幽州、蓟州。宋太平兴国六年（981 年），在雄州新镇又置平戎军，改县为归信。至道三年（997 年），把天下州、军分为十五路，雄县即属于河北路，多次被辽军侵犯。景德年间，与辽在狄夏头村签订协议，以白沟为界河。政和三年（1113 年），赐雄州为易阳郡，设置广信军。宣和年间，派使者约金人夹攻辽国，辽国灭亡，收复雄地，把析津府改为燕山府。靖康以后，燕冀北路全都陷于金人。金人改易阳郡为永定军，隶属燕京（即燕山府）。元至元二年（1265 年），军、关都被废除了。二十一年（1284 年），又建雄州，隶属大都路总管府。第二年（1285 年），把大都改为燕宁府。又明年（1286 年），隶属顺天路，又隶属保定路。国朝洪武初年（1368 年），改州为县，改路为府，雄之地因而属之。又设置云川卫。永乐年间，迁到白杨口，现在雄县的编户为十二社、七屯。

**【社屯】**

人和社居民（在城，河西，在关，东赵）；义和（郝家，西楼，庄头，李郎，留通，东侯留，小崔，东槐，西槐，常家，西侯留）；利人（葛村，昝村，南杨，大河，杨定，罗河，沙窝，北杨，孙村，东李，西李）；太平（王克，古县，涞河，李村，马家，先王，朱哥，赵村，西留，大谢，西杨，韩家，王槐，东杨，小谢）；进福（孤庄，神堂，东赵，何哥，赵哥，邢哥）；庆丰（庄头，开口，董家，大姑，刘家，张哥，马务，郭哥）；丰乐（亚谷，郝家，小王，古县，大阴，安哥，邢村，龙湾，崔村，胡哥，道务，狄夏，洪城）；众安（下村，王村，狄家，小葛，大葛）；进贤（洪城，鱼鳞，大葛，史哥，秦哥，韩哥，张家，王东，烹耳，杨哥）；宾兴（龙华，石桥，小务，留镇，彩家）；福顺（史哥，秦哥，齐观，南李，北李）；安宁（小姑，王路，上村，留村）。民歌屯居民（永通，北关）；保宁（涞河）；礼义（任家，陈家）；定安（李郎）；辑睦（西留，四角河）；致福（郝家，王家）；殷富（常家，北关）。

王齐说：“社为土民，屯为迁民。迁民多是永乐年间迁南人来填实京师的，于是把云川遗留的土地送给他们。现在人口多而土地不增加，一旦遇到水旱灾害，死亡迁徙的非常多。即使以七屯出三社的劳役，还是不能满足所需。请求并入以补充土民的不足，怎么样？”

**【封土】**

雄县在京师的西南二百六十里，保定府的东面一百二十里。它的东面是霸州的保定（县），东南是文安，南面是河间的任丘，西南是安州的高阳。它的西面是新安，西北是容城。它的北面是新城，东北是霸州。雄县东西宽九十里，南北长四十里。东至保定的柏木桥四十里，到保定则是六十里。西至新安的大杨村二十里，到新安则是四十里。南至任丘的易阳桥十二里，到任丘则是七十里。北至容城的王祥铺二十里，到新城则是六十里。西北到容城四十里，以罗河为界。东北到霸州六十里，以赵哥庄为界。东南到文安九十里，以烹耳湾为界。西南到高阳九十里，以□□为界。

王齐说：“雄县是裁剪小县，界于新城、任丘大邑之间，并且道路处在要冲（北有容城，十里）。近处的人们送往迎来不用看界石，只是以路中作为替代，老百姓有不公平的感慨。”

**【分野】**

雄县疑似在箕星、尾星之间，十二星次的析木，方位在寅位，附着北斗枢星、中台下星，占候主五车星、天岳星（先儒说，卫水南为赵国的分野，北为燕国的分野。分野在箕星、尾星的星次。《考索》中说：上谷入尾星七度。《晋书》：自尾星十度至南斗星十三度为析木星次。在十二辰的寅位。雄县属于冀州，寅位。《史记·天官书》：二十八宿主十二州，斗柄兼之，各有所属，雄县属于斗的枢星。《宋史》：中台下星主冀，五车星在毕宿北，主五谷丰耗。东北一星叫天岳星，主燕赵分野）。

**【形胜】**

右跨白沟，前临易水（《郡志》）。收复三关，控制燕蓟（《舆地》）。山川秀丽挺拔，雄镇千里（应邵《地里（理）》）。雄冠中州，星分箕尾（刘因）。角峙双雄，带环诸水。从近来说，则是京师的咽喉；从远来说，则是东南的门户（今《乘》。正德年间，流贼不敢侵犯，正是因为可入不可出）。

**【街】**

十五条。在永定门内叫永定街（东）。瓦济门内叫瓦济街（南）。易阳门内叫易阳街（西）。县前叫承宣街（西通驿）。仓前叫澄清街（西通察院）。学东叫兴贤街（北通永定）。太仆行台之东叫考牧街。驿前叫皇华街。圆通阁之东叫圆通街（北通永定）。南关叫瓦桥街。桥的东北叫木厂街，西北叫灰窝街，东南叫东关街。西关叫永通街（以桥命名），北店叫北关街。

**【坊】**

二十个。叫儒林坊，在学校的右边；泮宫，在学校的左边（阙）；考牧坊，在太仆行台的左边。在瓦济的叫飞腾坊，叫进士坊，叫大司马坊（三个，为侯瓒立）；叫金榜传芳坊，叫大司徒坊（二个，为侯观立）；叫蟾宫接武坊，叫及第坊（二个。为侯泰立）；叫豸史坊，叫都宪坊（二个。为袁宗儒立）；叫进士坊（为何思立）；叫文奎坊（为邓亨立）；叫步云坊（为郑襄立）；叫秀拔坊（为张济立）；叫光裕坊（为董时立）；叫贞节坊（为李氏立）。在瓦桥的叫登崇坊（为仲闵立），叫贞节坊（为胡氏立）。

**【店】**

六个。县南十里叫郝家店（有铺，有舟，有莲、苇、鱼、虾）。西三十里叫王路店。往北十五里叫涞河店（店分南北）。东北二十里叫东赵店。东南五十里叫下村店，八十里叫留镇店。

**【市】**

九个。瓦济（南，遇三日集市；北，八日集市）。易阳（六日集市）。瓦桥（一日集市；桥上常集市）。北关（五日集市）。永通（十日集市）。涞河（四日、九日集市）。东赵（二日、七日集市）。下村（四日、九日集市）。留镇（五日集市）。

**【村】**

四十七个。县的东面二里叫亚谷村，七里叫崔村、叫小姑村，十五里叫大姑村，四十里叫洪城村。西面三里叫西楼村（也有东楼、中楼），十里叫李郎村、叫小王村，十五里叫留通村、叫平王村、叫昝村，二十五里叫大河村、叫罗河村（都因河得名）、叫北杨村（杨有东、西、南、北，因为他们姓氏的原因，以下的放在此处），三十里叫刘村、叫李村（李分东、西）。北二里叫西侯留村，十里叫王克村，二十里叫西留村，二十五里叫大谢村、叫西杨村、叫王槐村。三十里叫东杨村、叫小谢村。西北八里叫东槐村，十里叫西槐村、叫李村、叫古县村，十五里叫先王村，十八里叫赵村，二十里叫郭村、叫杨定村、叫南杨村，二十五里叫孙村、叫沙窝村。东北二里叫东侯留村，三里叫邢村。三十里叫神堂村（也有东、西、中之别）。东南五里叫大阴村，二十里叫道务村，四十里叫龙华村、叫上村，七十里叫石桥村，七十五里叫王东村，八十里叫齐观村、叫小务村，九十里叫李村（也分南、北）。

**【庄】**

二十五个。县的东面三里叫安哥庄（哥，谚语称兄，是古人忠厚的言辞），二十五里叫张哥庄、叫郭哥庄，三十里叫史哥庄。北面三里叫贾家庄，十五里叫马家庄，十八里叫田家庄，十九里叫朱家庄、叫高庄，三十里叫韩家庄。东北二十里叫胡哥庄，二十五里叫何哥庄（也分东、西），三十里叫赵哥庄、叫邢哥庄，四十五里叫刘家庄。东南五十里叫大葛庄、叫狄家庄，五十六里叫小葛庄，六十里叫秦哥庄，六十二里叫韩哥庄，六十三里叫张家庄，八十五里叫杨家庄。西南五里叫常家庄、叫董家庄。

**【台】**

三个。县的北面十二里叫任家台，十三里叫陈家台。东北二十（据地理实情，应为“十二”之误）里叫王家（讹为“望驾”）台。

**【湾】**

二个。县的东南十里叫龙湾，八十里叫烹耳湾（一作“蓬耳”）。

**【头】**

五个。县的东面十五里叫狄夏头，三十里叫马务头，西三里叫庄头。东北十五里叫孤庄头。西南十五里叫四角河头。

**【口】**

四个。县的东面三十五里叫鱼鳞口（因为多鱼，有的说是民众居住在这里密如鱼鳞）。东北三十五里叫开口。东南五十里叫王村口（有渡口）、叫清门口。

**【务】**

一个。县的东南九十里叫蔡家务。

王齐说：“雄县的村落众多，然而地处东南边的，独远且低洼，而九条河的水流向那里，所以东南边的百姓十年九涝。在西北面的百姓也时常有白沟、卢沟二沟的水患，这里人多却不富裕，管理水利的官员能不着急吗?”

**【营】**

五个（永清卫军所居，所以叫营）。县的北面十里叫王黑营，十五里叫河西营，二十里叫小崔营、叫大崔营。东北十八里叫皮家营。

王齐说：“我太祖建都南京，曾经在雄县设置云川卫。太宗在京师建国，雄县本来就在京畿内地。云川卫迁走，老百姓到了这里，现在安居于此。像在雄县的永清军，营远在卫，不属于县，他们强悍，依恃险阻，法令不能约束，日日夺取百姓的土地，每年却不提供劳役，车马服舍渐渐超过百姓，百姓就越来越贫困了。管理这里的官员难道能安心吗?”

## 山河第二

《雄乘》说：严整有序的雄关，世世镇守在北部边陲。控制津要，依恃险阻，没有什么能与之相比，易水在秦国激扬，白沟使宋朝衰败，灾祸易置，世事变化极大。地利没有依凭，天险可以依恃，陈列本国的史籍可知，雄县的山不只是壮观，《雄乘》山河。

**【山】**

二座。西南二里叫大雄山，一名望山。突出群表，屹然独尊，特领燕山，如回头，如远望。左翼是小雄山，如呼应，如携带，俯视各个河流淀水，如同牛足印、蜗牛角中的水，像捆束的带子、罗列的星星。峰顶也广阔，可容纳几百卒武。有亭子，有林木，夕照风光宜人。（学谕魏纶的诗：“鸟翻落照流丹绮，风送归云补翠屏。暝色遥连千里暗，长虹斜压九河明。”）东南一里叫小雄山。前面鸟瞰瓦济，后面枕着城阜，过去传说有许多奇峰（今圮）。石罅有甘泉，泉深不可测，能治愈痼疾。它的上面有五龙宫，求雨就能应验。在宫的前面有古柳，适宜避暑。有许多槐树、榆树。宫的右边有庵，有道。（魏纶的诗：“雄山日照蔼晴烟，鬼刳云根迸出泉。仙掌金盘尝贮露，峰头玉井欠栽莲。”）

**【河】**

二十条。西北三十里叫白沟，晋刘崐把守此处以抵抗石勒，一名拒马河，就是宋辽分界处。它的源头发于涞山，流经涞水（县），达到定兴白涧，流向新城。现在不向东流却向南流，到王克桥，一支东流而下，由王家台流入矛儿湾，直抵天津；另一支南下，到北关北，分流入雄河，经过侯留村向东流去（今水涨就通，干涸就堵塞）。只是由永通桥环西南与易水汇合的地方，浑浊汹涌可怕，舟船可通行。（元朝刘因的诗：“蓟门霜落水天愁，匹马冲寒渡白沟。燕赵山河分上镇，辽金风物异中州。”郝经的诗：“易水南边是白沟，北人为界海东头。石郎作帝从珂败，便割燕云十六州。”）十里叫沙河，十五里叫古乾河、叫涞河。二十五里叫罗河、叫大河（都淤）。西南十里叫易水河。它的源头位于固安县阎乡西山，向东流经安州，北接安肃，到曹河、到徐水，下连清苑到石桥、到一亩泉，并入蠡到滋河、到沙河、到鸦儿河，到达唐县的唐河，汇合八条为九条，雄县首当其冲。南向穿过莲花淀，会合高阳河，过易阳桥，由龙湾抵达天津，流入大海。那向东流的，合白沟，泊西郭，成为瓦济河。（《史记》：“燕太子丹使荆轲刺秦王，送到易水，歌曰：‘风萧萧兮易水寒，壮士一去兮不复还。’”宋冯戴的诗：“荆轲一去不复返，易水东流无尽期。”）五里叫乾河，有的叫运粮河（今淤）。十五里叫四角河，二十里叫高阳河，自高阳而来，由莲花淀奔向易阳桥，入易水而东下。瓦济门外的叫瓦济河，由易水汇合白沟形成。过去从大雄山下南绕流入，成化年间改冲西城，沿濠而向南，向东汇入雄河，与易水一起流入天津。围绕雄城的叫雄河。《郡志》：“派分易水，围绕雄城。”流入瓦济河东下（国朝天顺年间淤塞五里，知县王梦贤疏浚之，今淤）。东南六十里叫清河，自任丘来，历清口门，流经矛儿湾，流入天津。二十五里叫玉带河（自鄚州来，今淤）。五里叫闸河（人们说是杨延昭运粮河，还有六郎桩。六郎，杨延昭的兄弟排行）。东北三十里叫浑河，源头发于卢沟，经过新城东南，由何哥流入天津。二十里叫运粮河。东南四十里也有它（今淤）。东三十五里叫三汊河，因为它会合易水、白沟、清河这三条河流而得名。东北三十五里也有它。西三里叫黄湾，是易水的支流，秋天泛滥而旁溢成灾。

王齐说：“雄县的河都是西北山上的水，实在是浑浊易淤，所以大多淤塞。现在流通的也比往年浅。君子不疏浚，而小人却以遍设堤防为功，这的确是筑墙却居住在水里呀。果真是大禹治水呢？抑或白圭治水呢？我不得而知。”

**【淀】**

二十九个。

**【港】**

二个。

**【湾】**

六个。

**【窊】**

五个。

**【漕】**

一个。

**【溪】**

一条。

**【渡】**

二个。

**【窝】**

一个。

东边的淀，在安哥村，叫张家淀、叫姚家淀（各方圆十里），叫赵家淀（方圆十里），叫马山淀（方圆三里）；在大姑村，叫苍耳淀（方圆三十里，多苍耳，泛滥了则涨天，干涸了则遍地）；在小姑村，叫绿须淀（方圆五六里，草生如须）；在马务村，叫马阜淀（也叫马务淀，方圆三十里），叫白淀（因为毛发不生），叫稻淀（或生稻的原因，各方圆二三里）。西边的淀，在西楼村，叫李家淀（有大李淀，有小李淀，各方圆四五里），港叫薛港、叫军港，窊叫黄淀窊（方圆十里，因为取土筑殿，所以窊了）；在李郎村，叫烧车淀（方圆三十里，在雄县的小部分，在新安的为大部分。往昔有人车载石灰，经过这里遇到下雨，石灰中生了火把车烧了，所以得名），渡叫婆婆口渡（无舟）；在小王村，叫流通淀（方圆二十里，近留通村）；在平王村，叫马家淀（方圆二里）；在昝村，叫何家淀（方圆四里）；

在李村，叫石臼淀（方圆五里，与新安各占一半，形状像臼）；在刘村，叫王家湾（长一里）。西南的淀，在董家庄，叫董家淀（方圆五里）；在董家庄之南，叫莲花淀（方圆三十里，有许多莲花、白鹭。魏纶的诗："芙蕖五月半开花，勾引骚人笑语哗。风定绿云香缥缈，日高红袖影横斜。"）；在莲花淀西南，叫白洋淀（方圆六十里，源出猪龙河丘家道口，洏水所聚，患及安州、新安，而雄县最为严重）；在白洋淀的东边，叫马蹄湾（距县城八里）。南边的淀，在郝家村，叫窝罗淀（方圆七八里），窊叫戴家窊（方圆十里），漕叫王家漕（各方圆十里），溪叫柳溪（就是堤旁的水。魏纶的诗："柳暗溪头野气清，绿蓑青笠觉身轻。一片溪云依野鹭，数声渔唱集啼莺。"）。东北的淀，在邢哥庄，叫白丝淀（方圆十里）；在神堂，叫张家淀（方圆五六里）；在开口，叫巨须淀（方圆五里）、叫菱角淀（多菱角）、叫李家淀、叫光淀（因为不生毛发）、叫菰浆淀（多菰，各方圆三里）、叫小淀（方圆六里），它的湾叫大黄湾、叫小黄湾（各方圆三里）、叫东坡湾（约二里）、叫鼋窝湾（约半亩）。东南的淀，在龙湾，叫浅淀（方圆三十里，旱了就是民田，涝了就是水乡）；在下村，叫蒲淀（方圆十里，多蒲），窊叫天井窊（方圆十里）；在上村，叫张家淀（方圆二十里），窊叫白家窊（方圆三十里）；在大葛，叫陈家淀（方圆十里），叫郑家淀（方圆八里）；在秦哥，叫五官淀（方圆三十里，下连任丘），叫马淀、叫柴河淀、叫塘淀（各方圆七八里）；在王村，叫青草淀（方圆五里），渡叫王村渡（有舟）；在齐观，叫吴安淀，叫长儿淀（各方圆十四五里）；在留镇，叫花木港，叫矛儿湾（方圆百余里，上汇百川，下通直沽，水至则江海天成，水落则洲渚星见，淀边的田叟时刻望着淀水，而神机的营地就在这里）。

沈存中说："瓦桥关，北边与辽人为邻，素来没有关河作为险阻。往年，六宅使何承矩守瓦桥关，开始商议凭借陂泽之地，积水为寨。想要自己视察，担心计划泄露，就每天会集属吏，泛船置酒赏蓼花，创作《蓼花游》数十篇，让在座的客属应和，画成图画。传到京师，但没有人能明白他的意图。他从此开始壅塞诸淀。庆历年间，内侍汤怀敏又接着做这件事。到了熙宁年间，又开了徐村、柳庄等泊，都以徐、鲍、沙、唐等河流，叫候、鸡距、五眼等泉作为源头，向东汇合滹沱河、漳河，其易水、白水等水，并入大河。从此，自保州西北沉远泺，东尽沧州泛枯海，将近八百里，全都是积聚的水潦。那广阔之处有六七十里的地方，至今仍作为藩篱。而淀淤塞之处，全都把盐碱地变为美田，其鱼蟹菰蒲的利益，人们也依赖之。有的人说那些年失去了边粟的来源，不是这样的。"（出自《梦溪笔谈》）

王齐说："我曾经登大雄山，伸长脖子远望西北，俯身鸟瞰东南，苍烟碧野隐隐漠漠，而村落在下面。于是舍去木屐，命令舟船，溯白沟，窥易水，略过清河渡，探寻天津的源头。见到那些林麓像星星一样分布，渠淀像棋子一样排列，各个像子母相依。可灌，可沃，可挖沟，可种田。仔细倾听村父得鱼换酒，两两醉语，篱落间道晴量雨，令人恐慌的是害怕秋天大雨落下，百姓又要成为鱼鳖了。召唤而问他们，没有谁能回答。太过分了，百姓的惰性，上级在教化上的懈怠！宋朝的何承钜，金朝的马讽，不是今天的县令呀？现在的百姓，不是过去的百姓呀？所以曾经拟疏五事，可是也不能知其结果。百姓难道最终成鱼鳖吗？"

（补）王齐《修河疏》：

我希望天地各有其位而水为脉络，脉络运行而成就天地功业。古时候，洪水为害百姓，大禹治水，功劳配于天地。周朝人致力农田水利，汉朝人开河修渠，五谷丰登，百姓乐业，都是凭借水的好处，没听说其为灾害。

现在的直隶之地，就是唐虞时的冀州、燕赵之胜地。《禹贡》：“至于大陆”，“播为九河”。大陆，现在的邢台、赵县、深州等地；九河，大概在河间、沧州境内，都是大禹曾经治理的地方。所以，它们博大爽垲，像绳一样直，像砥一样平，历代以来，一直被称为膏腴之地。唐宋以下，没于金元，灾异非常严重，不足为怪。我朝太祖高皇帝，扫除胡元，廓清大禹治水的业绩，太宗文皇帝平定一方水土，定都北京，富庶之业，甲于天下。为什么从弘治以来屡遭水患，到现在不停？就如同人的脉络失调，病而成为痈肿、疮疡，这只是皮肤的病患，假如不及时砭药来宣导它，坐等溃败，没有不成为终身之累的。现在的情形和这个有什么区别呢？

我曾经逆流探寻源头，了解到形成灾患的原因有两个：一是河，二是淀。河本来是泄水的，现在下流壅塞，所以上游之水溢出而成灾。淀本来是积聚水的，现在河水横逆，所以从旁流出而不能挽救。河流在顺天是卢沟河，在真定是滹沱河，在保定是白沟河，在河间是沙河；淀在霸州是高桥淀，在雄县是白洋淀，在任丘是五官淀，在武清是三角淀。至于河间，又是《禹贡》九河的故地，保定又是今日九河的下稍，这是那些遭灾最严重的十处之一了。

我又考按：四府之水，在《一统志》的数一数它们，成为河的有八十七条，成为泉的有二十五眼，成为水的有三十一条，还有十渠、十五井、十一池，而沟、潭又各有七个，大淀又有九个。至于溪、沽、港、泊、渊、洼、陂、湾，以及琐碎难以命名的，没有登录在《志》的，都叫小淀。有的源于桑乾，有的发于泰戏，有的流自白坡，都是本之于西山而来。每当大雨季节、秋水灌河的时候，众流东下，陆地行舟，万顷田禾都成为浮萍断梗。所以三二年间，百姓都是以芦苇为柴，以鱼虾为饭，由此得了湿疾，接着又得瘟疫，生意断绝了，没有比这更厉害的了。我凭大致估计，顺天则利害相半，真定利多而害少，保定利少而害多，至于河间则全受其害了。

凭借畿辅之地，灾伤至此，承蒙皇上体好生之德，推再造之恩，免租布赈，连年不停，这的确是挽西江于既涸，沛时雨于既焚啊！谚语说：治灾如治病，急就治其标，缓就治其本。现在标已经恢复了，假如不赶紧求其本而治，那忧患就说不尽了。

我在地方任职，屡次求其原委，询访各种深奥的理论，加上自己的管窥之见，得到的说法有五种：一是浚河道，二是疏渠淀，三是撤堤防，四是兴水利，五是严考课。宋人的愚笨，以致炫石以为宝，微臣一直怀着爱国的诚心，不忍自己沉默，认真准备上奏朝廷闻知，以备朝廷采纳选择。

说来今之地就是古之地，古之河就是今之河，为什么古代以之为利而现在反而成为灾害了呢？这灾难虽然出自于上天，而导致灾难的未必不是因为人。我看直隶这地方，地势平坦低洼，土质粗劣，其水浑浊，容易淤塞，在过去不是不这样，而是官员随时随地疏浚它们，所以没成为灾害。现在致淤的原因虽说有很多，姑且以能看到的来说：近年来，有河的州县，近水的居民，一旦遇到河流发水，就设置堤坝捕鱼，这样大水退去而土还在，因而导致沙淤，于是以私耕作为职业，又下桩而逼水，积累的时间久了，河渐渐平了，水逐渐逆流，不但不肯自己疏浚，反而厌恶别人疏浚。乡长不上报，官员不过问，习以为常，就造成了这种灾患，这都是贪小利而坏大计、急于近功而遗留远害的情况，这有什么奇怪的呢！

宋儒朱熹说："大禹治水，只是从低处下手，下面的水全都消除，而上面的水就会逐渐平定。"我按照朱熹的话来探求，现在的水都从直沽入于大海，这直沽是众水下流的通会处。现在的办法，是请皇帝下令该部计议处理，通行各该抚按衙门，会同主管粮仓的官吏，带领书算、画工人等，以及置立工粮、地图、空簿各一扇，先从直沽而上，遍历州县，沿河阅视，以大河为宗，以小河为支，就其疏通淤塞的地方，看其高下所适宜的，考度其深浅的形势，拟定某河疏通的有几处，某处若干里；某河壅塞的有几处，某处若干里；某处有坝应当修起，某处有桩应当拔除；某处扫掠了城应当改造，某处冲了道路应当避开；某处将淤而近浅，某处新淤而未深；某处有水，应当荡涤以去其沙；某处无水，应当疏掘以出其土；如果水打南岸而淤北岸，就因水势疏浚南岸的土；如果地淤西岸而浚东岸，就将淤地补东岸之民。务必使河身极其深广，河岸极其高阔。高阔就会其中有所受，不致蚀啮而与陆地相犯；深广就会下有所纳，不致束缚狭隘而视海如归。每工仍要计算丈量该挑若干里，上下水势各若干广、若干深，估计总共用的做工人夫、该支口粮各若干，并且查勘以动支何项钱粮，大约该几月日可完。计算明白，填写附簿，仍让画工于地图簿上按形草画，有水的地方其色深，无水的地方其色浅，至于那些支河、众淀也要标写明白。其中有岁久地平、漫无可考而水不得流出的，仍要查各处图经、地志和年老的有知识的人，探求它的原委所在，务必使官民两便，一定在疏通后完成。像这样，虽然不能回滔天的水势，但估量可以免除陆沉的忧虑。河道清理好了，众多水流各得其所，而且西边通舟楫的便利、东边资漕运的河流，不但有益于百姓，还有补于国计。我所说的疏浚河道的道理，就在于此。

河道疏通了，足以泄水。至于众淀，本来都是产生于科田的土地，反而汇入若干江湖，去年冬天低洼潮湿之地未干，来年流淌的雨水又到了，越淘越低洼，反而有比现在的河流更深的了，对于这些，如果不疏通，它的灾患肯定就存在了。为什么不在检阅视察河道之时，就将附近该修的大小水淀一并现场勘查估计，画出地势的远近、水势的高下，以大淀为主、小淀为客，大淀居其中，小淀罗列在外，全都挖深沟来疏通它们，建筑大道从两边来限制它们，使小淀入于大淀、大淀入于河流，而近于河流的小淀也听其自行入于河流。又使沟长而加倍，足以容纳它们的水，水流运行而曲折，足以杀其水势，好比乡附着于县、县附着于州、州附着于府，界限分明，道里通达，而又犬牙相制，那么自然没有治理不好的。还要根据淀的多少广狭，根据附近居民设立大小淀，人户百人以上为大淀，置立淀长、淀副各一人；五十人以上为小淀，只立淀长一人。让他们督率本淀的人，只要遇雨过水泛之时，逐一巡视水口，兼修河道，一旦有淤塞，马上疏通；凡是遇到设坝捕鱼、下桩淤地，抑或阻止水利之类，允许前往所在官府呈告，治以重罪。像这样，水涨时本就会盈满坑洼而继续向前流，水落时也会随着沟坎而退，归宿有地，出入有门，定然不像现在的齐头水下而避之不及、坐等洼水形成而最终难以消除了。有人说：引淀水作沟而入于河这样的做法，其中不无毁坏人家田庐坟墓的地方，对此怎么办呢？嗐！天下的事情有缓急、形势有利害，只是衡量其轻重多寡罢了。贾让有句话说：濒河的十郡设置堤坝，每年的费用万万，等到它决堤的时候，所残害的无数，如果拿出几年治河的费用，足以使所迁徙的百姓成就事业，大汉方能控制万里之外，难道要跟河流争夺咫尺之利吗！我也认为从真定以东、直沽以西，每年河水淹没不下数十万顷，今日成为沟的地方，况在本淀之中，纵然有所妨害，而官府对它进行处理，又有什么难的啊。我所说的疏通渠淀，正是这种情况。

渠淀既已疏通，就足以疏散水患了。其间有些有势力的豪强百姓、护短的官吏，不思天下为公，只知道把邻国作为沟壑，各在县界下流紧要去处筑成长堤，水没到时就看守阻遏，贪图收成的利益，水到了就盗掘泄放，享用肥淤的田地，甚至经官告理，竟不能把谁怎么样。有时有通达的县官想要撤去堤防，可是顺天的命令不能在保定实行、真定不属于河间，只是废除文书，事情都掣肘，竟不想以官员的职守来看视它，固执地各自为地方之民。如果以天下的角度来看，就都是朝廷的土地，又何苦如此利己损人呢！我曾经考查，治水没有谁比大禹好，没有谁比鲧更不好。大禹治水，是疏导水，鲧则与此相反，这就是说的难于应命。所以《禹贡》中只有疏沦决排的说法，并无堤防壅塞的文字。而张戎说“用堤防堵塞平地，犹如筑墙居住在水里”，苏轼也说“河流湍悍，虽然也是它的本性，然而如果不是堤防激发而使它发作，它的形势不至于到这种地步”。由此来看，则堤防断然应当撤去。何不在修理渠淀的时候，一起视看它下面的水流，除了护城有堤、堤有水门，护路有堤、堤有桥梁的不撤除以外，其他的无论远年近日、彼界此疆，只要有阻碍，就命令治河夫役一并开通，务必使有利共享、有害均分。也不允许趁机为奸，或故意决官道而摆渡，或盗决民田以复仇，如果这样国家有一定的刑法，也难以轻易饶恕。这样的话，就势有可行，而淀沟之水自无不利的了。我所说的撤堤防，就是这样。

至于考察古代的井田、沟洫、河渠，和现在江南塘堰的制度，旱涝有备，对于百姓非常有利。我以北方地理来看，似乎也没有不可行的。姑且就雄县而言，在宋朝，何承矩任太守，首先建议屯田，曾经开塘泊、种稻田，老百姓依赖它的好处；在金朝，马讽为县令，每当秋水涝涨，溢害民田，也曾视地之高下而疏通，民患就平息了。这水利，过去人们固然都能做，谁说当今作为王畿之地，渠淀棋布，源流爪分，反而有不可做的呢？孟子说：“为下必因川泽。”如果依着淀作为田地，凭着水而为利，大概也是古人遗下的意愿。何不在渠淀已疏之后，就委任能干官员，仿照前项古今水利之制，对它们进行创修，使主淀居中以积聚水，让淀长管辖它们；客淀居外成为田地，让淀户管辖它们。干旱就引水灌溉诸田，水涝就疏通水道而注之于河。至于五沟五滁深广曲折的方法，以及《周礼·稻人》所掌管的，也只是临时看形势来做取舍，这就有难以预料的情况了。水利既成之后，各该有司在秋夏水发之时，还要制定巡行视察耕耘的主旨大要，看主淀有无收放、客淀有无种治，酌量情况进行鼓励惩罚，劝勉勤惰。至于芦苇鱼虾的利益，就又听凭百姓自己获取而不禁止他们。像这样，虽然冀北碱卤之地，足以赶上江南膏腴之田，百姓可以富裕了。我听说礼义生于富足，而蓝田吕氏的乡约、乡田同井之风气，也差不多可兴起了，还有什么赋役值得忧虑、灾伤值得害怕呢？如果施行的时间长了，民田可以治理而河流安全了，我恐十年之后，主、客之淀也可以渐渐淤塞而近于平坦，老百姓又将开置而停不下来了。我所说的兴水利，就是这样。

及至查看前面项目，工程浩大，费用很多，假使不能得到合适的人，因时制宜，相机行事，专门负责而责令其成功，就会众说纷纭，难成事情，甲是乙非，如果不以利害鼓动他们，很少有不因循延迟玩忽的。等待该部上奏请求、命令下来的时候，仍然请求下令各该抚按官员，查照工粮底簿、地理画图，逐一磨算明白，选派各该有司精勤的官员，分头治理，春天自二月起，工至四月中止，秋天自九月起，工至十月终止，严格监督全部上报，如有未尽事宜，全都予以合适的处理。中间如遇雨水事故妨碍耽误，该地方委官就陈述理由申报抚按衙门知会。如果有谎报搪塞的，各府分理官查举该给口粮，衙门也不许刁难迟误。每春、秋季终，各分理官将修过工程查勘明白，备册呈报抚按衙门查考。除了有妨碍耽误外，该修工程比与原来计划没有完成的，递加处罚治理，那些全部没有完成的，请求别议。如果总理等官查无督催卷案及迟误口粮导致妨碍兴起的，巡按衙门也要进行弹劾查究。那些能留心的地方、依照计划完全上报的，按礼犒劳鼓励。等到工程完成的时候，各抚按衙门仍将各府州县修过工程共若干、动用人夫共若干、支过口粮共若干、限期月日共若干，总类分撒，备造黄册并画图、贴说各一本，径自奏呈上缴，仍造青册并画图，申送该部查考。若疏浚之后，只要遇水灾壅塞的地方，仍令各该地方有司官员随时疏浚，陈述缘由申报抚按衙门知会。等到考核的时候，也凭着这些黜陟。如此则利害切身，人们争相自我奋发，各项勘议将不会托付于空言了。我所说的严考课，就是这样。

抑或我所说的劳民动众，功远效迟，疑似迂阔而不切合实际，然而天下的事情没有劳作的就不要求安逸，没有暂时费事的不要求安宁。况畿辅重地，灾伤已达到极点，如果不预先做好长久之计，而只是考虑当前，我担心年年捐租、岁岁发粟，钱粮有限而灾伤无穷，将会日不暇给了，怎能不做长久的考虑啊！

疏浚河道的，可以用来疏通渠淀；疏通渠淀的，可以用来平定水土。水土平定了，田野就开辟了；田野开辟了，稼穑就治理好了；稼穑治理好了，衣食就充足了；衣食充足了，百姓就称心如意、本性就恢复了。依靠这个设置平常的粮仓抵御灾疫，就可以了，哪里还会有急切地需要捐租发粟的事情呢？至于撤堤防、兴水利的事，又都是帮助治理河道、安养地方的做法。孟子说："有师法文王的，大国只要五年，小国只要七年，就一定可以号令天下了。"我也说：果真能推行这五种的，小则五年，大则十年，弘治以前所说的富庶之业，也许又可以见到了。还有什么天意不可回、地利不可复、灾伤足以为患的呢？既然这样，疏浚河道、疏通渠淀、撤堤坝、兴水利四者都是计划办理的政事，而严格考课就是责求诸人的事了，而责求人也不可以不慎重。才能不足以办事的不值得任用，不尽心的不值得任用，苟且顺从的不值得任用，否则没有不更加谬误的。所以说"为政在人"，这尤其是当务之急。

仰望皇上，敬天勤民，法祖复古，亲自从事耕田养蚕的事，以先于天下，虽然大禹尽力于沟洫、文王即康功田功，不过如此。我躬逢盛世，踊跃思虑奋发，献出自己的一得之愚见，冒死陈言，仰烦天听，如蒙垂念，畿辅之地，关系天下安危，后事是可以考虑的，考量采纳选择，拯救民患，开发财源，成为国家亿万年无疆的事业，那太幸运了！太幸运了！

**【古迹】**

殿，一座。道，一座。台，十座。城，十座。关，一座。卫，一个。驿，一处。楼，一座。亭，二座。斋，一座。祠，一座。庙，四座。墓，十一座。

皇殿，在县西北十里，约三十余亩。我太宗往来南京，驻跸在这里。墙垣和井还存在。

御道，在大雄山之后。

古台五座，在亚谷（二座）、邢村（二座）、田家庄（一座，俱无考）。住驾台，在东七里，高数丈（世传，周世宗自方城返回，驻跸在这里）。狄夏台，即狄夏头（宋景德年间，与辽在这里和议）。流星台，在西三里。凉马台，在西北三十里，高数丈，上面能容纳万余武（《城冢记》："燕、魏分易水为界，筑三座台，登降耀武。"并且在那里使马乘凉，故名）。城子台，在东南八十里，外部高，中间平，地势特出。

古县城，在西北十五里，故址还存在（汉朝的易县）。易京城，就是现在的城（汉朝公孙瓒筑。陈孚的诗："晨出鄚州门，回首古易京。百楼不复见，草水白寒雉鸣。鸣角角，黍纂纂，昔谁城此公孙瓒。城南城北陂水满，寒蒲如剑出水短。大火禁（焚）巢天不忧，野凫醉眠沙上暖。"）。亚谷城，就是亚谷村。小姑城，就是小姑村。大姑城，就是大姑村。杨关城，在西二十里，故址犹存。（相传杨延昭守三关时筑）外罗城，现在城的周围，十八里，缺口像锯子，屹立的像台子，低伏的像盘子，陡峭的像山峰，流通的是水侵蚀而成，平整的是百姓民田。（宋知州李允则筑）废义州城、雄州城、归义县城、归信县城，都是今天的城。至于那些县治，则是现在的驿站。（陈孚的诗：

“燕南陲，赵北际。昔年魏城铁可砺，城上烽火明如彗。只今残堞黄云曀，老榆半枯悬薜荔。市翁叱马声嘒嘒，叩以瓦桥潸出涕。英雄虎斗空万世，北风吹沙秋鹤唳。”）

瓦桥关，就是现在的瓦桥。（今废）

云川卫，就是现在的天宁寺。

小使驿（见《茆斋自叙》云：“抵雄州小使驿。”现在没有这个地方了）。

钟楼，就是瓦济门城楼。

望山亭，在大雄山。［元皇统二年（1142 年），徒单公建，后完颜公改为均乐亭。乡进士赵元卿记，见《别集》。魏纶的《望山云树》诗：“天开九水为池沼，地拥群峰作画屏。”］众乐亭，在亚谷城内。（今户部侍郎袁宗儒建）

雪舫斋，在县治内。［洪武年间，知县周士瞻创建。进士李继本记：“居在山林就有登临赋咏的意趣，涉足江湖就有漂泊放浪的胸怀。大概致力于自己的志向，而不淹没在狭小的尘世之中；寻求适合的安适，而不混淆在纠纷的俗念之中。这是古代的旷逸之士出于外物而不受外物支配的境界。雄邑周士瞻在官府处所的旁边构建此斋，已经建成了，招我及与他曾往来的人宴集其中，一室晶莹光洁，其质像雪，四顾空明，其状如舟。这一天，刻漏下落二十个刻度（按：今五小时），饮酒为乐而天下大雪，迥然像放舟江之浦，而山川皓白，天地浑沦不分，不知道自身在人世间。周侯起身嘱托说：‘斋不可没名字。’于是以‘雪舫’题在牌匾上面。又起身而嘱托说：‘斋不可以没有记。’于是识岁月，以记录其大概。这个斋，宽不过八尺到一丈，质朴而不事雕藻，以楮木为墙壁，不用白垩粉刷；用木作榻，没有竹管、竹篁。左有图，右有史，种植蔬菜有园圃，洗药有池。豁然而疏散，邃然而靓丽。云容天影之洞涣，琴音书声之流畅，神情道气之融写，作为欢乐之所在，则即使猎天山、夺蓬婆、献赋兔苑而藻思横出，不足以摹状它的大概。然而山林的清寂，不若江湖的平旷；浮游的险远，不若幽居的闲适。而用'雪舫'命名此斋，周士瞻为何独取这个名字呢？大概是周士瞻自宦游以来，跋涉山川，而江湖之气，飞升在狭窄之中，那么他的气量和见识多么宏大啊；冰雪之质，蝉蜕在尘埃之中，那么他的操行多么高洁啊；以岁寒之盟而托交于千古，那么他的友谊多么笃厚啊；以济川的才能而载道于无穷，那么他的文学多么丰富、政事多么伟大啊。我知道用'雪舫'来名斋，难道不会成为日后的佳话吗？虽然降雪靠天、舫行靠人，而斋之不坠于风摧雨剥之下，那么又是天与人交相取胜了。如果不知道君子，怎么能谈论这个呢？啊！天地一场雪，宇宙一叶舟，怎么能驾驭汗漫而遨游无穷，出乎万物之外，叩至道于鸿蒙之初呢？那么雪、舫、斋，哪个有而哪个无呢？哪里有空闲来推究呢？周侯征求我来作记，所以写了这些话，以记录他的志向，而凭此自得其乐。"］

吕公祠，在郝家店，北有桥。（世传吕仙观莲于此。陈孚的诗："山形夭矫苍精剑，日气曈眬紫磨丹。度尽世人人不识，午烟起处是邯郸。"李延兴的诗："策名文彩（采）动蟾宫，飞上丹梯笑葛洪。剑影冷含云气湿，笛声清绕月轮空。墨翻诗壁研磨外，神现松精候谒中。几拟欲询仙岁月，芙蓉溪上又秋风。"）

尧舜庙，在赵村（元至正年间建，现在只有舜庙）。都土地庙，在东侯留村［元中统二年（1261 年）郭通修建。正德年间乡大夫苏琰重修。孟之缙记略："雄州城的东陲侯留里，有世人所说的土地庙。从前周世宗驾幸瓦桥，有臣迎谒道左，世宗问：'卿何人?'回答说：'臣侯留村土地。皇上到了，怎敢不侍奉扈跸。'世宗马上赐冕服，仍下令县长昌盛他的庙宇和神像。兵火以来，到我元中统，乡里的故老恐怕祭祀的事不兴旺，又修葺他的庙宇，并且在石上刻其梗概。仍赋迎享送神诗，使民歌颂他，诗曰：'白云兮英英，觌神之仪形兮止神庭。导霓旄兮易水上，神乘车兮来慰民望。秋风泠泠兮开翠微，疏肴富兮有酒在罍。民修悃兮神贶是致，百谷充羡兮岁恒穰足。'"］龙王庙，一在小雄山，一在神堂村［神堂相传，宋时有神木浮河直立，县官祝祷而视之，中间包有龙骨，就用作庙之栋梁。经历元朝至今，祷雨总是应验。正德八年（1513 年），有人偷了龙骨，于是灵力一天天衰退了］。

焦用墓，在城西三里。焦德裕墓，在焦用墓的左边（有元朝学士徐世隆显亲碑）。殷圭墓，在东南三十里（有元朝中书省员外朱徽神道碑）。董志墓，在东南三十里（有元朝秘书监贺方神道碑）。何德全墓，在东楼村（有元朝劝农事王时可墓碣）。刘观墓，在西南三里（易水之滨有罗汝敬神道碑）。仲闵墓，在西二里。侯瓒墓，在东北二里。侯观墓，在侯瓒墓东南一里。李奎墓，在西北李村（奎无所考）。鞑靼塚，在神堂村（高阜有石郭外露，相传是元人，不知是谁）。

王齐说："《一统志》载'城西六里有晏平仲墓'，荡然无从考证。《郡志》载'西楼村有焦赞墓'。今焦赞墓在山东长山。难道因为焦赞是焦用远祖，而误以焦用墓为焦赞墓吗？至于晏平仲，就是齐晏婴的字，现在晏婴墓在临淄齐子城，而在高密又有庙。我雄县在春秋时期为燕地，而晏平仲足迹没有到过燕地，怎么坟墓会在雄县呢？记录这些，以待博古的人考证。”

附：庙，四座。寺，二十二座。阁，三座。观，二座。

庙：东岳庙（在东关之北）。二圣庙（在瓦桥北。祭祀二郎、关王。宋时修建。临河人说，庙前有石柱，相传是“缆雄桩”，毁坏它就总生水患）。关王庙（在瓦桥关南）。石象庙（在小崔。相传元朝时夜有石象害苗，乡人祭祀它）。

寺：观音寺［六个。在瓦济街西的，洪武年间创建，景泰年间重修。僧会在这里。在孙村的，元至正五年（1345年）建，天顺年间重修。在东杨的，至正十年（1350年）建。在东李的，成化元年（1465年）建。在齐观的，唐初时建。在永定门内的，天顺五年（1461年）建］。天宁寺（在圆通街，永乐年间创建）。普觉寺（在先王村，至正年间建，天顺年间重修）。镇海寺（在北杨，唐时建，成化年间重修）。宏教寺（在李村，景泰年间修）。庆圆寺（在涞河，天顺五年重修）。定慧寺（在东赵，唐时修建）。大觉寺（在神堂，至正五年建）。留通寺［在留通，成化五年（1469年）建］。地藏寺［在西楼，天顺元年（1457年）建］。普照寺（在龙华，至正五年建）。百尺寺（在东南三十里，至正十年建）。清凉寺［在下村，至正六年（1346年）建］。百福寺（在史哥，至正年间建）。云岩寺（在王村，至正五年建）。崇兴寺［在留镇，唐宪宗元年（806年）建］。三教寺［在侯留，景泰二年（1451年）建］。

阁：圆通阁［在圆通街，永乐十三年（1415年）云川指挥王俊建］。增福阁（在李村，唐尉迟公修，今圮）。神清阁［在神堂，至正年间建，嘉靖五年（1526 年）重修]。

观：真武观（二座。一在北城之下。《纪圣实录》：“宋仁宗康定年间，北蕃胡知远来侵雄州榷场，当时王劻为经略使，胡知远夜半隐隐见真武身形，于是就逃遁了。王劻为了让大家都知道这件事，下令在那里建庙。”正德年间内监李和重修。补：王齐的《十六日与苏守、张尹同游》诗：“怪尔仙家紫气重，晴云旭日媚寒松。青山载酒春随杖，绛节朝天午撞钟。五马棋开龙虎斗，双凫丹熟鬼神封。步虚声里归环佩，近市花灯晚更浓。”一在瓦济街城隍庙之西，嘉靖年间修）。

王齐说：“右边所附的都是旁门左道，不合常理。有的祭祀的非其人、人非其地。有的琳宫梵宇消耗民力，僧道逃避劳役。当削除却没削除的，仍然保留其遗迹。”

## 风土第三

《雄乘》说：《诗经》记有《豳风》，《礼记》陈有《月令》，约束世人、规范事物，崇尚简约、罢黜浮华，看这雄邑，风力刚劲、地势低湿，桑田大海相连接，风气习俗没有常法，孔子猎较，鲁人供簿，准则记载见闻，以敦促后世，《雄乘》风土。

**【俗尚】**

他们的风俗是涉猎，他们的职业是耕织，风俗质劲（《翰墨大全》）。稍微有学诗书的习惯，全无追名逐利的轻薄风气（宋刘涣记）。士轻生而尚义，有荆轲之遗风（《图经》）。百姓质朴劲勇，不以浮华为习，而以耕织为生（《郡志》）。适宜饲养犬、豕、马、牛、羊（《通考》）。

王齐说：“有名望有身份的人士很多啊，典礼很繁缛啊，气节很崇高啊，文华日益繁盛而质朴日益衰微了。草莽之人粗野而虚伪吗，胥吏之辈狡诈而纷争吗，市井之人轻生而渔利吗，他们的燕赵遗风还那样吗？变化的重要环节，有主管的官吏来负责。”

**【时序】**

正月：这个月第一天，五次击更鼓，更换蜡烛，烧香，悬挂天灯，祭祀上天，祭祀祖先。礼毕以后，家人按次序祝寿。这些做完以后，出去拜贺。女婿到了以后，拿礼物酬赠他。这一日，如果刮西南风，就收秫谷；如果霜重，就收棉花。过三日，祭拜坟墓，会宾客。到立春之日，睐“土牛”，吃春饼，祭白萝卜。农人取“牛土”在门上书写“百事大吉”。到元宵晚上，先后张灯放花，观花灯的人通宵达旦。到正月十六这天，有病的妇女群聚窑下，称“陶炙”。家人用蒸纸，把它剪裁成九条，信手编结成绳子，称“结羊肠”，用来占卜吉凶。女子邀请厕姑，卜流花，问吉凶，又剪彩簪在头上，互相夸耀推崇，到了傍晚，过瓦桥“度厄”，有的投向瓦桥下。到了二十五日，用灰做成梯囤形，中间撒五谷，用砖石压在上面，称“填仓”。这一日，也喜欢做枣糕迎接女儿回家省亲。这个月，送童子入学；农夫用耜耒给农田施肥。

二月：这个月初二，于井边用灰糠画龙，以青灰引至瓮下或仓库内，称“引龙”。这一日，带着鲤席迎接女儿归宁，仍然将礼物馈赠她们。到春分，分腊醉，做春分酒，也拌醋。这个月，春冰已经融化，有虆有荇，有藻有菰，贫穷的人取来换薪米；打鱼的人一起穿着皮衩捕鱼，用网用扠，用笱用箔，用钓用罨，竞相捕取而收获颇多。

三月：那寒食节，好事的人树秋千，放风筝。女孩子玩抓子游戏。这一日扫墓，男女全都去。第二日，妇女也能归省，展现孝敬。到清明，插柳，看花，踏青，挑菜。到谷雨，禁蝎。这个月，虽不种桑树，但也办理养蚕的事；贫民穿着皮衩取藕供食，有的掺杂榆荚、槐、柳、椿芽来烹饪。占法：一日、二日下雨，主旱。

四月：这个月初四，酿酒，味嘉。到第八天，僧尼举行洗沐斋戒的祭祀活动，富愚赴会施供。到这个月二十八的前十天，上药王庙。这个月，藕芽已经茂盛，蒲黄也成熟了，都收取它们。占法：一、二、三、四日下雨，麦不熟。

五月：这个月初五，贴门符，悬艾草，一人系百人索，吃粽子，喝菖蒲酒，捉蟆，采药。婿妇节日游览的盛况超过了二月。这一天如下雨，主虫。这个月，芒种后遇到壬日入梅，夏至后遇到庚日出梅，遇雷电即断梅。以遇到壬日的天数作为梅高的尺数，度量物体的高低置之，就不梅矣（雄地低下潮湿，所以也有梅。如果芒种后五日遇壬，则梅高五尺；十日，则梅高一丈）。

六月：这个月初六，储水（经年不坏），窨制曲酱（曲有粗细，酱有生熟）。这个月，南浦菱芡已经成熟，荷花也正盛，我们的老百姓拉着朋友，携带妓人，乘着画船，听着箫鼓，天晚了竟忘记返回。至于缙绅，有的划着小舟，觞饮咏唱自适，时时泊在柳堤，听渔唱，也乐陶陶的样子，一直延续到八月以后才结束

七月：这个月初六，挂地头（用楮钱）。初七，爆洗。这天傍晚，女孩子用茜草熬鸡做乞巧会。到了中元，树麻、谷于门

左右。用素馐谨慎小心地祝祷祖先，又祭拜坟墓。这日，也迎女儿归宁。

八月：这个月中秋节，登楼台，赏月，吃螃蟹，观赏献鹤，也树表，验明年上元晴雨。这个月，近水人家都采芰荷之实来换米，仍然积聚菰实来御冬。

九月：这个月初九，蒸菊糕，舂红糍，祭祀先人，登高，对菊，佩戴茱萸，品尝新酒，也迎接女儿归宁，也占卜冬天阴晴。这个月，做蟹，酿菊酒，比他处的好。

十月：这个月下元日，祭祀坟墓，焚寒衣，也迎接女儿回家省亲。这一天如刮南风，就冬暖；如刮西北风，就冬寒。这个月，民多嫁娶，能力不够的求助于他人，叫作“告助”。此外，盐碱之地稗子成熟，贫穷而勤劳的人都采积以糊口。

十一月：这个月长至日，到宗祠祭祀。祭祀完毕，士夫也有行交贺礼的。也迎接女儿回家省亲。这一天，树八尺之表，验证来年的水旱（大概根据表的长度从中间区分开，日影中正就是丰年，不及即干旱，超过了就是水大了，水旱程度也按照区分）。在上元夜，也验月影。这个月，淀水未结冰，渔家凭着水势之广狭，编制苇箔卷曲放置水中，以使鱼通过进入，鱼可入不可出。冰冻后，凿而取之，花费既多，所获也多。骑射、畋猎全在这时举行。

十二月：这个月初八，用各种米、赤豆杂以果肉，加辣，煮粥食之，称“腊八粥”。男女剃头黔耳。这个月二十三或二十四日，晚上，用饧饼茶果祭灶，妇女不能参加。乡人高举火把，照麻虫，打扫屋舍。也多嫁娶之事，认为没有忌讳，除夕这天也像这样。到了除夕，陈列祭祀真宰、祭祀先人的仪器，设庭燎、爆竹，树将军炭，击千金木，烧苍术、辟瘟丹，在门上悬挂新扫帚、葫芦、麻箸。半夜，换门神、桃符，写春帖、天行帖子，准备美酒佳肴，互相拜年，守岁。这一天，制作灯笼十二盏，预料第二年的十二个月，用锅釜蒸之，验证水旱（其月旱，则其灯干；其月涝，则其水满）。又用柴夹豆十二颗，用水浸泡它们，占验方法相同。元宵日也占卜之。

王齐说："人们说成化、弘治年间，俗尚勤俭，老百姓大多殷富，男子致力于耕读，女子致力于蚕桑，用木棉制作衣服，建造房屋遮蔽风雨，即使大族巨商，婚不论财，请客以八簋为上，酌以大斗，斟酒三次五次就停止，所以没有游手好闲不劳而食之民，官吏大多任职长久。现在都不这样了，所以一遇到荒年歉收，即使富贵人家也借贷过年，其他的就可想而知了。观察风俗的人溯流穷源，为此发出长长的叹息。"

**【土产】**

谷：多黍，多稷，多粟，多穄，有麦（来、牟、荞），有粱，有稻，多穈，多蔔（美），有菽（黄、黑、豌、菉、红小、杂文、羊眼、蛾眉），有麻（黄、白、黑），有苏子，多菰米，有稗米，有穇。

畜：多牛，多马，多驴，有骡，有特，多羊，多豕，多犬，有田犬，有猫；而家禽则有鸡，有鹅，多鸭，多鸽。

果：有桃，有李（嘉），多杏，有梅杏，有柰，多沙果，有甜果，有瓶果，有樱桃，有匾桃，有胡桃，多梨（嘉），有楂（小梨），有楸，有榴，有葡萄，有椹，有癞荔枝，有无花果，有荸荠，有地梨，有茈菰，有蔗。

蔬：多芥，多葱，多蒜，有韭，有薤，多芹，多蒿（茼、菱、蔔)，有白菜，有苋，有荠，有芫荽，有苣，有莙荙，有菠，有芑（苦卖)，有蓝，有葵，有白华，多黄华，有葴（兰)，多荇，多菰，多银条，有蕈，多蒲笋，有苹，有蘩，有灰，有马齿，多豆（蚕、刀、扁)，有甘露子，有玉环，有地瓜，有地皮，有蘑菇，有莳萝。

蓏：多芡，多芰（菱)，多莲的，多藕，有茄，多瓜（甜、王、西、冬、丝、菜、笢)，多瓠，多壶，有匏，有芋，有葖（萝卜)，有葑（蔓菁)，有茭。

鳞：有鲟，有鳇，有鳣，多鲤（嘉)，多鮆（刀鱼)，有鲭，有鲌，多鲱，有鲄，有鲴，有鰋，多鲂（嘉)，多鲆，多鲢（美)，有鳗，有鲹，有鲔，多黄骨，有鳢，多鲇，多鳟，多黄颊，多鲫（嘉)，有鳅，多鲙，多鲄（美)，多鳊，多鳝（嘉)，多针，有羊鲚，有石鲢（美)。

介：多鳖，多蟹（美)，多虾（嘉)，多螺，多蚌，多蚹蠃（蜗)。

兽：有狐，有狸，有獾，有兔，有田鼠，有鼠狼，有彙（猬)。

木：多椿，多槐，多榆，多柳，有桧，有柏，多桑，有柘，有杨，有垂杨，有楮，有移（唐棣)，多杜，有樗，多栎，有荆，有棘，有柽，有辣，多荜麻。

花：多菊，多萺（蜀葵)，多堇，多蕙（萱)，多荷，有玉簪，有石竹，有马蓝，有蔷薇，有金凤，有莺粟，有黄葵，有鸡冠，有凤仙，有荼蘼，有牵牛，有匾竹，有长春（月季)，有迎春，有马缨，有八仙，有竹叶青，有剪春罗，有十姊妹，有十样锦，有百日红，有转枝莲，有紫蝴蝶，有夜落金钱。

禽：有鸿，多雁，有鹤，有天鹅，多鸨，多鹳，有鸡鹊，有鸺，有鸸，有仓庚，有鸤（燕），有鸬，有鸪，有鹏鸠，有鸡，多鹊，多鹰，多鹞，有隼，有鹯，有慈乌，有鸭虎，有鸦，有鸮，有鹪鹩，有榆叶，有鴷（啄木），多莺（山鹊），有刁鹩，有鹬，有鹜，多雀，多反舌，多鹑，有画眉，有绣眼，有鸮，有蜡嘴，有鬼车，多鸳鸯，多鹚鹨（鸬鹚），有凫，有鹥，多鸥，多鹭，多鹈鹕，多鸂鶒，多水鸦，多水鸡，多鸭（有野，有树），多鹜，有脊令。

草：多苘，多茅，多蒲，多苇，多萍，有芣苢，多蓼，多游龙（水荭），多薹（莎），有菖蒲，有羊蹄，有牛舌，有茈，多藻，多莠，有龙须，多蒿，多椐（马鞭），有兔丝，多苜蓿，多水葱，有三棱，多蒌（荻），有茨（蒺藜），有苔。

虫：有蛟，有蜥蜴，有蛇，有蟋蟀，多螟，有蝍蛆，多螽，多服翼，多蜂，有螟蛉，多蛙（蛙），有蟏肖，有蚱蜢，多蜩蝉，有螳螂，有萤，有伊威，有莎鸡，有蟹，有蚁，多蝌蚪，有蛾，有蚕，有蛴螬，有蟫（蠹鱼），多虰蛵，多蚊，多虻，有蝼蛄，有蟭蟟，有蟦，有蛭，有蝶，有蚯蚓，多蝇，有蝇虎，多蝎，有蝎虎，多蜉蝣，有蝘。

药：有蘦（甘草），有半夏，有地黄，有牵牛，有蓄（羊蹄），多枸杞，有地骨皮，有茴香，多蓷（益母），多蒲黄，多薄荷，有艾，有募（商陆），多茵陈，有紫苏，有荆芥，有薏苡，有葫芦巴，多大戟，有小戟，多瓜蒌，有谷精草，有猪牙草，有远志，有豨签草，有蛇床子，有香附子，有金沸草（旋覆花），有麦门冬，有柏子仁，有蟾酥，有马勃，多瞿麦，有苦参，多蘼芜，有亭历，有紫花地钉，有蒲公英，有地榆，有山药（重出者略）。

货：多水产，有荷叶，多席（有蒲，有苇），有扇、有筐（俱蒲），有丝，有土绢，有棉花，有布，有麻（苘线），有靛，多菊酒，有红花，有蜜，有蜡，有油，有盐，多碱，有硝，多网罟，有蒲团。

王齐说："雄县也是乐土啊。五谷齐全，肉帛俱备，果酒嘉美，材木任用，花草娱人，药物需用，鸟兽鱼鳖可供选择，货财通达，仰观俯察，养生丧死无憾，雄县难道不是乐土吗？现在的百姓却没能得到这些而一同快乐啊。天地已经开辟，民物共存，众寡互相争夺，胜负已经体现，人口越来越多，财货却一天天减少，游荡懒惰越来越多，赋役越来越繁重，再加上豪华之争相增长、灾害之反复出现，出产有限而浪费无穷，人们的欢乐怎么会出现呢？诗云'夭之沃沃，乐子之无知'，说的就是这个。哎呀！想要与百姓同乐的人，你们应该留意这些啊。"

## 田赋第四

《雄乘》说：法令完备于周官，汉代通行平抑物价的措施，不残暴，不丑恶，国家丰裕，人民殷富，可是到了末世没有章程，上面渔利，下面亏耗，丰收与荒歉随时代变化，催收租税非常粗暴，那如何才能做得好而使百姓和国家富足呢？《雄乘》田赋。

**【户口】**

国朝，高皇帝朝，户一千七百七十三，口一万三千二百五十七；文皇帝朝，户二千三百五十七，口二万一千三百四十六；章皇帝朝，户二千二百八十三，口二万八百九十五；睿皇帝朝，户二千四百三十九，口二万三千一百九十三；景皇帝朝，户一千九百八十七，口一万九千七百三十六；纯皇帝朝，户二千五百二十六，口二万六千九十六；敬皇帝朝，户二千三百四十五，口二万二千一百四十八；毅皇帝朝，户二千二百七十六，口二万一千五百三十九；今上皇帝朝，户二千三百五十五，口二万九千八百一十（民户一千七百八十九，军户五百二十三，杂役户三十二）。

**【地亩】**

官民地一千三百二十八顷十三亩五分九厘二毫（官二十三顷四十六亩九分，民一千三百一十四顷六十六亩六分九厘二毫，养马在内）。

站地四百四十六顷三亩八分。

清宁宫庄田五百三十九顷九十五亩，在何哥庄诸处（东至小浑河，南至清河，西至黄花堤，北至小堤）。

皇亲柏氏庄田三百四十二顷五十五亩，在王村口诸处（东至苑增坟，南至军庄道，西至白塔口，北至清门口）。

马驸马庄田三十七顷六十八亩，在高庄诸处（东至贾安，南至贾奎，西至官道，北至王安）。

焦驸马庄田二十五顷，在李郎诸村（东至车道口，南至清河，西至民草场，北至横堤）。

民牧马草场，人和社八十顷七十九亩一分七厘，在县西南（旧七十一顷十四亩八分七厘，新九顷六十四亩三分。东至官道，南至河，西至黄花堤，北至大雄山）；义和社九十七顷四十八亩八分二厘，在留通（东至张成，南、西俱至河，北至田玘）；众安社一百四十八顷九十九亩六分，在龙华（东至车儿湾，南至梁王口，西至王汉口，北至堤）；宾兴社二百四十七顷五十一亩一分，在齐观（东至范增，南至牛海，西至吕贵，北至河坡）。

神机营牧马草场，在龙华诸村者，八百一十二顷八十六亩（东至茅儿湾，南至〇〇，西至〇〇，北至清河），其间不能耕种的土地七百有一顷八十亩，能够耕种的土地也有上、中、下之分；在西南诸村者，十二顷（东至黄湾嘴，南至马蹄湾清河，西至鸭子台，北至杨家口长河），其间不能耕种的土地三顷六十二亩，能够耕种的土地也有上、中、下之分。

王齐说："那地方土地分成六份，坟垆的占二份、盐碱的占一份、泥涂的占三份。"

**【赋税】**

税，麦二千三百有四石四斗一升九合八抄三撮（官四十九石四斗九升六合一勺八抄四撮；民二千二百五十四石九斗二升三合八勺九抄九撮；该征一千五十四石五斗三升五合六勺八抄二撮五圭；报效养马免征共一千一百五十二石二斗八升三合三勺四抄七撮五圭；奉户部札子，停征远年在逃未复业人户遗地不能耕种的九十七石六斗五抄三撮）。

人丁，丝折绢二百一十六匹一丈四尺五寸（该征一百七十六匹二丈一尺，报效免征者三十四匹一丈四尺四寸，停征五匹有一丈二尺）；粮粟米四千七百六十一石六斗三升九合九勺二抄九撮五圭（官一百一十四石六斗九升六合二勺一抄六撮，民四千六百四十六石九斗四升三合七勺一抄三撮五圭，该征二千二百三十七石八斗七升二合七勺六抄五撮，报效养马免征共二千三百八十石八斗一升九合九勺六抄五圭，停征一百四十二石九斗四升七合二勺四撮）。

谷，草八万七千七百六十一束六分三厘九毫九丝二忽九微五纤（官九百二十三束四分八厘，民八万六千八百五十八束七分六厘一毫，该征三万三千九百一束一分三厘五丝，养马免征五万三千八百八十一束一分二厘五丝）。

农桑，丝折绢八十三匹二丈一尺三寸九分（官一丈六尺五寸五分，民八十三匹四尺八寸四分）。

棉，花二百有三斤一十三两二钱（官一斤一十二两八钱，民二百有二斤四钱）。

站地，岁征归义、乾宁二驿及杨青所工料银一千四百四十九两七钱一分五厘。

寄养马，五百一十八匹。人户与此相称，每年按份发放，没有一定数目，也没有一定时间。

**【籽粒】**

清宁宫庄田可以耕种的土地，岁征银一千两七钱七分七厘九毫一丝四忽七微五纤。柏氏庄田可以耕种的土地，岁征银三百一十两四钱四分。马驸马庄田可以耕种的土地，岁征银七十一两四钱。焦驸马庄田低洼地，岁征鱼虾课程六两四钱。民牧马草场可以耕种的土地，岁征银四百八十五两二钱四分四厘。神机牧马草场可以耕种的土地，东营岁征银二百二十二两三钱九分五厘，西营征二十一两三钱四分。

王齐说："庄田及牧马草场等地一向低洼，水干涸了，老百姓争相耕种它们，但是种的还未收复而水又回来了，三数年来，承担代缴非常困乏，想要退回也不可能。嗐！求利未得，灾害已随之而来，这就是普通老百姓啊。"

**【税课】**

岁榷商钞三千五百九十七贯八伯八十文；鱼课钞二千一百五十三贯八伯八十文，闰年增加；户口盐钞三万七千五百八十四贯（起存各半）。

**【徭役】**

岁征南城弓兵银八两（一名）；御马监草脚夫银八两（一名）；易州山厂柴夫银八百七十六两（二百九十二名，每名三两）；抬柴夫银一百九十六两（三十五名，每名五两六钱）；皂隶银二百五十六两，有闰月加二十一两（柴薪皂隶十八名，每名十二两；直堂四名，每名十两）；府学斋夫银十二两，有闰月加一两（一名）；鄚县弓兵银十六两（二名，每名八两）；县祗候银八十四两，有闰月加七两（七名，每名十二两）；马夫银一百二十两（三十名，每名四两）；乡饮银十六两；祭品银九十八两；学斋夫银七十二两，有闰月加六两（六名，每名十二两）；膳夫银四十两；驿馆夫银八十两；雇车银二百两；府、县各项力役银共一千二百九十二两；今听差余银五百余两。

**【岁办】**

胖袄十五副六分（折银二十三两四分），瓜铁（银十五两），狐狸皮（银十两），杂皮（银二十两），翎毛（银六两三钱），皂角（银一两五分），挤乳牛连犊（银六两）。其不以时奉各部所派的，物品与数量每年递有多寡，这里不及详说。

**【俸粮】**

知县，月七石五斗（米二石二十五升，钞一百五贯）。县丞，六石五斗（米二石，钞九十贯）。教谕、训导，三石（不折钞）。典史，三石（米二石，钞二十贯）。驿丞，同典史之数。

学生，每人一石（不折钞）。司吏，每人一石（米三斗，钞四十贯）。孤老，每人三斗。其俸粮，县随县仓（驿从之），学随学仓。

## 建置第五

《雄乘》说：王公设置险要的防御工事，官府设置官吏办公的地方，郡县始建高大的殿堂，称颂仰慕，共同管理，后代相视，传舍不如，于是明部区，考察此兴废，《雄乘》建置。

**【城池】**

雄城。汉时建于太平社。东汉献帝时（瓒）迁到今治，修营垒楼橹，做铁门，周遭方圆七里，高十丈，上宽一丈五尺，下宽三丈二尺，壕堑三围，各宽三丈，深一丈。宋庆历（知州何承矩）、景德年间（李允则）又续北城，共九里三十步，等到筑外郭（即外罗城），浚濠引水，叫作雄河，其宽广都倍于旧制。国朝洪武初（知县程九鼎）曾经治理它。弘治初年（王梦贤）大加修葺，有齿形矮墙，有店铺，有守备，有巡逻；开了四条街；做了三个拱券形的门，东叫永定门，南叫瓦济门，西叫易阳门，都有门楼。南门楼有钟，控制晨昏；河流也疏浚了，比以前深广了；植柳三周，加固堤岸。正德末年（知县马纪）又治理。到了现在（知县王子麒）大加修葺，应当永远牢固了。（从前，城西南是易水奔突，北城也是□，不能通行，柳树全被豪民砍伐，河流也淤为民田。国朝张天瑞记："雄邑在古时候是易京、瓦桥，于今是保定属县。城基不平坦，池沟不疏通，街衢没有门，阛阓没有门楼，商贾没有市场，驰道不治理，居民行旅苦于经商的繁乱，受抢夺的危害，凡是过客没有不叹其寥落的。以前来管理这个城邑的，大都因为送迎政务的繁杂，没有闲暇。弘治戊申年春三月，我东昌府夏津王梦贤升主宰管理这个城邑，于是专心治理倾废，说：‘一座城邑的政事，百废不兴，难道不是我们官员的责任吗?’因此在行政施令之暇，于是写出自己心思，于是考虑土木工程，开始谋划，经营该地。装土入筐、填土入墙声轰轰，百姓不告劳苦；聚集工匠、准备财物，人们不认为是耗费。城墙平坦高崇，大概好似千仞；门楼高耸，大概好似千尺。顺着旧沟而疏决地下水，开新衢而取象井田。集市贸易恢宏，道路修理整齐，与诸如学校、仓库、桥梁、河道、铺舍、坛场之类，依次形成。从此，教养政事一天天兴起，神人之事一天天聚集，没墙的现在墙堞连连，没疏通的现在流水汩汩，没有门的现在有严密的门户锁钥，没有楼的现在栋宇峻起，没有市场的现在抱布贸丝，没有治理的现在公平正直。经商的不劳苦，抢夺的被平定，平坦的道路，有不拿梃杖而走的了。城中的士民全都称赞王梦贤伟大的政绩，而喜欢王梦贤做出的成就。大概从开始工作到结束，不过一年罢了。城中有不忘王梦贤的德政的，于是带着礼物来到京师，嘱托我记述他的事迹。啊！学习不担心没有本原，而担心没有效用；不担心不变，而担心不通。我的确该辅助他，学问的济用，才能的疏通，果真如此的话，确实是可以夸赞的。详细写出他的事迹，以告于将来。”又有诗：“古雄城废几经年，半是人家半是田。”又有诗：“三门鼎峙严开阖，百雉城成定市廛。”

**【公署】**

抚按察院（行台），在县治前的左边，中间是帅正堂，后面是中堂，前面是台，是墀，是东、西序，是仪门，是门。中堂

东边是吏舍，西边是厨房。门外面有屏藩，左边是总铺，右边是官厅。（门子四人，司键。正德年间知县易鸿重修）

太仆寺（行台），在县治的西北，与察院相比规格稍微降低。（门子二人）

府署，在县治的北面，形制如太仆，而深邃比不上太仆寺。（门子二人。正德年间易鸿创建）

**【县治】**

县，在城东南角，即州治原来的地方。它中间是明新堂，东边是幕厅，西边是銮驾库。后有轩，有门，有子来堂。子来堂东有雪舫斋（今圮），有望楼；后面是知县宅。銮驾库的西边是县丞宅，东边是门。门北有空地，是马厩。幕厅东边是崇积库楼。楼南是典史宅，门经过承发司南。明新的前面是露台，是墀；左边是吏、户、礼房，是架阁库，是承发司；右边是兵、刑、工房，是马政科。墀前是御箴碑亭。亭左右是庄田，至石；前是仪门，门的东面是土地祠。祠南边是养廉仓，东边是吏廨。仪门前面是县门，外面是榜房。仪门之内、马科之南，是监狱。[周显德六年（959年）创建；洪武年间谢九鼎重建；天顺年间知县曹文昌、成化年间知县刘杰增修；弘治年间知县党琛、陈言，正德、嘉靖年间知县王显、易鸿、谢九仪和现在的王子麒都修葺过]

官：知县一人（掌印），县丞一人（管马）。

幕：典史一人（户兵、司吏各一人，六房典吏六人，都主文书；承发科吏一人，主承发公文；马政科司吏一人，掌马；里长一百九十人，每年十九人，主里甲赋税；书手三十一人，主造册；群长每年十四人；医兽五人，主马；门子四人，司键；

皂隶五十六人，司朴；快手二十人，有马；民壮八十七人，都主警；祗候九人，主候；马夫十人，司厩；禁子五人，主狱；吹鼓手十六人，司乐；匠役二十八人，各自执掌技艺）。

**【学校】**

学校，在县的北面。元朝时在学校的东北叫夫子洼的地方，洪武八年（1357年）（程九鼎）改创。中间叫“明伦堂”，堂壁刻御制卧碑（一通）。堂前是礼庭，其东叫“明德”，西叫“日新”，两斋相对，斋南各有号房（七楹）。堂的两翼，左边是祭器库，右边是养贤仓。堂后是教谕宅。宅的东面是镜堂，有翼，有轩，有明远门（王齐创建，今王子麒重修，用来考核众多士子）。礼庭的左右各有科贡题名碑（二通）。其南是今上敬一碑亭（碑七通）。亭的前面，遵照文庙之后，趋西往南有训导宅（二座），趋东是仪门，直南是庠门。门之内，由东有射圃，中有观德亭；门之外，有屏，有坊，东叫“泮宫”，西叫“儒林”。[它的形制，广二十八丈，长七十丈，四至直方，三廨都通瓦济。景泰年间文昌，天顺年间嵩，弘治年间子坚，正德年间马纪，嘉靖年间易鸿、谢九仪，都加以整饬。比如敬一亭，就是县丞王俸建的，今王子麒修葺，按照前面的样子修缮完备，所以士人大多在安宁的处所完成学业。大梁杨东山《镜堂记》：“雄县县学明伦堂之东有僻地。新蔡王子元修布施教化学生的第二年，构建堂室三楹，名叫‘东堂’，大概是游息潜修的场所。落成的时候，宾客有个献方镜的，镜宽一尺许。元修嘉许他有自照之意，就更换堂的名字为‘镜堂’，于是自号‘镜堂主人’，赋诗刻在墙壁上，体现取名的由来。后二年，在涿鹿遇见了杨东山，讲述了堂已建成和它的所有，嘱托记录它。杨东山说：

‘太厉害了，王元修的喜好真与众不同啊！’君子的喜好不同，他们的情致未尝不一样。为什么呢？喜好是情感的抒发，一致是理性的归宿，情感背于理性，不合情感的喜好，其道理蕴含在法则中，君子知道这些。现在元修在雄县施教，用镜给堂命名，而主人在这里有自新、新人之意，这是君子以身作则的榜样啊。如果自己不明白就无法使别人明白，本体昭明了，则虚含灵感，发启幽深玄妙的哲理，天下的事务，不是应该这样吗？这王元修的喜好，其源自这些道理啊。至于主人在堂，堂大概就是客了。过去听说王元修在关中主持考试之事，说它的主人在外为客，稳坐于堂的不正是它的主人吗？等到元修从西边回来登上堂，客与主人又相会，堂本来就成为这样的处所了。然而时光倏忽流逝，世事纷杂错乱，这是世事的平常；事物变化转移的长久与短暂，这是时间的定数。要求主人不成为客，而客人不永久成为主人的情况，很少啊。这王元修的喜好，在这几方面昭明了。堂的南边面壁庄栗，西面岩石远远对峙，石径通桥，曲水环合。前后桃李数株，春华夏实，鲜艳硕大。丛菊茂竹，姑且能够抗风霜、挺劲节。而元修置琴剖樽，颂《易》赋诗，俯仰长啸，神交千古，有振世化俗、高涉逖览的志向。元修的喜好，不叫奇异，那还叫什么呢？于是王元修惊惧地谦逊说：‘杨子劝勉我了，希望把这些话写在堂上，希望能告谕二三人。’”王齐的《镜堂嘉会记》：“嘉靖壬辰，易水中秋，一年的农业丰收、安乐富庶，风物都美，王子安闲地坐在镜堂，同僚朋友已经来到，青少年在列，谈论孔孟，歌颂羲皇，鸣瑶琴，赋赓歌，孤鹤在高高的云间飞翔，进献巨蟹佐以新酿的酒，金石交宣，欣对不尽。不久，月光照在庭院的槐树上，露珠在园中花上晶莹闪亮，抚摸时光的易逝，慨叹嘉会的无常，人生短促，名声悠长，各自勤勉简素。于是诸子祝寿，祝愿善终，请求著述儒家经典，永久展示在学宫，王元修于是就用笔墨记了下来。《会典》按爵位排次序，爵位相同按年龄排序。官僚四人，宾友三十人，门人一百一十九人。”这些都记载在诸石上。（补）王齐的诗：“古坛双树懒仙家，更筑东堂远俗哗。石径叠桥流曲水，瓦盆移土种新花。青山抚卷看云起，黄鹤听琴送日斜。数爱高人留（刘）白堕，故邀明月照乌纱。”]

官：教谕一人（掌记），训导二人（学生二十人，增广生二十人。附：学生不设置名额，唯其人。凡是学生，每年一人免除四人赋役。司吏一人。门子三人。养贤仓斗级四人）。

**【属】**

归义驿，在县的西边原来归义县的治所。有中厅，有左、右厢房，有前厅。厅东是厨库，又东边是公廨。西边是仓房。前面是中门。门西是马神庙。外边是鼓楼（洪武年间九鼎创）。驿丞一人（掌记吏一人；司候库子二人，主铺陈；斗级二人，司贮；馆夫八人，司谷；马驴夫一百一十三人，司乘；草脚夫一人，司喂牲口。土民马上、中、下等五十三匹；南马三十六匹；驴六十头。大小铺陈一百一十三床，以馆宾旅。大小什物七十七件，以备晴雨）。

递运所，在木厂街，大使一人。

河泊所，在马务，河泊一人（俱洪武年间建，天顺年间裁革）。

阴阳学，在县的西边，训术一人（掌记。洪武八年建，阴阳生五人，都主日）。

医学，在阴阳学的西边，训科一人（掌记。医生五人，都主医。阴阳、医生都以市人充任，不闲本业，给予役使罢了）。

僧会司，在观音寺，僧会一人（掌记）。

道会司（阙）。

社学，在预备仓北边，有养正堂，有礼庭，有门垣。其十二社、七屯之学，各随它所在的地方（教读，如社屯之数）。

旌善亭，在县的南边。

申明亭，在县的西边，有亭，有门（弘治年间梦贤、正德年间冕重修。老人十九人，木铎老人五人）。

**【仓库】**

养廉仓，在县内（每年储备县粮，今圮。老人一人；斗级二人，司守）。

预备仓，在县的东南，有粮厅，有廒，有门，有垣（洪武辛未年，奉工部札子建。弘治年间王梦贤、子坚，典史李从宽增修。老人一人，斗级五人）。

养贤仓（见《学校》）。

驿仓（见《驿》）。

鸾驾库，在县内（贮存仪仗。仪仗五十二，天丁六十二，冠、袍、带一并如其数）。

架阁库，在县内（架案牍册籍。典吏一人，主籍）。

崇积库，在县内，有台，有楼（嘉靖初年，县丞锦建，贮存贡税、粮课、罚赎诸金币。库子二人，司藏）。

驿库（见《驿》）。

草场，在太仆行台的西边（约五十亩。脚夫二人，司草）。

**【铺舍】**

急递铺五个，叫总铺（在察院东），叫郝家庄铺（南十里，达任丘），叫王克铺（北十里，达新城），叫杨定铺（西十五里，达容城），叫郭庄铺（东南三十里，达文安），都有堂、有亭、有舍、有门垣、有墩台、有守（铺长，司吏一人，铺司五人，铺兵三十八人）。

冷铺十个，都在城内外（设具以御水火、盗贼。总甲十人）。

**【堤桥】**

堤，叫杷头堤，西自安州、新安，经县南，绕崔村、马务而东，长二百余里（相传修筑以捍水，可以行车，也叫“直道堤”）；叫大堤，其大谢、王槐、西杨、东杨、东赵都有大堤；叫黄花堤，在西南（多黄花）；叫沿河堤，在大阴；叫万柳堤，在县南，即今天的道路［杨士奇的诗“雄县城南水没路”就指这个。后来梦贤修缮它。自从正德十二年（1517 年）发水，老百姓为了便于摆渡，桥梁和道路都决开了。易鸿创修，高五尺，阔五丈，种植万棵柳树加固堤岸，所以用万柳堤命名。（补）王齐的《冬日城南》诗：“危桥叠岸逐江斜，风急途长走白沙。天作米花横百里，岁收菰米度千家。田翁日傍鼋鼍宅，驿吏星回驷马车。忍听诛求来野哭，谁将此景献重华?”］。

王齐说：“关南路实为要冲，人们说过去没有堤、桥，当时四面都是苇乡，泥途屡次被撑船的人所毁坏。易鸿建桥筑堤，十里如画，百姓至今思念他。啊！桥梁、道路，官府的职责。这之前之后没有官府吗?易鸿仁义之人啊！易鸿，仁义之人啊!”

桥，叫瓦桥，即旧关（洪武年间九鼎创，嘉靖年间易鸿重修。魏纶的《瓦桥夜月》诗："银蟾东转海天凉，十二栏干夜未央。睡熟长鲸金作背，归来仙鹤雪为裳。宝珠落水骊龙戏，药杵敲云顾兔忙。试问汉家题住客，终惭商代济川航。"）；叫草桥，在县南三里（洪武年间九鼎创，今废）；叫新桥（六），都在县南路，草桥的南边，易阳的北边（嘉靖年间易鸿创。设船户三十五名，防守盗决。刻石吕公祠前）；叫吕公桥，在吕公祠后（永乐年间知县赵鲁创，嘉靖年间易鸿重修。设船户十名，防守。有碑）；叫北店桥，在北关的北边（天顺年间知县秦纮创建，今圮）；叫王克桥，在本铺的南边，横渡白沟（年久荒废，正德年间马纪重修）；叫王家桥，在本台；叫任家桥，在本台（正德年间百姓任昇修，今废）；叫施家桥，在县北三里（天顺年间知县周嵩创建，今废）；叫王黑桥，在本营；叫侯留桥，在本村（天顺年间周嵩创建，今废）；叫孤庄桥，在本庄；叫东作桥，在永定门；叫西成桥，在易阳门（东西俱正德年间马纪创修，今废）；叫永通桥，在县西一里，横渡白沟（景泰年间知县曹伟创建，正德年间马纪、易鸿都重修）。

**【武备】**

教场，在永通街的南边，有阅武堂，有将台，有垒，有射侯，有讲武坊（每年掌操官率领专管缉捕的差役在其中练武，听从知县劝勉惩戒）。

《雄乘》上卷完结。

# 下 卷

## 礼制第六

《雄乘》说：唐尧虞舜的兴起已经非常遥远了，周公孔子不再出现，礼乐崩坏，政俗衰败平庸，我朝上天开启，纲纪陈列，经世之才就出现了，万民有了永久的法度，况且雄县近郊，观察法度没有变更，阐述过去的典章，作为征验、准则，《雄乘》礼制。

**【公仪】**

圣诞、冬至、正月初一，知县率领僚属设置仪式，穿着朝服，先一日，在天宁寺练习礼仪；至日，在县里举行。

朝贺礼，如制（由县官祝祷）。

开读诏敕，知县率僚属如同朝贺仪一样行礼，如制。

新官上任，先一日，到城隍庙行斋戒礼（如果没有斋所，就宿公所）。至日，祭祀城隍。完毕，到县，祭祀门神。完毕，准备公服，行谢恩礼。完毕，公座。完毕，穿便服，行参见礼。完毕，告谕僚属。签署公文，于是款待官属、父老。

鞭春，每年立春先一日，县官率众到东郊迎春，赴春宴。至日，候其时，县官穿着朝服，率僚属行鞭春礼，如制。

日食，知县率僚属，穿着朝服，在县里敲鼓，举行救日礼。

月食，穿着常服，行礼如日食。

**【祀典】**

文庙，在明伦堂的前面。左为东庑，右为西庑。东庑北有便门，通到学堂。庙前是露台，是庙门。门的东面有旧文昌祠。前面是杏坛，也有很多桃树、李树。再前面是棂星门（洪武年间程九鼎创建，成化年间县丞王瑄重修，今王子麒大加修葺，门庑都是新的）。祭祀孔子，配四子和十哲，从祀诸子及汉、唐、宋、元诸先儒。祭祀在春天的二月、秋天的八月的上丁日举行，这已成为制度。每月朔、望日，县官率师生早晨在那里参拜（文庙门子一人，每月香烛、米三斗）。祭器库，见《学校》（库子二人，管理祭器铜爵一百四十个，易鸿设置）。

启圣公祠，在学校中，祭祀启圣孔公，以先贤颜无繇、鲁点、孔鲤、孟孙氏配享，以先儒程坰、朱松、蔡元定从祀，也在上丁日先举行祭祀（门子一人）。

社稷坛，在北关西南。中间是坛。用石作为神的依托，朝向北方。四周为垣墙。南边是门。坛的西边是斋所，有库、有厨（厨、库现在已圮）。祭祀县社、县稷之神。春二月、秋八月上戊日，供奉神主来祭祀，这已成为制度（门子一人，从事洒扫）。

风云雷雨山川坛，在草桥东南，其祭祀制度如社稷坛。祭祀风云雷雨之神、本县山川之神、本县城隍之神。春、秋接着社稷坛供奉神主共同祭祀，这已成为制度（门子一人）。

邑厉坛，在北郭内，门、垣都没有。每年清明、七月望日、十月朔日，先期牒告城隍之神主持祭祀，到日期供奉神主，文告中无祀的鬼神分别祭祀它们，这已成为制度（门子一人）。

里社坛，人和坛，在东赵；义和坛，在东槐；利人坛，在平王；太平坛，在赵村；进福坛，在神堂；庆丰坛，在张哥；丰乐坛，在小王；众安坛，在上村；进贤坛，在洪城；宾兴坛，在留镇；福顺坛，在龙华；安宁坛，在小姑；民歌等七屯的坛，在任家台和易阳门外。各乡人在春、秋上戊日集会，祭祀他们那里的社稷之神。

乡厉坛，在各里社坛的旁边，各自祭祀其乡无祀的鬼神，日期同邑厉坛。

城隍庙，在牧厂街的后面。有堂，有后堂，有东、西序，有翼室，有中门，有门当，无像，今有像（侍吏、从者也有像）。每月朔、望日去参拜。

名宦祠，在学内射圃前的左侧，中间是崇德堂，门、垣都齐备。祭祀宋代河北沿边安抚使李允则、本州团练使何承矩，国朝知县程九鼎、秦纮、王梦贤、马纪、易鸿，教谕王继禄、魏纶，各一坛（门子一人）。

乡贤祠，在名宦祠的右边，中间是考德堂。祭祀国朝太子少保、都察院左都御史刘观，南京兵部尚书侯瓒，太子少保、户部尚书侯观，各一坛（门子一人）。

名宦、乡贤，春、秋继山川坛之后致祭，其祭祀的丰富和洁净程度随县之适宜的情况，而把礼仪放到家礼、祭礼中（大都每祠一只羊、一头猪、水果十种、蔬菜十种，酒如其神的数目。这些都是王子麒修的）。

王齐说："祭祀法则有五种，对百姓执行法度、努力王事而死、安定国家有功、能防止重大灾害、能抵御重大祸患，就祭祀他；又有在东序祭祀先贤、在社祭祀乡先生的意思。这就是名宦多论功、乡贤多论德，而功德兼备的又是必须祭祀的。至于雄县的名宦符合祭祀法则的，只有九个人罢了；乡贤，三人罢了；而张叔夜、陈复初、王庸、胡斌，另祭祀他们。《官师》

《人士》可以详考。有人说还有可以祭祀的，不只不可信，并且不可考证。”

双忠庙，在白沟，祭祀宋代张叔夜、国朝陈复初，这是二公死亡的地方，春、秋继名宦祭祀（今王子麒修建）。

孝行祠，在易阳门内，祭祀元代孝子王庸，春、秋继乡贤致祭［嘉靖十年（1531年），王齐请提举陈中川公修建］。

王齐说："忠孝，是人的天性。王庸，生非其时，不能为官，隐居侍奉长辈，独独保全了他的天性，是元代的孝子，不是今天的忠臣吗？这是应当祭祀的，给那些没有天性的人做表率。"

义行祠，在瓦桥关外，祭祀义士胡斌，祭祀日期如孝行祠（知县谢九仪修建）。

马神庙，在太仆行台的左边，有堂，有门，用来祭祀马祖之神。每年春、秋上戊日，管理马匹的官员率领群长准备牲帛祭祀。

八蜡庙，在易水的西边。县官准备牲帛祭祀，如马神庙的日期。蝗虫出现时祈祷它。

龙王庙，在小雄山上。干旱时县官祈祷它，应验的就像回声一样。

河神庙，在大雄山的后面。发大水时县官祈祷它。

土地祠，在县内。祭祀时间、祭祀物品一并如八蜡庙。

旗纛庙，在教场（今圮）。每年霜降日，管操官准备牲币，率领差役祭祀它，文职不参与。

**【乡仪】**

乡饮酒礼：每年正月望日、十月朔日，县官到明伦堂举行，如制。

乡射礼：我考察，古礼多不能实行。今《会典》记载，洪武初年，奉礼部札子，令生员每天讲完后练习射箭，府、州、县官办完事情后也练习射箭。朔、望日按照程式行射礼。八年（1375年）四月，改令每月上旬练习射箭三天，下旬也这样。二十五年（1392年），重定射礼程式，朔、望日以提调官主射。永乐三年（1405年）七月，又申明它，周旋曲折，简便易行。王齐曾经以今为准，斟酌古制，参校订正今射礼仪节，在春、秋二仲月举行，遵照当时的制度。

冠礼：将要加冠的诸生，向县里说明，在学校练习，在家中举行。

婚礼：举行婚礼，与家礼不完全相符。雄县人虽然不论财物，但女家妆奁也太奢侈浪费，不可不戒。

祭礼：士大夫间有实行的，如同家礼，也有不同家礼的。我在当时祭祀，一定率领诸生行之，让他们作为观礼的人。

丧礼：士大夫间有效家礼实行的。民间大多崇尚阴阳，供佛，给僧饭食，须严厉禁止才停止。

**【恤政】**

养济院，在易阳街西边，中有室、有亭，外有门、有坊（洪武年间程九鼎修建），用来供养百姓中老而鳏者、寡者、独者。只要是这类人，不限数量，每月有粮食，每年有薪柴，每季有布帛，冬天有棉，生病有药，死亡有棺。

惠民药局，在易阳街东边，有室，有坊（洪武年间修建，弘治年间王梦贤重修）。

义冢，在城西半里，约三亩许，有垣，有林木，义士胡斌用来收葬死了没有归处的人，符合礼仪。

**【刑法】**

附：县有狱，有卒，有笞，有杖，有讯（竹板），有枷，有杻，有缧（或以铁），有镣。视囚犯罪责的轻重，分别安排他们的寝处。生病的、挨饿的、寒冷的，一定治疗而喂养他们，给他们衣服穿，按时洒扫。门钥、刑具系扣，不能不严密。

雄县人的诉讼，有田宅，有钱粮，多户役，多人命，多斗殴，有婚姻，有盗贼，多诉讼，有不孝。凡是诉讼轻的，县里接到后自己拟定；重的，必上达于府，向抚按请示（行台），详转给刑部，而后按照拟定处理。

王齐说："刑法不是国家乐意施行的，而世降民风浅薄，不可不谨慎。曾经见到现在掌管百姓的不能使刑罚严明却说慎用刑罚，不知严刑却说减省刑罚，致力于虚名而丧失实质，恃怙凶暴、施惠奸邪，杀人者不死，而伤人者不抵偿，犯罪伪诈一天天增多。嗐！这是掌管百姓的人的首要职责吗？先民有言，'不肉刑，不三代'，又说'治世刑重，乱世则轻'，的确有这种情况啊！嗐！严明刑罚辅助教育，即使尧舜周公孔子时也不废除啊，所以把刑法附在礼制的最后面。"

## 官师第七

《雄乘》说：雄县在乱世，将帅、牧守并列，文献没有考证，勋名没有依托，纪纲由天开启，政治教化日新，于是有了甘堂遗爱，有了堕泪碑，耳目所接触的，臧否仍可稽考，承袭鲁国的历史，用来流传鉴戒，《雄乘》官师。

**【抚臣】**

宋朝——

刘福，下邳人。刘福魁岸，有力气，因为功劳升迁雄州防御使。到了属地，巡视城池防御工事，抽调镇守的兵士修缮加固工事，拿出自己的钱充当宴享犒劳的费用。敌寇虽然大规模进攻，但可以依靠而不必畏惧。刘福虽然不学习，但为政简单，治理下属有方法，在州五年，州郡边境安宁平靖，升迁梁州观察使。（《一统志》及《淮安志》）

何承矩。开始执掌州事，诚心对待治理百姓，与他们同甘共苦。首先提出屯田的建议，老百姓依赖他并得到好处。边境百姓有报告机密大事的，承矩真诚接待，没有任何猜忌，所以契丹的动静都能提前知道。后来拜为本州团练使，因为轻佻自专行事，失守防御本体，何承矩请求解除边任，于是罢免了他。（《一统志》及《纲目》）

李允则。景德初年，真宗凭借与契丹新定和议，雄州的守备难定其人，召宰执讨论这件事，宰执首先推荐李允则，群臣都说他的才能堪当此任，于是就有了这个任命。第二年，开始设置河北沿边安抚使，就让李允则担任。李允则在雄县十四年，河北已停止了战事，然而修治城垒没有停止。契丹皇帝问他的丞相张俭说："听说南朝修城备，难道不违背誓约吗?"张俭回答："李允则是雄州的长官，不值得怀疑。"过了不久，有人以此进言，诏令诘责他。李允则上奏说："当初通和时，不马上修缮治理，他日如有倾颓倒塌，又怎么敢动?因此而废了守备，我担心契丹的本性不可测。"皇上认为他是对的。城北原来有瓮城，李允则想要将其与大城合为一体。先建东岳祠，拿出黄金一百两作为供器，在道路上鼓动、宣传，居民争着献金银。过了很久，密探自行撤去，此时李允则声言有盗从北边来，于是下令捕盗，三次发移文给北界。于是兴建版筑，扬言保护东岳祠，而马上建起关城，疏浚沟壕，筑起半月形的堤防。从此，瓮城的人全都被收纳进城中。每年修禊祭之事，召集界河战船开展竞渡比赛，放纵北人游观，暗中寄寓水战。州北面旧设陷马坑。城中造楼为侦察之处，能望十里，自停止战事以来，没有人敢登上此处。李允则说："南北既已讲和，哪里用得着这个呢?"下令撤楼，平坑作为各军的菜圃，挖浚水井，疏通田间水道，开列畦垄，修筑短墙，纵横其中，种植荆棘，这地方更加能够抵御危险。趁机治理街道里巷，把佛塔移到北墙上，州民早晚登上，远望三十里。下令安抚司管理的地方，有空地就全都种上榆树，时间长了，榆树满塞下方。上元节过去不燃灯，李允则张灯结彩，聚集优美的音乐，使百姓尽情游玩。第二天，侦察的契丹首领想要秘密进入城中观看。李允则与同僚在郊外伺察，果然有穿紫衣的胡人到了。这一晚，李允则与胡人一起住进传舍，不交谈，让妓女出来侍候在左右，痛饮而罢，并且安置胡人所乘的骡马在廊下，让他逃走，这人就是幽州统军。几天后，他就被契丹杀死了。李允则曾在军中宴饮，田仗库着火了，李允则作乐行酒不停，副使请求救火，允则不回答。一会儿火熄灭了，允则命令全部掩埋所焚之物，秘密派人持檄文到瀛州，用茶笼运武器铠甲，不到十天，兵器几次就被运完了，没有人知道。枢密院请求审判他不救火的罪状，皇上说："允则一定有说法，姑且问问他。"允则回答："收藏兵械的地方，警戒防火非常严格，正饮宴时却焚烧起来，一定是奸人为害，救火的话，事情或许会有不测。”又逮到胡虏的间谍，允则解开束缚他的绳索，丰厚地礼遇他，间谍因而交出刺探到的沿边金谷兵马数量的情报。允则说：“你所得到的是错的。”于是召呼主吏，把书册所记实际数目的文书给了他。间谍请求加封印。允则因此赐予他丰厚的金钱，放他回去了。不久，他又来了，归还所给的文书，封印如故，反而把胡虏的兵马财力、地理远近等情况告诉了允则，以此作为回报。一天，有百姓上告被契丹人打伤而契丹人逃跑了，允则不处理，给予受伤的人两千钱，众人以为允则胆怯。过了一个月，幽州以这件事诘问允则，允则回答说没有。大概其他间谍想拿打人的事来质验允则，得到这个信息，认为是假的，于是杀了那个间谍。云翼的士卒有逃跑到胡虏中的，允则发文督促归还，契丹报以不知他们在哪里。允则说：“在某处。”契丹惊骇，不敢隐藏，马上归还，允则就杀了这些逃兵以彰显军规，后来就没有逃跑的士兵了。

蒙斋袁氏说：“将帅以有真才为重，以善于谋略为主，有才而无谋，不足以称为真才。李允则守卫边疆，胸中的谋略越出越奇。担心胡虏怀疑我们，就扬言保护东岳祠，修城筑防。引水作为石桥，聚舟来比赛，寄托水战。撤楼平坑，种植榆树阻塞下方，为的是设置险固。上元节旧不燃灯，特地结彩张乐，使百姓尽情游玩，为的陷害胡虏将领。不救火灾，密运器甲，弥补所焚烧的，为的是安定人心。这些还是简单的才能，不足以看到他的奇异。胡虏派遣间谍刺探我方兵力数量，而能使间谍转而为我方所用，此一奇；胡虏殴打我百姓，将要以此为质，我方能避其锋芒而用之，又一奇；云翼士卒逃往胡虏，胡虏以不知所在为托词，而允则指言某处，运智如神，又一奇。天下多事之秋，假使寄寓在外的将帅都如此善于谋略，就可以宽心代替忧虑了。虽然设谋易，但用谋难；自信易，但被皇上信任难。李牧放纵匈奴屡次侵犯赵国边境，而最终不肯出战，谋略虽好，然而他所做的就像在养寇。陆抗和羊祜边境交和，谋略也很好，然而他所做的就像在卖国。必定也有上级的宽宏大度，听凭其所做而无掣肘的担忧，那么谋成而功立；不然，信任不专，谗言乘虚而入，所以阻碍其谋略的太多了。我所以竭力取法李允则的善于谋略，而又三叹皇上的善听啊。”

王勔，康定年间为经略安抚使，抚安雄州之地四十余年。（《纪圣实录》。东坡的《次韵王雄州还朝留别》诗：“老李威名八十年，壁间精悍见遗颜。自闻出守风流似，稍觉承平气象还。但遣诗人歌杕杜，不妨侍女唱《阳关》。内朝接武知何日，白发羞归供奉班。”老李，指的是允则）

汤怀敏，仁宗庆历中期内侍，治水有功。

耿南仲，高宗时担任节度副使。

金朝——

李瘸驴，大安年间担任中都西路经略使，抚安雄州之地。（《郡志》）

张甫，贞祐年间受封高阳公，镇抚雄州。（《纲目》）

元朝——

徒单公，皇统二年，以昭武节度使抚安雄州。

完颜公，以昭勇节度使抚安雄州。（俱《均乐亭记》）

王齐说：“抚民之职，不易称扬。这里像李允则，本是不可及的。刘福、王勔，考证诸《志》，则说‘郡境宁谧’；考证诸《诗》，则说‘承平气象’。宋朝时的雄县是与夷狄间的屏障，得到宁谧，得到承平，老百姓得其所啊，可惜史书记载不详。刘福啊，王勔啊，他们称职啊！像何承矩、汤怀敏的阻水之功，又怎能掩盖呢？说到李瘸驴、张甫、徒单公、完颜公，都是夷狄的大臣，应该略去却没有略去的原因，有事于地方，不容都略去。”

又说：“《郡志》记载，五代王思同调动镇守雄州、武州，曹元忠为归义节度使。我考查《五代史》和《纲目》及《一统志》，王思同为雄武节度使，注‘雄武在敦煌故地，今秦州’，也没有调动镇守雄州、武州之说；而归义，注‘也在沙州’，何况宋朝的归义县以前已改归信县了。二人的错误无疑，因此削去了他们。”

**【守将】**

汉朝——

公孙瓒，字伯珪，辽西令支人。献帝时担任骑都尉，讨伐渔阳叛贼有功。后杀刘虞，全部占有幽州之地。凭借他的才力，不体恤百姓，只记别人过失而忘记别人好处，睚眦必报，于是就被鲜于辅等打败了。因为童谣，调动镇守在易县，建造城池而稳固自己，号称“易京”，与武遂黑山贼张燕联合在一起发动叛乱。之后六年，被袁绍打败，公孙瓒自焚而死。（《纲目》及《后汉书》）

唐朝——

刘仁恭，能够挖地成穴以攻打城池，在军中号称“刘掘头”。开始时是李匡威的将领，后来投奔晋王，晋王让他担任幽州留后，攻取了沧州、景州、德州三州。他向昭宗请求任命，昭宗不答应，但让他的儿子刘守文担任横海节度使。后来朱全忠攻打沧州，刘仁恭于是就调遣境内军队驻扎瓦桥，又向晋王求救。晋王攻打潞州，梁军解散而去。刘仁恭所在之世多变故，他极尽奢侈享受。儿子守光杀了他的妾罗氏，仁恭大怒，于是被守光囚禁，随后被晋王消灭。（《纲目》及《唐史》）

杨仁晸，庄宗时担任魏博节度使。同光四年（926 年），他率领军队防守保卫瓦桥。过了一年，被取代回朝，到了贝州，部下士兵皇甫晖叛乱，劫持了杨仁晸，仁晸不顺从，于是就被杀害了。

赵在礼，以效节节度使之职辅助杨仁晸戍守瓦桥。被皇甫晖胁迫，反过来攻打魏州。直到李嗣源即位明宗，调派镇守横海、泰宁、天平，所到之处，邸店罗列，积资巨万，人们都痛苦地把他作为“眼中钉”，寻找“拔钉钱”。

王晏球，字莹之，洛阳人。当初被杜氏收养，随杜姓，后恢复本姓。梁太祖选良家子中有才能武艺的人安置在帐下，号称“厅子都”，晏球被任命为厅子都指挥使。后来投降了后唐，庄宗赐姓名叫李绍虔。同光四年，与段凝、房知温率领兵士驻扎瓦桥。王晏球有机略，善于安抚管理士卒。后来担任招讨使，大败契丹军队，横刀弃甲六十多里。中国之威大振，从王晏球开始。

段凝。当初，其妹为梁太祖的美人，所以亲近、相信他。末帝昏乱，段凝依附赵岩，为奸行贿，抢夺了王彦章的功劳，于是代替彦章成为招讨使。不久梁灭亡，段凝率精兵五万投降后唐。又因伶人景进并贿赂刘皇后，以求得恩宠。庄宗赐其名李绍钦，让他担任泰宁节度使，率军驻扎瓦桥。明宗即位，被诛杀。

房知温，字伯玉，兖州人。开始时担任随军指挥使，后庄宗赐名李绍英，率军驻扎瓦桥。李嗣源反叛，房知温首先驱马投奔他。到了李嗣源即位，房知温被封为泰宁节度使。从此历镇天平、平卢、卢台。在所镇守之地大量敛财于百姓，积财巨万。之后废帝即位，封他为东平王。他死后，他的儿子房彦儒全部献出积财，被拜为沂州刺史。

李彦饶，就是符彦饶。同光四年，担任指挥使，来戍守瓦桥。已出发到魏博，当时汴州军叛乱，又返回讨伐平定了叛军，才开始戍守瓦桥。

杨光远，字德明。当初是庄宗的骑将，明宗时担任马步军都指挥使，率军戍守瓦桥，以治理得好而著称。后晋高祖授其宣武节度使，镇守平卢，封东平王。出帝即位，拜他为太师。谋划作乱，召契丹入侵，出帝派遣李守贞讨伐他。其子承勋想要投降，杨光远不从，承勋劫持并幽禁了他，派遣使者捧着表奏待罪，于是被李守贞诛杀。召入夷狄，成为后晋最大的祸害，灭掉晋氏，使中国创伤三十余年，都是杨光远打下的根基。（俱《纲目》及《五代史》）

宋朝——

郭进，镇守雄州。太祖令官府在御阶之东造房屋，赐给他，让他像自己的儿女一样尽情享用。官府说：“不是亲王、公主，照例不能用。”太祖大怒，说：“郭进为我抵御契丹十多年，使我不担忧西北，难道不能比肩我的儿女吗！”最终让他享用之。宅第建成就赐给了他，郭进多次推辞后才敢接受。（《石林燕语》）

刘延庆，宣和四年（1122 年）驻扎雄州。（出自外传）

辽朝——

姚内斌，是契丹将领，驻守瓦桥。后来周世宗亲征，遣赵匡胤先破关，姚内斌投降了他。（《纲目》）

周朝——

陈思让。周世宗因瓦桥关刚刚收复，改为雄州，命令陈思让戍守它。（《纲目》）

焦赞，镇守瓦桥关。（《一统志》）

元朝——

达朵儿只，元朝时以副枢之职据有雄州。让乡人王成、杜茂担任团练、千户，依仗权势横行霸道虐待百姓，老百姓负担沉重，无法生活。（刘德和墓碑）

国朝——

杨松。建文年间，让杨松担任都督总帅，率兵八千戍守雄县，后来被燕山副千户朱能所捉，不屈而死。

潘忠，是杨松的副将，同时被捉。（俱见杨士奇撰朱能碑）

王俊，永乐中期担任云川卫指挥。

王齐说："杨仁聂有节操，杨松与潘忠正直。为将而正而节，光明正大，史册生光，君子难道没有收获吗？说到公孙瓒、刘仁恭而下，到五代、金、元之人，贼害，叛乱，暴虐，贪婪。以贪虐叛贼之人，可作为将领吗？只是虎狼罢了！这就是虽然有王晏球、李彦饶这样的功劳，也不能自赎啊，其他的还有什么可说的啊！"

**【知州】**

南朝陈——

沈敦悦。（见《陈书·沈不害传》）

南朝梁——

袁正辞，庄宗时拜为雄州刺史。（阙）

南朝宋——

李纬，治理军队非常严格，不从事供过客食宿、车马处所方面的事情。积攒公使钱贮米三千斛作为调节米价的方法，上奏朝廷，颁下他的方法让他州效仿（《一统志》）。

孙全兴（阙）。

贺令图，贪功生事，轻狂而无谋略。太宗时，贺令图与其父怀浦首次谋划北伐，一年之中，父子都失败了，天下笑之。（《纲目》）

高继勋。当时契丹兵在燕蓟打猎，巡夜的士卒报告“有兵进入劫掠”，边境州郡都惊慌，高继勋预料不是这么回事。不久，渤海人叛变契丹，在两边界进行劫掠。（《一统志》）

安守忠。曾经与僚佐宴饮，有军校图谋变乱，守门人仓促来报，安守忠言笑自若，慢慢地对客人说：“此辈是酒狂罢了，擒拿他们就行了。”人们佩服他的胆量。（《郡志》）

张利一。当时辽人拉两属之民当兵，百姓不堪其辱，张利一招徕他们。有大姓之族将整个家族向南迁徙，慕名而来的达到了二万人，张利一于是打开粮仓赈济抚恤他们。

张昭远。正赶上大雨，陂塘之水大溢，张昭远勒令军队筑长堤保卫要冲。

葛怀敏，恩德信义使大家和洽悦服，贼寇不敢进犯。改任沧州，士民拦阻挽留，数日之后才能离开。

赵滋，开封人。其父赵士隆，是邠宁环庆路都监，因战而亡。赵滋强力精悍，有智慧谋略，累立战功，至于簿书、米盐都有法度。他在雄县六年，契丹害怕他。其官至步军都虞候。

刘兼济。先前，有边民避罪的逃入契丹，契丹就收容了他们，守将害怕担罪，不敢责问，刘兼济全都移檄责求契丹归还逃犯。

杨应询，善料敌情。徽宗因为归信、容城两县弓手被契丹忌惮，想增加到千人，有人害怕生出事端，杨应询说："我想防备其他的盗匪，他们怎么能禁止我呢?"最后增加了兵力。

刘舜卿，善料敌情。有人报告契丹游骑大规模聚集，刘舜卿不为所动。在雄县六年，恩德信义周洽，闻名于北州。（俱《一统志》）

和诜，字子美。曾经因为有事到京师，郑居中召见并和他交谈而喜欢他，将他推荐给徽宗。和诜陈奏明白通畅，非常契合皇上的旨意，进横阶一等，使他返回原任。和诜于是献上制胜强远弓式，极其轻利，能于三百步外打破坚硬的防御，就是边人所说的"凤凰弓"。他在雄县十年，曾经阻止伐燕的建议，直至被问责。北边战事一起，没有来得及采用就死了。大概是两河名将。(《桯史》)

郭成，在雄县因为功绩升迁为防御使，疏财利施，襟怀坦白。(《郡志》)

元朝——

陈奉训，号止善。(《均乐亭记》。刘因有《赠雄侯陈止善》诗："久被邦君抚养慈，野人无路识风姿。愿将明日甘棠咏，用续诸君止善诗。")

**【同知】**

元朝——

牛承事。（《均乐亭记》）

**【判官】**

宋朝——

黄懋，闽人，同何承矩治理屯田，兴修水利。诏书发动诸州镇守兵力八千供他使役，后来果然有功绩。

**【吏目】**

元朝——

王钦礼，字子敬，任丘人，以詹事院署书转雄州吏目。雄州当为南北要冲，号称事务极其繁重，他最后靠才识明达有决断使同僚佩服。后调任南皮尉。

王齐说：“宋朝分别命令朝臣出守列郡，号称权知州军事，那么宋朝的知州不可谓不尊贵且重要啊。而雄县独与夷狄如同唇齿，假使守护的非其人，那么士兵、老百姓就都遭殃了。而今在史册中探寻，像李纬和张昭远的仁爱，葛怀敏、刘兼济的威信，张利一的招徕，赵滋、和诜的才能，其他专对、料敌，也都是各尽所长。所以边境平靖安宁，兵马得以休息，契丹累世不敢向南进犯的原因，虽然说是寇准澶渊的功劳，重要的也有宋朝所设守备的称职啊。雄县得到的太多了！”

**【知县】**

宋朝——

李成，是归信县令。（见《人士》）

金朝——

马讽，是归信县令。境内有河叫“八尺口”，每年秋天水涨泛滥，危害民田。马讽视察地势高低疏浚了它，水患平息了。（《一统志》）

元朝——

王时可，至正年间掌管归信县的事务，兼管诸军后方家属、辎重，鼓励农事。（作《均乐亭记》）

国朝——

程九鼎，括苍人。洪武初期任职。当时的雄县就像长久出汗而污浊，荒乱而没有治理，程九鼎开始创建开辟，各项事务处理得及时、得当，雄县俨然成了一个都会。道德远去，政绩湮没，现在不能见到了，但官舍间隐隐有程九鼎字的，父老相传以之为首功。并且称其鉴别才识不凡，在板筑中见到刘观兄弟头角秀起，知道他们不凡，于是遣人就学，最后正像他说的那样。

刘岩櫓，名字没有流传，也不知哪里人。（李延兴的《赠雄侯刘岩櫓》诗："县斋寂寂远尘氛，草满园扉翠欲曛。日转棠阴侵席过，风回琴响隔花闻。水分九派通沧海，地拥三关压紫云。河朔近来为令者，路人争道不如君。"）

周士瞻，松江人。（出自《雪舫斋记》。李延兴的《赠士瞻早起》诗："五鼓频催漏点残，三年清苦笑倪桓。银灯出院秋光静，彩仗穿花曙色寒。腹稿千篇登锦帙，心旌万里照金銮。修名要出龚黄上，不数仙家九转丹。"）

张恭，桃源人，永乐年间任职。（阙）

朱耀，嘉定人。（阙）

赵鲁，本县人。（《报效》）

常毅，黎阳人，宣德年间任职。常毅廉洁勤劳、恭敬谨慎，志在抚恤百姓，也曾翻新学校、修理祭器。

汪善，正统年间任职。（阙）

曹伟。（《郡志》）

秦纮，字世缨，单县进士，授御史。天顺年间因进谏政事而外调。秦纮刚毅严明，公正廉洁、勤勉谨慎，政教并举，所辖之地肃然，公庭昼静，里甲全都被放回家从事农业，吏胥得以研读律法，看门的差役各掌握技艺以供食。闲暇时就召集诸生，亲自为他们讲解。当时大旱，祈雨就下了雨，秦纮独自站在雨中，雨下足了就退了。后来冒犯了朝中官员，被逮捕到京城的情况有两次，雄县的老人、孩子几千人伏在宫阙下请求宽恕，圣朝饶恕了他，老百姓至今思慕不忘，并且能详细述说。后来官至户部尚书，兼左都御史、太子太傅，谥号襄毅公。

周嵩，宣城举人。

曹文昌，代州举人。

邢廷祯，金华人。凭借贡生，成化年间任职。

李序，混源举人。

刘杰，沁水举人。刘杰刚直方正、有勇有谋，不畏豪强（被民董继宗告，调任）。

王梦贤，字良弼，夏津举人。弘治年间任职。王梦贤廉洁而勤奋，公正而不阿，其律己严正，对待下属宽厚，才思敏达，政治有方，修废举坠，百务皆兴，抚按、君子称他有王道。后来升任大兴尹，全乡的父老至今仍然对其念念不忘。

雷子坚，绥德举人。

党琛，同州举人。

刘英，掖县（今山东莱州）进士，由東鹿令调任。刘英刚直明敏，慷慨敢言，礼士爱民，令行禁止，老百姓也称赞他。升为知州。

陈言，长乐进士。陈言道德涵养和气量渊深宏大，规定道德和行为准则谨慎笃厚，工书能文，至于剔除弊端、毁掉淫祠尤其有力。当时久旱，老百姓惶惶不安，陈言散着头发、赤着脚祈祷就下了雨，老百姓赖以安定。没过多久，因为父丧离去。后来升任监察御史。

方谦，祁门进士，正德年间任职（被民侯举告，离开）。

杜翊，潍县举人。杜栩沉静简默，勤劳体恤老百姓的痛苦，人们都爱戴他。不久因父母丧事而离去。后升任监察御史。

陈珍，祁门举人。

王显，长安举人。由保定教授升任，后来调任万泉。

李仁，朔州举人。

解汶，汶水举人。后来调任庆云。

章冕，辽海卫监生。自新安调任。

马纪，字直卿，钧州进士。马纪廉能勤慎，明敏公平，赈恤流亡，医济瘟疫，节省不必要的开支，惩治豪强，没有不各得其当的，而且创新学校、勉励考核生徒，尤为用心，所以士心归依，百姓也归顺，而旁边城邑有诉讼的每天争着投奔这里。不久升任监察御史。

易鸿，字冲霄，固始举人。嘉靖初期任职。易鸿严于憎恨邪恶、乐于赞扬好人好事，大概就是公而明、廉而威的人。持身临事，不屈从，不阿谀。斥责僧道，毁掉淫祠，兴办学校，抚恤贫士，办事成功而不扰民，恩泽普施而不浪费。秋水浸入县的南路，易鸿建桥筑堤，路人拍手称快。民间有妇人不孝的，马上在市场诛杀，风俗全变，犯法作乱的人畏惧害怕，士民没有不心悦诚服的。才三年，因辛勤劳苦死于任上。死的时候，没有东西装殓，百姓如丧考妣，上下都赠送财物帮助办理丧事，至今仍然众口藉藉地说“易父母，易父母”。易鸿逢迎虽笨拙，但对百姓的安抚的确辛劳，有永远的声誉啊。

梁致让，德州举人。因为捕盗有功，升任平凉通判。

蒋铭，庄浪卫人，贡生。

张佐，保德人，贡生。

谢九仪，字君赐，号少溪，章丘进士。谢九仪平和宽厚、端庄严谨，廉洁能干、勤勉谨慎，礼贤下士，官吏敬畏、人民怀念，兴办学校，崇尚节义，裁减冗费，惩罚奸贪，军中大事治理得很好，百废俱新，三个月就政事有成。他才思敏捷，尤工于诗文。只七个月，凭借宏才大器，于是调到德清，士民都请求留用，不能做到啊。少华许公曾称谢九仪“金钟翠釜，瑚琏圭璋”。现担任广东道监察御史。

邹崃，武进监生。

杨云，洛阳举人。在任三个月就去世了，善行没能施展。

王子麒，字仲郊，号鲁西，汝南人，仪卫司籍举人，今任。

王齐说：“政令遵不遵循，是百姓治乱的关键啊。所以设置政令亲厚百姓不可不慎重，而使政令适宜也难啊。雄县在国初，史料里缺少文字记载，所有文字不足以考证啊。我广询博访，从雄县父老得知他们所称赞的治理好的，都说‘秦纮是一治，王梦贤是一治，马纪、易鸿同样是一治，谢九仪是一治。这四治之外，像程九鼎的治理，世代久远而不详；像常毅的耿介、刘英的果断、陈言的仁爱、杜珝的平和，也可凭借政令受到称赞；而王子麒的治理，也比以前的名声盛大。其他的就没有听说了。’啊！县邑的治理，要遵循政令，一百七十余年，仅这些人罢了，使政令适宜也难啊！我不敢蒙蔽，不敢遮盖，用雄县人的话，使天下人相信、诏告后世。”

**【县丞】**

国朝——

张辐，本县人。（《报效》）

高厚，山东人，成化年间任职。

罗思纲，四川人。

王瑄，临朐人，吏员。王瑄有才干，曾经修文庙。

苗凤，延津人，弘治年间任职。

施信，黄严人。

田泰，尉氏人，正德年间任职。

王辅，乐陵人。

孟佑，盐城人。

魏应和，咸宁人。

彭锦，大同人，嘉靖年间任职。

王俸，辽海监生。王俸是个谦逊和蔼的人。

许辅，临淄监生。

李荣，沁源监生。

胡璟，武定监生，今任。

王齐说：“雄县的县丞，只有这些人罢了，看那县令，不及三分之一，为什么寥寥无几呢？没有别的，有才能就流传下来，没才能就不能流传下来；没有才能却能流传下来的，只能是近期的。像王瑄的才干、王俸的平易，即使想长久而不能流传，可能吗？”

**【典史】**

国朝——

李文交，正统年间任职。

宋盛，胶州人，成化年间任职。

蒋贯，湖广人。

李辅，昌邑人，弘治年间任职。李辅有才干，工于书写。

蔡刚，东平人。

崔纶，东河人。

吴章，江阴人。正德年间任职。

李从宽，巴县人。李从宽是个有才能的官吏。

胡广，山西人。

周鼐，安化人。

章璧，宣城人，嘉靖年间任职。

马思让，恩县人。

辛锐，霍州人。

董永宁，定襄人，今任。

**【教谕】**

国朝——

冯盛，蒲州举人，永乐年间任职。

王鸾，太和举人，景泰年间任职。

萧琮，大同举人，成化初期任职。萧琮心地光明，勤于启迪，士子们常称颂他。

郑玠，巴县监生。郑玠条教严明，学问也稍有称誉。

袁明，嘉定举人，弘治年间补任。

王继禄，字天锡，洛阳举人。王继禄光明纯笃，廉静勤慎，是个博学的人。当时雄县很长时间都缺少科第考试，继禄锐志立教，不论暑寒，每天督促课程，量才求进，虽有柔退不立的人也有所不弃，所以苏、袁、赵、吴等英豪汇进，都是他造就的。雄县的人不管少长贵贱，没有不看重王先生的，至今犹绻绻追慕不忘。说到他还有流泪的人。像王继禄，能不说他恩义兼尽、文行并立，足称师之模范吗？九年考绩，他升任青州推官。因为吏事不是他所擅长的，退老而落落寡合，最后贫困在家中。

钟昕，南海举人。钟昕是位纯笃勤慎的士子。升任福州通判。

何勖，陈州贡生，自香河升任。何勖学政修明，志行高洁，而且启迪有方，才识也被人称道，士子认为他贤能。

魏纶，字理之，利津举人。魏纶少年博学，雅量俊才，尤其工于诗文。正德年间，凭借王继禄的供养来署理学事。条教严明，勤于劝课，自身以孝悌相互带引，所以不论贤明还是不肖都知道积极向上。自继禄之后，而文风再振，人们至今称赞他。当时流贼猖乱，魏纶上奏十事，多被施行，朝野看重他。丙子年，在湖湘掌管律令条文。刚一返还，召拜为南京工部主事。

许珊，宁陵贡士。

捏经，河州举人。捏经是个正直爽慨的人，立身、教人各有法度，生儒都以之为安。升任平乡令。

刘禄，沁水贡士。

王齐，字元修，号镜堂，贯江西丰城人，河南新蔡籍举人，宋朝内翰王禹偁的后代。嘉靖八年（1529 年）任职，今为任丘知县。

李鹭，滕县（今山东滕州）贡生。前为内丘知县，今任。

王齐说：“雄县有许多士子，本来就不待文王而兴，而使贪婪的人廉洁、使懦弱的人和坚定信念的人也不可少。所以雄庠自王洛阳的一造，士风一变，魏利津的再造，士风再变，于是到现在英隽的人知文学、纯厚的人知廉耻，冠盖鲜明整洁，科第相续不断，都是王洛阳、魏利津的遗泽啊。啊！典章教化像王洛阳、魏利津的，有几个人呢？槐阴停笔，敛衽长思。”

**【训导】**

国朝——

王杰，正统年间任职。

陈瑞，嘉定人。凭借经明行修科，成化年间任职。人们说陈瑞不愧于这科。

苏瑁，滨州贡士。

张俊，仪真举人。

甯振，孟津贡生。甯振孤介寡合，而启迪有功。

周奉。（阙）

刘福，章丘贡生。

王定，陈留贡生，弘治年间任职。

李仪，郑州贡生。李仪立教只有宽容，行为也可取。

陈佐，益都贡生。

胡询，阳谷贡生。胡询方直不苟。

毛炳，高密贡生，正德年间任职。毛炳是个齐整的人。

冉嵩，温县贡生。冉嵩是个忠厚的人。

陈训，莒州贡生。

张荣，潜山贡生。张荣，志行足以被称道，诗文可取。

项镇，登州贡生。

解以德，寿光贡生，嘉靖年间任职。升任吉州学正。

段绅，利津贡生。

杨龙，洛阳贡生。

王世臣，字以忠，夏津贡生。升任真定县谕。

张若虚，洵阳（今陕西旬阳）贡生。今任。

王齐说："训导，像陈瑞的风范、甯振的清高、胡询的方正、张荣的学识，及至现在的仕人，都忠心耿耿啊。确实训导的贤明，怎么能掩盖呢？"

**【使臣】**

宋朝——

欧阳修。《使辽初至雄州》诗："古关衰柳聚寒鸦，驻马城头日影斜。犹去西楼二千里，行人到此莫思家。"（西楼，辽国的上京）

彭汝砺。《使辽至雄州》诗："马头今日过中都，得到雄州更有书。道路莫嗔音问少，天寒沙漠雁全疏。"

沈文通。《使辽还雄州》诗："济济新声出禁潢，边城一听醉千觞。明朝便是南归客，已觉身依日月旁。"

曹利用。景德元年（1004年），契丹请求订立盟约，寇准派遣曹利用前往，承诺给予银十万两、绢二十万匹，在狄夏头签订和议，以白沟为界河。

马某。廉访者，号茅斋，阁门宣赞舍人。当初，童贯派遣张宪、赵忠带着书信送给燕王，燕王斩杀了他们；又使赵翊差使臣谭九、殿直等人，游说易州土豪史成起兵、献易州，史成把他们送到燕京，斩杀了他们。宣抚司知游说行不通，就派遣种师道进兵压境问罪，招募马茅斋前往。马茅斋有胆气，能言善辩，与馆伴萧夔抗论不屈。燕王召李处温商议说："女真骑兵占据西京，大宋重兵压境，与大金夹攻，朕观天时、人事，不敢当此宝位，欲向南朝称藩，同保血属。"说完，呜咽流涕，处温也为之流泪。于是派遣秘书郎王介儒等来雄州，居二日，以客礼见童贯，作报书，以铁骑送归。啊！出使于四方，不辱君命，马茅斋有这样的才能。(出自外传)

赵良嗣。宣和五年（1123 年），到金议和，还至雄州，把金人书信递奏。王辅想要快速立功，就请求再派遣赵良嗣自雄州再到金，许以岁币，最后达成和议，金主答应将燕京及六州归还。

张叔夜。从事签书枢密院事，勤王没有成功，跟随渊圣皇帝北狩。路上不吃粮食，只是喝点清水。到了白沟河，驾车人说："过界河了。"他矍然而起，仰天大呼，气逆于喉而死。吕中说："敌虏两次举兵犯境，勤王之师都没有到，叔夜率领孤军进入保卫，他的忠心已足以值得称道。及至北迁之时，不食其粟，不入其境，则始终之义无憾了。"

文天祥。以少保、枢密使、信国公，勤王没有成功，有崖山之败，元朝张弘范遣使护送文天祥赴燕渡白沟诗："昔时张叔夜，统兵赴勤王。东都一不守，羸马迁龙荒。适过白沟河，裂眦须欲张。绝粒遄不死，仰天扼其吭。思公有奇节，一死何慨慷。江淮我分地，我欲投沧浪。沧浪却不受，中原行路长。下车抚梁门，上马指楼桑。戴星渡一水，惨淡天微茫。行人为我言，宋辽此分疆。悬知公死处，为我出涕滂。我死还在燕，烈烈同肝肠。今我为公哀，后来谁我伤？文武道不坠，我辈终堂堂。”

国朝——

陈复初。建文年间，率领礼部侍郎监曹国公李景隆军队，大战于白沟河。景隆恃位自骄，不谙熟兵律，以至于失败。陈复初见到形势不可支撑，从容穿备朝服，向南百拜，说：“臣力竭了，臣事去了，请见先帝于上天，控诉李景隆。”于是跃马跳入白沟河而死。（出自何孟春的《备遗录》）

王齐说：“使臣如果在雄县没有什么不同，不记载也可以。就凭张叔夜、陈复初的死节，文山的正气，欧阳修有《采薇》之风，彭汝砺、沈文通得《四牡》之体，若曹利用、马茅斋、赵良嗣，都能抗义直言，不辱君命，篇章与江河同沛，忠义与日月争高，炯炯烨烨，于雄有光，怎么能不记载呢？”

**【流寓】**

元朝——

李继本，字延兴，号一山，贯河南人，北平籍，就是承旨楚国公李彦闻的儿子。李继本幼年博学多才，登王嗣宗榜进士，授太常奉礼兼翰林检讨。元朝不安定，隐教于雄县，所到之处总有题咏。所以永新刘克彦评其文说：“丰而实，直而通，引物连类，据经援史，铿锵振发，曲折窅如，抑扬收纵，变化多端，卒于仁义道德之归，而规矩不逾也。”他有《一山济美集》流行于世。

## 人士第八

《雄乘》说：京畿地区首先教化，川岳显灵，造就俊杰，化育人才，建立功勋，赞颂事业，忠贞坚定，重义节烈，光启后人，著名当世，名噪一时，日昭星纪，善恶分明，取舍都继承这些，《雄乘》人士。

**【仕籍】**

元朝——

焦简，焦德裕的儿子，任余姚知州。

焦洁，焦简的弟弟，任信州治中。（俱《一统志》）

何源，字巨川，归信人。何源本性质朴，正直诚谨，爱好人伦，年轻时通晓儒家经学。等到长大，明习法律，由高堂都目转掌长信，司幕府事。任期满后，调任庐州路经历，升任承事郎。庐府接近，风纪、职总、文书事务烦琐，号称不易，何源小心谨畏，熟悉通晓，追求完美，所以即使长时间担任要职，也总能以干练敏捷为时人称道。何源出身平民，能在缙绅之列五十余年，因年老辞官退隐，积累功勋升任承直郎、保定路总管府判。（墓碣）

董志，字于道，龙华人。董志情性颖悟，刚刚弱冠，谙熟经史，尤精律学。开始自崇祥典书，就充任本院宣使，三次升迁授缮工司大使，又擢升本司照磨兼提控案牍。董志笔锋动而文思雅如，声名震动官府，二次转授直枢密院断事。虽然边差之烦、储兵之大，却能明察千里，无不响应。朝廷知其才，越级升迁奉训大夫，又升大兴尹，兼管诸军辎重后勤事务、劝勉农事。县居京师，事务烦劳、诉讼剧多，但他分析解决有方略，所以不劳而治。又历二任，升朝列大夫。不欺侮矜寡，不畏惧豪强，威震京华，举发有功之人。将要受到重用时，因病告假回家。至正年间，又迁朝请大夫，监都安肃。不到半年，政绩

声誉四达，人们都以良有司看待他。（神道碑）

王齐说："焦氏的记载缺失了，何源有才能，董志明达，世代久远，记述湮没，不能详述，有的考于墓石罢了。墓石如果可信，何源、董志也是杰出的人啊。"

又说："旧稿记载，五代刘昫是雄县人，自端明殿学士拜相。今考之《一统志》和《郡志》，都没有记载，而《五代史》也不说是雄县人，只称'以问学知名燕蓟间'罢了。缺失了，等待考证。"

国朝——

刘观，字荣觐，人和人。刘观风度仪表特别伟岸，天性聪慧过人，小时候被程令所知，长大后跟随李延兴交游，登进士。授太谷丞，召拜监察御史，升佥都御史。后来出守嘉兴，嘉兴治理得很好。不久遭父丧。永乐初年，诏问询访年高有德望的人，刘观奉命守期未满而任职，任户部侍郎，转副都御史。当时始建北京，命刘观到浙聚集木材。之前，掌管的官员惧怕不能如数，担心获罪，往往夸功利，用虚假的文字掩饰。刘观到任，全部革除其弊端，事情不拖延，因为这个而保全活命的人累计千万。后来升任礼部尚书。没多久，凉州羌人叛乱，骚扰为害西部边陲。太宗命刘观以刑部尚书指挥将臣去征讨他们，羌戎投降，邪恶之众被歼灭，椎髻用包裹背着财物归顺的有一万二千余人，西部边境得以安宁，获胜而回，升迁左都御史。当时雄县属于京畿之地，还被云川军所扰，他上奏迁往白杨口，乡里至今安宁。刘观官至太子少保。罗修撰汝敬说公"身事四朝，德隆师保，忠信弘毅，为时名卿"。所以一时声望如曾棨、金幼孜、周述、程南云、沈度各有称述，这里不及详说。

王齐说："乡人言，太宗朝，刘观曾经摄政四十八日；判决死刑犯，受刑者伸手，有'黄金二千两'字，刘观就截断他的手以进呈皇上，太宗皇帝嘉叹了很久。说到摄政、却金二事，非常令人尊敬和赞美，当时诸老全都比不上他，我不能传疑，姑且述其大略，体现公之在朝，朝廷重之；在乡，乡人德之。修撰称其'忠信弘毅'，是他有所考察啊！"

仲闵，字希曾，人和人。仲闵早年颖悟，善写文章，凭举人身份授淮安同知，聪明敏捷、刚毅果敢，人们不能欺骗他。富阳赵公新以吏部行便宜事，了解仲闵才器，推荐戍守凤阳。仲闵政务简易，至于驱捕盗贼、释放死冤，则屡屡被称道，大旱、蝗灾、水灾、瘟疫都不能成为灾害。因为这些，当时元老若高谷则说"垄黄独步"，苗衷则说"岂弟君子"，都为他立德政碑以示赞美。

侯瓒，字奉璋，保宁人。登进士，授户部主事。奉命视察湖广饥荒，上奏免除税粮八十余万石，老百姓的困境得到解救。担任员外郎。出守凤翔，刚一到任就马上赈济流离失所的人，保全活命的人众多。九年，升任山西参政。进光禄卿，转右佥都御史，巡抚甘肃。当初，卫所因为亏空而拆用了粮草，指挥以下几年关在监狱的八百余人，侯瓒命他们各偿还其中的一半，几天就全部释放了他们。当时有哈密叛乱，侯瓒召赤斤、蒙古二卫，授以方略，攻克收复了八城，俘虏一千五百多人，侯瓒不自己占有这份功劳。兵部上奏皇上听闻，降玺书嘉谕。及至战胜边虏，两次赏赐银币。接着升任兵部右侍郎，改南京礼部，转户部左侍郎，升迁南京工部尚书，转兵部参赞机务。屡次恳求辞官退休，进阶荣禄大夫。侯瓒性禀刚直耿介，脚踏实地做事，忠贞不渝，做到知行合一，不妄自言笑，尤其在交游方面更为慎重。最著名的是有家法，做官若干年，节俭朴素自如，非常厌恶请求谒见，子弟稍微穿着华服、皂靴，就呵斥禁止他们。凡是经典不精通的，不得参加进士考试，因为这个缘故诗礼源源不断，都称赞他的子弟。

郑襄，字廷赞，义和人。他以举人授凤阳通判。郑襄公正勤奋，廉洁安静，抚育后代有方法，招抚流离失所的人，保全活命的人很多。任职六年，兵民都挽留他，因为疾病而归，凤阳人民至今称扬他。

侯观，字仕宾，侯瓒的小儿子。登进士，授登封令。侯观体恤老百姓的痛苦，剔除宿弊。邑有豪横狡猾、不守法纪、世代承恶的人，侯观探察了真实情况，马上就治理他们，积恶马上被清除。当时大旱瘟疫，侯观在中岳祈祷，愿以自身赎罪，不久都恢复过来，并且这一年大丰收。部使者因为他的治行优异而共同举荐。因为侯瓒，按例不能成为科道官，授户部主事，进员外郎、郎中。历官十七年，始升南京太仆少卿。考虑到荣禄公年老而留在京师，恳切乞求归家终养老人。过了二年，遭父丧。守孝期未满而应召任职，改任太常少卿，升户部右侍郎。当时内、外盗贼兴起，任命侯观兼左都御史，管理军饷，有白金、文绮的赏赐。转左侍郎。武宗北巡，又兼任要职，来往随从。武宗班师回朝，赐绯鱼衣三套，荫庇一子世代为官。升任尚书。四次乞求退休，才被准许。去世后，赠太子少保。他的少师杨廷和为他作墓碑，说侯观“孝友天至”。荣禄府君性情严厉，侯观委屈承顺，没有少许忤逆，晚年穿金紫陪侍左右，没有怠惰表情。事兄泰如父师，抚养诸子侄若己出，对待宗族有恩义，而且对于故旧非常笃厚。乡人中来拜见的，即使是田夫或后辈，也以礼招待他们。啊！像侯观的德业，真可以使愚钝懦弱的人奋发、使轻薄世俗的人敦厚了啊！

赵循，字宗礼，丰乐人。赵循语言行动真实，仁厚不争，人故意冒犯他，也不能责骂人，侍奉父母有古代孝子的风范。考中乡试，授淮安同知。其《淮安志》上说："循勤政爱民，廉正谨慎不随便，治理军队，尤其有所用心。"

韩竑，人和人。贡生，仕至应州学正。韩竑经学博洽、德行美善，刚直方正，有古人风度，因此跟他学习的人全都尊崇奉侍他，而子孙后代也能称赞他。

王齐说："我看雄县的先哲，若少保公，固然襟怀坦白、志节分明；若司马公，廉洁坚贞的风范，应当直与少保媲美，而家法超过了他；至如司徒，以孝敬父母、友爱兄弟著称于凤阳，以声望著称；若郑襄的思想、赵循的仁厚、韩竑的刚毅，也都是鲜明美好的，对于雄县不有光彩吗？只是这些先哲，我曾经听说他们，袁公司徒、苏公太守、王公别驾等齐备了。人们所传颂的位高者、德盛者、三公者，都是雄县的名望，因此他们的话可以流传下去了，我怎么敢在中间比较高低啊。啊！雄县的山不高，雄县的川不深，只是这些君子，成为雄县的名臣。"

又说："谚语说'盖棺事始定'，所以于今的君子品行业绩有没记录的，等待后人吧。理解我、怪罪我，大概在这里吧？"

**【武功】**

宋朝——

赵振，归信人。景德中期任隰州兵马监押，积功多次迁升至龙神四厢都指挥使，曾经任职几个州，最终辅佐神武军大将军。赵振刚强自负，喜谋划，轻视财物，崇尚义气，人们乐于被他使用。（《一统志》）赵珣、赵瑜，都是赵振的儿子，都工于骑射，仕至显耀的官职。赵瑜弟弟赵璞也知名。

李成，归信人，建炎时期的弓箭手。平时少言笑，重承诺，诡诈不近人情。有力气，提刀重七斤，能左右轮弄，凭借骁勇在河朔闻名。有众数千，假装施行仁义，能用好听的话抚慰士卒，所以也能得众心。累功任职归信县。雄州失守，李成的妻子儿女在城中，被乱兵屠戮。李成率其众营救万人，各扶老携幼，渡河来归顺。朝廷授以右武大夫、忠州防御使，充任京东河北路都大捉杀使。朝廷顾虑他朋党太盛，命其分出两千人去南京，一千人去宿州，把截粮道，剩下的众人命令押赴行在。李成派遣部将史亮统领所分之人出发。史亮到了宿州，就劫杀居民，焚烧汴河桥。李成悄悄跟在他的后边，逗留不进，用陶道士子思的相术诳骗他，遂生反叛之谋。朝廷得知他的奸诈，命令光世追击讨伐，到了光州地界，剿杀扫荡平定没有剩下什么人，仅李成没有被杀。当初，光世答应把李成的官爵给捉到李成的人，士兵们奋命争夺，所以有人得到了李成的秘箧和所用的提刀。

金朝——

焦用，字世用，焦赞的后人。焦用性情慈孝，勇猛有力，智慧有谋，果敢有礼。在金朝做官，凭借战功授束鹿令，升为千户，镇守雄县北门。元兵到来，州人开南门投降，焦用还奋力鏖战，被俘获。元世祖赞赏他的为人，认为他忠心，释放了他，恢复了他的官职。命他巡行山东，焦用没有妄杀一人。等到返回时，拦路哭泣感谢的人像蚂蚁一样聚集。后来赶上灾荒多盗，城门大白天紧闭，饿死的人塞满道路，焦用把正在吃的食物送给别人吃，保全活命的人众多。焦用死后，赠中书左丞，谥号“正毅”。（《墓表》及《一统志》）

元朝——

焦德裕，焦用的儿子。焦德裕通晓《左氏春秋》，有才辩，善骑射。金将武仙败走，他的党羽保护武仙的故垒，太宗派焦德裕去招降并擒杀了他们，那地方就被平定了。德裕累升都元帅府参议。后来跟随征讨镇江，焦山寺的僧人诱骗居民反叛，阿术已经诛杀了他的魁首，想要全部坑杀他的党羽，德裕劝谏阻止了他。焦德裕死后，追封恒国公，谥号“忠肃”。（《一统志》）

殷伯宗，归信人。年少时有勇力，胆略过人。十九岁时，跟随军队平定江南，有冲锋陷阵的功劳，获得授官的凭信，充任弹压勾当。至元八年（1271 年），跟随刘元帅征讨和林，又获战功，授忠显校尉，赐银符牌、武卫亲军百户。他死在了官任上。

殷圭，殷伯宗的儿子，承袭授敦武校尉，官职如故。泰定年间，供给军需，升为忠翊。元统二年（1334 年），兼领仓事，粮储增加羡余，褒奖他为昭信校尉、武卫亲军百户。

殷守中，殷圭的二儿子，继承忠翊校尉、武卫亲军百户。殷守中读书知义，忠实于孝彝，怀有济世之才，府中称他干练机敏。

国朝——

田庄，洪武末年，凭借武功授保定后卫千户。孙子田珣承袭官职。正统年间，北虏入侵，祖孙殊死战斗，不胜，一起战亡，田珣失去了他的头，归葬东侯留村，后代就断绝了，因而褒赠的典册没有记录他们。

刘泰，少保刘观的弟弟。永乐初年，为朱能引路，突袭攻破雄城。他累功升任怀远将军，世袭指挥。

王齐说："赵氏、焦氏、殷氏，世代继承他们的美德，不用谈论了。田庄节烈啊，奈何没有后人了。刘泰不纯正，而子孙孤独，不也应该吗？"

**【孝子】**

元朝——

王庸，字伯常，利人人。母亲李氏有疾病，王庸夜间祷告北辰星，以至于叩头出血，母亲病愈了。后来母亲去世，悲痛异常而几乎气绝，露天居处坟墓旁侧，旦夕悲痛哭号。一天，雷雨猛烈地下了起来，邻人拿着寝席给他遮蔽，看到王庸坐卧之地独独没有沾湿，都感叹奇异而去。又有蜜蜂数十房来到他家酿蜜，王庸每年获其利，供应祭祀之事。官府于是以孝顺使他闻名。（《孝顺事实》）

**【义士】**

元朝——

董得禄，字景福，归信人。董得禄喜欢施舍、爱好礼仪，耕田则谦让田畔，租种土地则交租税，乡亲都以善人看待他。院里有口古井，雇人疏浚它，那里的钱币充满洞窟。董得禄说："生子希望忠孝，哪里用阿堵物呢？"他马上就舍弃不治理了。至于嫁娶抚养年幼的孤儿、慰问救济流亡的百姓、设置义塾训教他的乡人，都有所依据，终究没有索取他们的报答啊。（墓碑）

刘德和，刘观的父亲。幼年知道读书，通晓大义。孝顺父母、友爱兄弟、姻亲和睦出于天性，而天赋资质刚毅果断，疾恶如仇。元代末年，雄县遭遇达朵儿只的叛乱（见守将），有二十三人转徙他邑，被捕获，将要斩杀以示众，刘德和努力争辩他们无罪，争辩完了，杀了其中一个人。当年属阴火歉收，人们采野草剥树皮来吃，纵横交错地躺在一起死去，刘德和就到易河打鱼，取仓廪粮食，将其掺杂在一起烹煮，供饥饿的人吃，大概活下来的有数千人。（墓表）

国朝——

胡斌，人和人。洪武末年，我雄县有东门之变乱，尸骸遍野，阴云鬼哭，田野没有居民，走路的人心里害怕。胡斌平素仗义而扶持危难，怜悯穷人而为怀才不遇者感伤，一见到黄沙白骨，心里非常悲伤，背着荆筐去埋葬他们，虽披霜露、冒星月，也不害怕，过了六十天事毕，男女在西门外各有丛冢，至今胡氏子孙每年持麦饭洒扫那里。知县谢九仪嘉许他的仁义，祭祀他。

苏景，凤翔苏守琰的祖先。传说，苏景善于刑事方面的事，多有阴德，常常使那些人生存下来而不索取他们的报答。有一日，他的儿子外出放牧，得到了别人遗落的金钱，苏景命他返回去等候那个丢金的人，失金者果然奔号而来，于是验正归还了金钱。不为人所知的德行不能放出光芒，人们大多没有听闻。后来苏守琰等第，都认为是阴德的报答。

李恒，字仲常，诸生。他博学高才，贫苦也出了名。一日早出，拾白金一袋，急忙回还在门外等候。一会儿，有个吏人叫王振的呼号回顾，李恒询问他，竟丢失柴夫银一百八十两，李恒马上归还他，原来封好的记号还是那样。快要成为贡生却死了，死的时候，没有东西来入殓。现在他的儿子李绪也是诸生啊，贫穷尤甚，不知道上天答报施善的人将是怎么样的呢？

王齐说："孝义，大的节操，不可胡乱赞许或贬低。王庸历史上有记载，胡斌有现存的坟冢，光明高峻，与天地相为悠久，所以少溪祭祀他们，在雄县观法度，望着他们的祠宇，有不兴起的吗？若董、刘考证于他们的墓石，苏、李出自于人言，重要的也不可缺失，附文与之。"

**【节妇】**

元朝——

李氏，三台乡渥城簿增昌的女儿。早年丧父，家境贫困，侍奉母亲。李氏气节禀赋淳朴正直，不作容貌的修饰。到了成年，嫁给雄州百姓刘甫。二十岁时刘甫死亡，有儿子叫刘英，刚五岁。李氏发誓不再嫁人，采薪、拾穗、纺织养活自己，保护扶持她的儿子。刘氏不灭，都是出于李氏的能力。（国史编修李德原志）

国朝——

李氏，马赞的妻子。二十六岁时，马赞死去，李氏抚养他的两个孤儿守节。当时永乐初年，战乱，父母不忍心她的愁苦，想让她改嫁，李氏以死自誓，勤劳俭朴，纺线织布，以之为准则。她的儿子叫驯，考中永乐二十二年（1424 年）乡试。李氏七十二岁，几十年如一日，官府上报朝廷，下诏在她家门上挂牌匾名"贞节"。

王氏，名慧聪，县丞大本的女儿，秀才胡谦的妻子。二十岁时胡谦死亡，儿子胡文进才一个多月，公婆可怜她贫困，想让她改嫁，她不肯。抚养孤儿长大成人，娶刘氏，生孙子，没过周年胡文进也死亡了，于是给她的孙子起名叫“节”，大概要以节来勉励刘氏。胡节九岁又死了，刘氏于是改嫁了。有一天回家探望，携带礼物放在炕上，王氏看见她很愤怒，用拐杖驱赶她，于是拆了那条土炕，说：“不要污染这条土炕!”贫穷守寡六十多年，贞操如一。官府全部把实事上报朝廷。

胡氏，名妙全，刘凤的妻子。胡氏，节妇的女儿，十九岁时刘凤死亡，儿子刘宗银才三个月。胡氏平时知道母亲的教导，通晓《孝经》的大义，遭此不幸，希望以死相随的情况出现了四次，母亲告谕劝解她才停止，说：“忘掉丈夫，是不贞洁；抛弃孤儿，是不诚信；背弃亲人，是不孝顺。我同我母亲一样，就行了。”于是就闭门纺线织布，赡养婆婆、教育儿子。每当佳节，总是不饮食，村里的人听到她的哭声，都为她而免去了庆贺。孀居五十多年，却遭遇儿子不成才，贫困尤甚。官府上报朝廷，下诏旌表她。

费氏，通判费灿的女儿。嫁给恩生侯巽，生下侯说刚刚六个月侯巽亡故。当时费氏十九岁，孀居四十年，教育侯说长大成人，费氏才亡故。正好遇到今上皇帝推崇奖励节义，连类而及死去的人，官府上报她的事迹，也旌表了她。

张氏，进福百姓梁广的妻子。十七岁时嫁给梁广。过了十年，梁广死亡，哀痛几乎气绝。养育遗腹子梁大安，娶萧氏，十八岁时生下儿子梁幹，梁大安也死了。第二年，又生遗腹子梁栋。有邻居老妪因萧氏年少而劝她改嫁，萧氏抚摸婴儿恸哭说：“你们不知道我是节妇的儿媳妇吗？作为节妇的儿媳妇却失节，纵然不愧对别人，难道不愧对我的婆婆吗?”老妪惭愧而退。于是共同经历艰难，终无别的想法。今张氏七十七岁，萧氏也五十五岁，远近亲疏称赞而没有非议。王齐曾经上报朝廷，台署还没有回报。

杨氏，十七岁嫁给进福百姓尹章。才四个月尹章亡故，尹族有人利用她拥有的，含蓄地劝她改嫁，杨氏哭泣发誓说："宁死没有二心。"抚养遗腹子尹景旸，娶妇王氏，生了三个孩子。到了三十一岁，尹景旸也死了。现在杨氏七十六岁，王氏也五十七岁，白首同孀，始终不渝。有人问到尹章的相貌，杨氏回想与他相像的很久，只是涕泪交下，也不知他像谁了。

王齐说："文山说'国土分裂，士无全节'。啊！士尚且艰难，还怎么指望妇人呢？像王氏、胡氏母女，梁氏、尹氏婆媳，以及李氏、费氏等美好的女子，孤身双节，光明正道，的确有士大夫的操行，真正可以使风化教育笃厚而激发习俗了，我恐怕缙绅之列不能多所谦让。"

又说："我王齐一岁孤贫，内外寡依，独被先母抚养。母氏苦苦守节十九年，我却不能及时体会而不孝的苟活着，又没有才能，不能为母氏作传，并且为王孝子立祠。我王齐不孝谁比得上啊！嗐！树希望静止不摆，风却不停息，子女想赡养父母，父母却已离去了，三复流涕，对于父母的无穷哀思还有什么可说的啊！"

## 选举第九

《雄乘》说：国家开启世运，科举开始修治，蕴养德行、怀抱人才，乘时奋翼，辅佐国家、建树功业，虽方式不同却走上相同的道路，明哲虽然湮没，但碑板记载很明显，次第全面考证，显赫销蚀没有遗漏，先贤风范流传，后生警戒反省，《雄乘》选举。

**【进士】**

国朝——

洪武乙丑科：刘观。

景泰甲戌科：侯瓒。

成化戊戌科：侯观。（俱见《仕籍》）甲辰科：侯泰（字仕嘉，侯瓒的大儿子，刑部主事）。

弘治己未科：苏琰（字廷珍，号雄山，丰乐人。登进士，任兰溪知县、兰州知州，升户部员外郎中，做官至凤翔知府）。

正德戊辰科：袁宗儒（字醇夫，号静庵，殷福人。登进士，江西道御史，大理寺丞、少卿，都察院佥都御史，今南户部侍郎）。

嘉靖壬辰科：何思（字慎之，何鲁的儿子。初知襄陵，今工部主事）。

**【举人】**

元朝——

至正时一人：赵元卿。

国朝——

洪武时一人：甲子科，刘观（见《进士》）。

永乐时九人：乙酉科，史简（进福人，徐沟知县）、张肆（代州同知）；辛卯科，蔡荣（人和人，金县知县）；甲午科，马驯（人和人，岳州同知）；丁酉科，潘纲（丰乐人，御史）、张翔（众安人，临清训导）；癸卯科，仲闵（见《仕籍》）、张翱（张翔的兄长，常州通判）。

宣德时三人：丙午科，杨聪（进贤人，三原知县）；壬子科，邓亨（福顺人，刑部主事）、马驯（宾兴人，南国子助教）。

正统时二人：戊午科，王章（人和人，济阳教谕）；甲子科，李果（众安人，海丰教谕）。

景泰时二人：庚午科，侯瓒（见《进士》）；癸酉科，郑襄（见《仕籍》）。

成化时四人：乙酉科，史聪［进福人，孟县（今河南孟州）知县］；甲午科，刘铭（人和人，大同教授）；丁酉科，侯观（见《进士》）；庚子科，侯泰（见《进士》）。

弘治时五人：戊午科，吴光世（保宁人，福山知县）、苏琰（见《进士》）、袁宗儒（见《进士》）；辛酉科，赵循（见《仕籍》）；甲子科，张佐（定安人）。

正德时七人：丁卯科，张儒（字宗孔，义和人，文登知县）；庚午科，王彪（字文蔚，利人人，做官至莱州通判）；丙子科，何鲁（字子谦，利人人，今平凉通判）；己卯科，韩溉（字汝霖，人和人，今河南府通判）、吕应祥（字伯祯，丰乐人，今西安府同知）、张存义（字守敬，丰乐人，平阴教谕）、张济（字仁甫，义和人，兖州推官，今青州教授）。

嘉靖时方六人：乙酉科，吕孟信（字诚之，吕应祥的族弟）、吴堂（字子升，致福人，今陕西行苑马寺丞）、董时（字居易，庆丰人，海丰知县）；戊子科，侯承爵（字一位，侯让的儿子）、何思（见《进士》）；辛卯科，刘儒（字宗正，民哥人）。

袁宗儒《科第提名记》：“国家悬科举以待士，或者起始于古代吧？说：不是的。古时候的先民，莘野钓矶罢了，乡举里选罢了。其名实传播于天下怎么样呢？然则科目之士由此而选拔出来的，抑或不完全符合古人吗？说：不是的。大道已经消逝了，天下成为私家的，则法律条文、标准法则灿然海内的，也是圣人通其变于没有穷尽的方法，是形势。所以圣王变通以适宜百姓，君子顺应时代而闻名于世。从前成周命乡大夫考核推荐秀士，升之为司徒，叫选士；司徒考核推荐选士中的秀士，而升之为学，叫俊士；又考核评论造士中优秀的，将其报告于王，而升之为司马，叫进士，大凡凭借选用能贤而成天下之治。我大明建立王朝、确立纲纪，宾兴彝典，率视成周，所以贤才的出现，虽然不都是假借的科目，在今日，抑或也有不是这样而有他求的。雄县紧邻京都，最先且久长地滋润在历代帝王的教化中，那么其人文大变，应该怎么样啊！自从开国到现在，在太宗时则有如少保刘观，在孝宗时则有如司马侯瓒，在武宗时则有如司徒侯观，其他努力建功立业而优秀的彬彬相望。多么美好啊！现在共同商议刻石，用来昭明鉴戒，而嘱咐袁宗儒作记。于是拜手稽首说：嗐！先哲太伟大了，我还能说什么啊！我听说太上贵在立德，君子没有好名。这种做法，将是没有好名吗？《传》说：五百年必有王者兴，其间必有名扬于世的人。只是皋陶、稷、契这些人啊！那么这些名声，难道不是君子在天下后世受到重视的原因吗？大概君子不担心名声，而担心德业难成。如果是伊尹、皋陶诸君子，则也可以媲美前人了；如果不是伊尹、皋陶诸君子，则将断绝丧失前人的光芒了。嗐！上下数千百年，而卓然名于世的有谁呢？我担心这些，冒昧的凿刻这些石头，用来告诉那些志同道合的人。”

王齐说：“雄县在燕赵间，素来多豪俊，然而因为地方史籍的缺失，宋元不详细，怎么向汉魏寻找。我朝设科一百七年以来，进士则有七人，举人凡三十二人，有的功业鸣于当时，有的文章德行著称于世，特异光明，在人耳目，《人士》可考。学校培养士子，多么繁盛啊！”

附：系出雄县，在太仓出身的，景泰甲戌科进士高宗本（副使）；在府学出身的，举人杨皓、张戡。

**【贡生】**

国朝——

洪武时十人：刘翥（做官至佥都御史）、韩岫（由明经授给事中）、成林（御史）、吕兟（阳城知县）、王襄（姚安知府）、王自新（海宁同知）、高泊（徽州同知）、苑昇、高规、田畴（海门知县）。

永乐时五人：孙贤（德州知州）、郭宗（宁州判）、秦武（莱阳知县）、薛煦［沔县（今陕西勉县）知县］、王寅（峄县簿）。

洪熙时二人：温泰（姚安照磨）、马善（蒲州同知）。

宣德时四人：康宁（莱芜丞）、侯英（高陵知县）、李俊（蒙阴簿）、刘通（惠州卫知事）。

正统时七人：王源（长洲丞）、刘澄（孟县训导）、周鼎、马英、张举、王大本（绥安丞）、刘聪（河东运判）。

景泰时三人：李廷学（任县丞）、李雄（汶上丞）、霍敬

（舒城簿）。

天顺时五人：傅益（郓城簿）、杨恕（上林署丞）、许裔（群牧所吏目）、丁豫（平凉经历）、王端（山东都事）。

成化时十二人：刘琛（辽府奉祀）、史昭（太平簿）、韩瑾（福州卫训导）、羊纪（昌邑教谕）、姚礼（齐东簿）、徐锺（杞县知县，后调石楼）、仲恺（南锦衣卫经历）、李宗和（益府教授）、郭杰（项城训导）、王鼐（沈丘丞）、邓晟（临淄簿）、王琰（辽东卫训导）。

弘治时九人：韩竑（见《仕籍》）、刘士宏（青城丞）、郭豫（灵璧丞）、高逵（宣城训导）、贺正（鱼台丞）、李大安（临淮丞）、刘经（汝州同知）、王贤（郯城教谕）、王文章（兖州训导）。

正德时六人：陈耿（青州训导）、韩伫（山丹知事）、许锐（阳城簿）、郭俊（太原训导）、郭璠（灵石训导）、董继曾（今肃府审理正）。

嘉靖时才十人：李希兰（丘县丞）、苏珑（苏琰的族弟，今汾州同知）、杨宗（今泰安教谕）、焦宪、赵元、郭文新、赵璇、侯让（临朐教谕）、韩希颜（韩竑的孙子）、董济民。

袁宗儒《岁贡题名记》："明天子受命十一年，诏告天下说：古代帝王，对外招选才德出众的人，严格按照选择的标准，用大受福运的帝王之命，于是遵循科举考试列入优等，不是这样就不任用，这样恐怕就壅塞了吧？自今进用贤者，设官不在数量，而在于其人的政治素质及才干，将会是没有休止的了。当时天下各个官署，大概遵奉宣扬恩德，遴选多贤，献给天子，跻身于重要的职位，而施展作为名声闻于天下，也就一天天流传下来。啊！难道说十室果真没有那样的人吗？夫杞梓楩楠同产于山，所以山就成为名胜；珍怪宝藏同产于川，所以川就成为灵秀。人才乘运势而出，或哲而谋，或温而直，或慈而良，或矫悍而刚毅，总之，只求合于每个人的才具，只是在科目之外毫不推崇。难道是这样的吗？雄州处在山谷，贯通京城。我曾经俯视大地，大雄、小雄之山，山岩险峻，如踞如伏，龙泉、易涧之水，萦回旋绕，如环如带，于是喟然赞叹说：美呀，这里的山！好呀，这里的水！它是用来产生我优秀的人文的吗？及至看我国初期，御史大夫以下，凡若干人，都是由推荐选拔的人才，不久入总宪政，努力建立功勋，其他的庶士则接连不断地产生，大概多思奋发。古称燕赵多感慨悲歌之士，的确是这样的啊！邑侯谢九仪既然镌刻科第题名于左方，于是一并镌刻诸贡的相抗衡啊。君子说：这就可以考察政事了。政治用以修饰治理，治理用以昭明品德，所以德立而名孚则百姓勉励，整饬而成为榜样则教化施行，教化施行而鼓励时人怎么会不兴盛。所以说：可以观察德行了。啊，美好啊！我当时为御史大夫，冒昧执笔于后，为的是等待考察民风的人来采纳。”

附：系出雄县，于府学出身者一人，侯英（知县）。

**【监生】**

国朝——

洪武时：王士德（由人才，南丰知县）。

天顺时：胡清（贵县递运所大使。以下十四人，一并应四十以上例）、王禧（信阳场大使）、成章（蒲台税课局大使）、张礼（邵庄驿丞）、董谊（封丘知县）、张珍（牛房大使）、刘轩（永嘉场大使）、李聪（蒙阴训导）、高泰（上里场大使）、羊礼（诸城巡检）、俞秉（华州税课局大使）、张缙（时堡巡检）、向善（延安仓大使）、王文周（人和典史）。

成化时：董继本（宣城簿）、王宸（广东所吏目）、王淮（光州吏目）。

正德时：苏瑞（伊府典簿）、徐升（高淳簿）、董淮（太平知事）、徐节（旌德丞）、龚鼎（广州卫经历）、李希蕙（郑州判）、林荣官（新郑簿）。

嘉靖时：李溥（今猗氏丞）、李儒（今宿州卫经历）、张文瑞（今和顺簿）、侯说（今长治簿）、董汝凤（今马湖府经历）、徐孟旸、胡恒、董惠民、李森、袁抑、高渭。

**【报效】**

国朝——

赵鲁、郑谦、张辐（俱学生。当初，太祖北征时，赵鲁等人拿着粮食迎于保定西水寨。太祖说：“忠孝的百姓啊!”授予赵鲁本县知县、郑谦新城知县、张辐本县县丞。后来被革职。太宗即位，又下诏说：“念你们戎马功劳，仍复旧职。”赵鲁历改藁城、山阳、壶口，张辐历改满城、大兴）、赵得（南锦衣卫指挥同知。以下俱永乐时期的人）、王敬、刘钦（都是保定后卫千户）、杨春（宽河卫千户）、贾宣（北豹韬卫百户）、董埙（保定后卫镇抚）。

**【贻封】**

汉朝——

卢它［景帝四年（前153年）封为亚谷侯］。（《郡志》）

宋朝——

赵从信（太宗太平兴国初年，封为雄州防御使，赠楚国公）。（《郡志》）

元朝——

何德全（凭借何源的贵重，赠承直郎）、董景福（凭借董志的贵重，赠朝列大夫）。

国朝——

刘德和（凭借刘观的贵重，赠太子少保兼都察院左都御史）、韩从义（凭借韩岫的贵重，赠行人左司副）、成埙（凭借成林的贵重，赠湖广道监察御史）、仲士信（凭借仲闳的贵重，赠淮安府同知）、杨朋益（凭借杨聪的贵重，赠三原知县）、侯文质（凭借孙子侯瓒的贵重，赠南京兵部尚书）、侯林（凭借侯瓒的贵重，同侯文质之赠）、袁亨（凭借孙子袁宗儒的贵重，累赠南户部右侍郎）、袁安（凭借袁宗儒的贵重，同袁亨之赠）。

**【任子】**

元朝——

殷端异。（阙）

国朝——

侯巽（以侯瓒荫，四夷馆中书）。侯讷（以祖父侯瓒荫，监生）、侯谧（以侯观荫，詹事府主簿）、侯诰（以侯观荫，锦衣百户）、袁扬（以袁宗儒荫，监生）。

## 祥异第十

《雄乘》说：《洪范》验证极限，《春秋》考证特异，萎靡的气数，我辈人责无旁贷，见到停滞就想到惭愧，见到灾难就会想到反省，或许夙兴夜寐，天道威严悠久长霁，从前雄县是战区，今天雄县是乐土，追述往前，远远地浏览、明白地感觉，《雄乘》祥异。

**【秦朝】**

始皇二十年（前227年）甲戌，秦国在易水攻破燕国（当初，燕太子丹在秦国做人质，逃回燕国，怨恨秦国，想要报仇，派遣荆轲刺杀秦王，送到易水。到了秦国，没有成功。秦大举发兵，在中山接近王翦，在易水西与燕国大战，大败燕国。刘因有《归雄吊荆轲文》）。

**【汉朝】**

献帝兴平二年（195年）乙亥，公孙瓒修城易京。（之前，有童谣说："燕南垂，赵北际，中央不合大如砺，唯有此中可避世。"公孙瓒用易地抵挡，被鲜于辅攻破，后来就迁徙镇守易地，筑造围堑十重，筑土堆高十丈，崇楼铁门，专门与姬妾居住，疏远宾客，无所亲信，谋臣、猛将逐渐零落分散，并且说："兵法，百楼不攻。今吾诸营楼櫓数十重，囤积谷物三百万斛，粮食吃完，足以用来对待天下的事了。"）建安三年（198年）戊寅，袁绍攻打公孙瓒，包围了他（袁绍连年攻打公孙瓒，不能攻克，想要与他消除仇怨联合在一起，公孙瓒不答应，增修守备。袁绍于是大举兴兵攻打公孙瓒。之前，公孙瓒的别将有被敌人所包围的，公孙瓒不去救援，说："救一人，就会使后面的想要依靠救援，不肯奋力战斗。”等到袁绍攻打南界，别营知道不被救援，有的投降，有的溃败。袁绍军队径直到了易京，公孙瓒的人一天一天缩减）。四年（199年）己卯，春三月，公孙瓒自焚而死（黑山贼张燕率兵救公孙瓒，秘密派人带着书信，使举火作为响应，公孙瓒想要从城内出战。袁绍得到他的书信，按约举火，公孙瓒于是出战，袁绍设埋伏攻打他，公孙瓒大败，又返回自守。袁绍挖地道，穿过到达公孙瓒的城楼下，烧它，城楼于是倾倒，慢慢到了城中。公孙瓒把他的家属全部缢死，引火自焚）。

**【晋朝】**

武帝咸宁五年（279年）己亥，春三月，未到霜时而严霜下，使桑麦枯死无收获。

惠帝元康八年（298年）戊午，发大水。

**【后赵】**

建武四年（338年）戊戌，夏五月，大蝗灾。

**【后秦】**

建元十八年（382年）壬午，夏五月，蝗灾。大丰收。

**【北魏】**

神瑞二年（415年）乙卯，连年饥荒（北魏连年霜、旱，民多饿死）。

延兴三年（473年）癸丑，大水。

太和十一年（487年）丁卯，春、夏大旱（发生牛疫，老百姓死亡）；秋七月，救济。

**【隋朝】**

恭帝皇泰二年（619年）己卯，窦建德派高士兴在易水抵抗唐兵，高士兴投降了他们（当初，隋朝大臣罗艺投降于唐，唐让他任幽州总管。夏天，窦建德带兵十万入侵幽州，派高士兴在易水抵抗罗艺军队。罗艺刚抵达，高士兴就投降了，窦建德失败而归）。

**【唐朝】**

中宗嗣圣十三年（696 年）丙申，失陷于契丹（河北震动。周武氏执政，起用狄仁杰为魏州刺史，河北才开始平定）。神龙元年（705 年）乙巳，发大水。

玄宗天宝十四载乙未，失陷于安禄山（禄山危于范阳，所以先攻陷了它）。

代宗广德元年（763 年）癸卯，春正月，收复；夏四月，分属幽州节度使（河北副元帅仆固怀恩北伐史朝义，贼将李怀仙请求投降，杀了史朝义，传送首级到京师，于是让李怀仙当了节度使）。大历六年（771 年）辛亥，春三月，干旱（米每斗千钱）。

昭宗天祐三年（906 年）丙寅，秋九月，刘仁恭招募士兵戍守瓦桥（梁王朱全忠认为幽、沧相互首尾，是魏的忧患，引兵渡河，包围沧州。刘仁恭救援，下令境内男子十五以上、七十以下，全部自备兵器、粮食到行营，在脸上刺花纹称“定霸都”，士人则在他们的手上刺花纹称“一心事主”，得兵十万，驻扎瓦桥，畏惧汴军强大，不敢出战。城中粮食用尽，朱全忠派人游说刘守文说：“为何不趁早投降?”刘守文登城回应他说：“梁王正以大义使天下归服，如果儿子背叛父亲，将来您能安心任用吗?”全忠因为他的言词正直而感到惭愧，为此放缓进攻）。

**【后梁】**

乾化二年（912 年）壬申，春正月，晋师及镇守平定的军队在易水会合，攻打幽州（晋王李存勖派遣周德威东出飞狐口，与赵将王德明、义武将程岩在易水会合，攻伐燕主刘守光）。

**【后唐】**

天成二年（927 年）丁亥，有收成（粟每斗十钱）。

清泰三年（936 年）丙申，冬十一月，失陷于契丹（当初，石敬瑭求救于契丹德光，草拟表奏称臣子之礼，约定将卢龙一道及雁门以北诸州送给契丹，契丹答应了他，秋九月奔赴救援，唐兵大败。德光拥立石敬瑭为晋皇帝。即位后，即刻践行前面的约定，雄县没于夷人）。

**【后晋】**

军队来进攻，占领了它（周德威派遣副将来攻打，他的将吏和莫州刺史李严都投降了）。

开运二年（945 年）乙巳，春三月，晋师在白沟打败契丹（当初，平卢节度使杨光远招诱契丹入侵。到这时，又入侵。驸马杜威等诸军在阳城会合，与契丹交战，向北驱赶契丹十余里，契丹越过白沟而去）。三年（946 年）丙午，大饥荒（盗贼蜂起）。

**【后周】**

广顺二年（952 年）壬子，契丹发大水（雄州发大水，流民进入边塞的四十万口。后周下诏所在赈给存粮安置他们。中国之民被掠能归来的十五六万人）。

显德六年（964 年）己未，夏四月，世宗亲自将兵讨伐契丹。五月收复，设置雄州，派陈思让戍守雄州。（世宗因为北部边邑没有收复，下诏亲征，命令亲军都虞候韩通等水陆并进。他的水陆都部署赵匡胤先至瓦桥关，契丹守将姚内斌带领全城投降，接下来关内全都平定。世宗在行营宴请诸将，商议夺取幽州。诸将说："陛下离京四十二日，不战而胜，夺取燕南之地，这是当世少有的功劳。今虏骑都聚集在幽州之北，不太适合深入。"世宗不听，于是趋入幽州。赶上日暮，返回住在瓦桥。任命瓦桥作为雄州的关口，让陈思让戍守。世宗生病，于是还朝）

**【宋朝】**

太宗太平兴国五年（980年）庚辰，冬十二月，契丹入侵，皇帝亲自带兵抵御他们（契丹主贤围困瓦桥关，南京留守耶律休哥率领精骑渡水而战，官军大败，耶律休哥追至鄚州。皇帝亲自将兵抵御他们，驻扎在大名，让高琼担任楼船战棹都指挥使，统帅船只千艘，趋雄州，敌虏逃遁，于是凯旋。皇帝的诗有"一箭不遗戎马遁，六军空恨阵云高"之句）。雍熙三年（986年）丙戌，春正月，曹彬出师讨伐契丹（当初，贺怀浦带兵驻扎三交，喜欢议论边事，和他的儿子知雄州令图上书说："契丹君主年少，母后专政，宠幸当权，请求趁着他们的嫌隙，夺取燕蓟。"皇帝相信他们的说法，让曹彬担任幽州道行营都部署，崔彦进为副手；米信为西北道都部署，杜彦圭为副手，出雄州。三月，于是就在新城东北打败了契丹）。夏五月，曹彬驻扎军队在雄州（当初，曹彬军队驻扎在涿州，契丹耶律休哥兵少，不敢出战，在林莽设置埋伏，断绝粮道。曹彬居住在涿州十日，粮食用尽，退师于雄州。皇帝赶紧遣使阻止曹彬，急忙带领军队，沿着白沟河，与米信军相接，等待潘美、田重进合力以取幽州。后来曹彬打了败仗）。冬十二月，契丹诱捕了知州贺令图（之前，耶律休哥谍报欺骗令图说：“我在本国获罪，一直想要归顺南朝。”令图相信了他，私自赠送重锦十两。等到我刘廷让打了败仗，休哥宣言“愿拜见雄州贺使君”。贺令图认为他来投降，想要独占这份功劳，随即带领数十骑迎接他。到达后，耶律休哥捉拿了他。从此，河朔戍守军队不再有斗志。契丹趁着胜利的形势让军队迅速地向南方挺进，杀害官吏，俘虏士民，用车载金帛而去）。

淳化四年（993 年）癸巳，春三月，开始屯田（当初，何承矩到雄州，就有建屯田的建议，正赶上黄懋也请求在河北兴建水田，于是以何承矩为使、黄懋为判官，发动河北诸州戍兵供他们役使）。

至道元年（995 年）乙未，夏四月，契丹入侵，何承矩御敌，击退他们（何承矩记录子河汉之捷，告谕州民，并且在集市公布。契丹间谍知晓，羞愧愤恨，将袭取何承矩来雪耻，夜晚带领数千骑兵抵达城下。何承矩整顿军队出来抵抗，黎明，与契丹酣战，契丹失败逃走。皇帝听说敌虏入侵的原因，认为何承矩轻佻惹事，失守防御体系，罢免了他）。

真宗咸平三年（1000 年）庚子，春正月，契丹率军退回，范廷召追赶打败了他们（当初，契丹入侵，知道皇帝亲自带兵，驻扎在大名，于是肆意掠夺而去。范廷召追赶到雄州城南打败了他们，斩首万余人，全部获取了所掠的东西，余寇逃遁出境）。

景德元年（1004 年）甲辰，冬十二月，与契丹签订和议于狄夏头（皇帝亲自带兵，驻扎在澶州。契丹请求订立盟约，派遣曹利用过来在狄夏头签订和议，以白沟为边界。从此南北止息战事，这是寇准的功劳）。三年（1006年）丙午，春二月，知州李允则修筑城郭。

大中祥符元年（1008年）戊申，有年成（每斗米七八钱）。

仁宗天圣六年（1028年）戊辰，秋八月，发水。

康定元年（1040年）庚辰，契丹入侵，王劻抵御他们（契丹将胡知远侵犯雄州榷场，王劻担任经略安抚使，于是下令果敢勇猛的将士抵御敌人，获胜，胡知远于是逃遁离开）。

嘉祐二年（1057年）丁酉，夏四月，地大震（毁坏城郭，被压死的有数百人）。

神宗元丰年间，契丹兵窃取关锁（刘舜卿管理州事，契丹兵夜窃关锁，官吏秘密地让刘舜卿闻知，刘舜卿只换了那门键，加大了它。后来几日，契丹兵牒送盗人和锁至。舜卿说："我们未曾丢失关锁。"命令加在门上，不合，和盗人一起归还了他们。敌虏非常惭愧，给盗人治罪）。

哲宗元祐八年（1093年）癸酉，秋八月，发水。

徽宗宣和四年壬寅，夏四月，白色的长虹穿过太阳（当时是四月十五日，是童贯出师的时候。出门，牙旗杆折断；接着，丢失了二认旗）；五月，地震（五月戊寅、己卯、庚辰，连续几夜有如盂碗的流星，自紫微、文昌犯天津、河鼓，越天汉斗牛间，都向南而奔曳，光如匹练，十余夜不停。当时正用兵，雄州地震。接着，雄县办公的宫室，突然元武出现，龟大如钱，朱蛇仅像筷子，每当行走一定互相追逐。二师祭拜它们，用银盒收藏，放置在城北楼真武庙。第二天，开启视看它们，都死了。二师，是童贯、蔡攸）；六月，童贯在白沟攻击辽军，打了败仗，军队退到雄州（之前，宣徽使童贯驻军高阳关，以蔡攸作为副手。采用知州和诜的计策，赐予黄榜，阐述慰问百姓讨伐有罪的意思，并且说："如有豪杰能拿燕京来献的，马上任命节度使。"于是就把雄州广信军分为东、西路，命都统种师道保护诸将进兵。种师道总领东路兵，驻扎白沟；辛兴宗总领西路兵，驻扎范村。辽人大声叫嚷着前进，种师道前军统制杨可世打了败仗，士卒大多受伤，雄县、鄚州之间死尸一个挨着一个，于是退守雄州。皇帝听到报告而害怕，下诏班师）；秋九月，刘光世打了败仗（刘光世进军，应易州太师高凤之约，至白沟，被牛栏军打败，不能前行），刘延庆将军队停留在雄州；冬十月，辽人萧容、韩昉抵达雄州（萧容、韩昉到，童贯、蔡攸以军礼接见他们。童贯、蔡攸依据他们所上表奏不予归附，只纳款、称臣，指挥军队而去，斥责萧容、韩昉说："不归附不受。"韩昉笑着说："纳款就是归附。敌虏种类纷杂，不容易图谋，朝廷应当想两全之计，不要遗留至日后后悔。"童贯凭着萧后的旨意飞快地表奏朝廷，留萧容、韩昉在雄州，听从朝廷指挥），童贯又进兵攻辽，打了败仗，退师于雄州（当初，七月，下诏再举讨伐辽国。到了这里，童贯派遣都统制刘延庆、观察使郭药师带兵十万出雄州，让郭药师作为向导，渡白沟，到良乡。辽将萧幹率众来抵抗，刘延庆战败。又派遣大将高世宣、杨可世与郭药师率兵，加速赶路偷袭燕山。萧后秘密告于萧幹，萧幹返回燕地卷入战斗，郭药师、杨可世打了败仗但活着回来了，高世宣战死在那里。萧幹又纵兵追赶刘延庆，刘延庆军队溃败，退守雄州。燕人知道宋朝无能，作赋和歌诗来讥讽他们）。七年甲辰，春三月，童贯入燕犒劳军队（童贯从河间、鄚州、雄县进入燕地。马廉访从保州进入鄚州，在任丘迎接童贯。因为谈论兀室已擒获天祚的事情，告诉童贯应赶紧备边，防备女真。童贯到了燕地，安抚犒劳郭药师以下军不一，仍然召集逃亡军人，以及招收各处游手充实到军队，用来守边）。

钦宗靖康元年（1126 年）丙午，冬天，命令马忠带领所统军队趋往雄州，追袭金人。签书枢密院使张叔夜在白沟河为保全节操而死。二年（1127 年）丁未，秋九月，失陷于金人（金阇母攻陷河间府、雄州）。

宁宗时，蒙古将领张柔来攻，攻占了雄州（张柔为河北都元帅，攻取了金的雄州）。金人又夺取了雄州。

**【金朝】**

天会七年（1129 年）己酉，设置永定军节度使，赐名易阳郡。

贞元二年（1154 年），户口增加（来属户二万四百一十一户）。

贞祐元年（1213 年）癸酉，冬十二月，蒙古主留怯台亲自带兵来攻，攻破了它（留怯台与儿子拖雷由中道攻破雄州。東鹿令焦世用分开捍卫北城，力竭而投降。人民几乎全被杀戮，将金帛、孩子妇女席卷而去，房屋被焚毁，城郭变成废墟）。

**【元朝】**

至元六年（1269 年）庚辰，春三月，发大水（平地水深三丈，民居一半被淹没）。十九年（1282 年）壬午，秋七月，干旱。二十七年（1290 年）庚寅，夏四月，易水涨溢（田地、房屋被冲没而没有遗留），大蝗灾。秋八月，地大震（地陷，黑沙水踊跃而出，毁坏官署、民居不能逐一记述，压溺死伤的人非常多）。

泰定三年（1326 年）丙寅，夏四月，饥荒。（当初，张珪归省保定，皇帝想接见他，召还，问他说："卿来时，民间怎么样？"说："我张珪年老，很少宾客，不能知道得很远。真、保、河间，我的乡里，饥荒非常严重，朝廷虽然用金帛赈济，恩惠未及的十之五六。"皇帝非常悲伤，命令赈济粮食。四月，又免半租）

天历二年（1329 年）己巳，夏四月，干旱、蝗灾，百姓饥饿。

至正十九年（1359 年）己亥，夏五月，大蝗灾（飞蝗遮蔽天空，沟堑全被填平。百姓大饥，银一锭换米八升，有杀子而食的情况）。

**【国朝】**

太祖洪武元年（1368 年）戊申，春三月，大将军徐达来攻取雄州，于是攻下了它（当时徐达与常遇春在临清会合诸将，率马、步、舟师进攻，于是攻克了它，进而包围燕都）。三十二年（1399 年）己卯，秋八月，我师袭击攻破雄县，总帅都督杨松、潘忠被打败战死（当初，靖难师起，我师既克滦河，燕山中护卫、副千户张玉进言说："都督杨松、潘忠在雄州，阻扼我们南路，应该先擒拿他们。"皇上非常高兴，于是发兵，命张玉为前锋、副千户朱能为副手，又得到向导刘泰，于八月十五日夜偷袭攻破其东门，敌众败逃，追赶到易阳桥，捉住他的总帅杨松、潘忠，不屈而死。又追击他的余众到鄚州，斩获非常多，于是乘胜长驱而南下）。三十三年（1400 年）庚辰，夏四月，曹国公李景隆、都指挥平安来攻打，皇帝亲自带兵抵御他们，大战于白沟河，礼部侍郎陈复初为之而战死（当初，景隆受革除之命，以陈复初为监军，率兵攻打北平城。当时朱能率领军队，跟随太宗到郑村坝，与景隆军队相遇，大战，城中也出兵夹击他，景隆狼狈逃走回到雄县，又收取溃散的士卒，号称百万，进攻。太宗亲自带兵抵御他，以朱能为前锋，张玉、武胜、李彬、陈珪、陈中孚、薛禄、陈贤诸将各进兵到白沟河，打败他的都指挥平安军。到了庚申，又与景隆兵战斗，大败他。陈复初穿好朝服，向南拜了两拜，跃马跳入河中而死。第二天，让朱能率领左哨当前锋，又大败景隆兵，全部攻克他的寨栅。景隆于是逃守济南，我师追击他）。

英宗正统年间，蝗灾（派遣吏部右侍郎魏骥捕杀）。

宪宗成化六年（1470 年）庚寅，夏涝，秋旱。二十二年（1486 年）丙午，夏四月，有年成（夜雨，昼晴）。二十三年（1487 年）丁未，发大水。

孝宗弘治元年（1488 年）戊申，春三月，知县王梦贤修建城池。二年（1489 年）己酉，夏六月，发大水（城市乘桴，野田被冲没而没有遗留）。

武宗正德十二年（1517 年）丁丑，夏六月，发大水（禾稼全部被毁坏，百姓饥荒严重、瘟疫流行，死者纵横交错地躺在一起）。十三年（1518 年）戊寅，冬十月，星斗陨落为石（大如斗）。十四年（1519 年）己卯，春，瘟疫流行。

今上皇帝嘉靖二年（1523 年）癸未，夏六月，知县易鸿在集市诛杀不孝妇。十年（1531 年）辛卯，夏六月，发水，免田租一半，饥荒严重。十一年（1532 年）壬辰，春二月，大赈灾民；夏六月，李氏妇在瓦桥诛杀不孝子安。十二年（1533 年）

癸巳，秋八月，下大雨和冰雹；冬十月（丁丑），星斗陨落如雨。十三年（1534 年）甲午，有年成。十五年（1536 年）丙申，夏天蝗灾，秋天水灾。十六年（1537 年）丁酉，春二月，大雨伤麦，大赈灾民。

《雄乘》下卷完结。

门下史熊兰、赵桃撰写

附文：雄州秋兴，兼赠少溪谢公德清之别诗八首（略）

从前镜堂公的《乘雄》，采择精当，法度谨严，所以在诗文中都取其要领而附见，镜堂公的自作则回避而不录。况且《雄乘》再次付梓，错失现在而不收录，后人将要怎么留传呢？所以《河疏》诸作，我就补上了，而《秋兴》八首尤为当时所珍视，所以附之于卷末，希望好事的有所证明啊。

嘉靖丁酉夏四月，沙田王世臣识

王齐说："我少时就成为孤儿，遭遇兵燹之余，父亲的书籍都丢失了，又不是很被师友所重视，失望间没有探索门路的方法，所以闻见也少。弱冠之年得领州县的荐举，在雄县就任教谕，编撰《乘雄》。雄县没有许多大夫、士子，而书史也很少保存，一年到头辛勤劳动，犹如没有就职。所以《雄乘》未备，而少溪已经刻传了。等到做任丘牧，屡次领教少傅序翁及诸名公的教诲，且能够多读异书，删剔补正，视旧孔益，想要再次付梓而不能够。今年春，鲁西王侯崇尚文治，仁爱敦厚，化生万物，济世引导人民，给予我《任丘志》的成果，谋划此事于沙田，又委托订正，然而实在是不能详详略略如《任丘志》，姑且厘清而归纳它们，其卷为二，其纲为十，其目六十五。"

嘉靖十六年（1537年）四月八日

## 跋《雄乘》后

《春秋》，鲁国的历史，万世信奉它的没有差别的，只是它的公正的褒贬善恶罢了。说到志，是县的历史，如果作者虽然擅长文字而褒贬不恰当的话，对于志来说又有什么珍贵的呢？《雄乘》，是雄县的历史，我的老师镜堂公的手迹，巨细分别，黑白毕陈，他的心公正，他的论正确，足以信天下、诏后世，而且为国史的采写提供了足够的证据。噫！《雄乘》的修撰而劝勉雄县的善者、使恶者惧怕，它辅佐世人、树立教化而功德于雄人的情况，与雄相为终始。展卷阅读之下，惊惧而产生敬慕之心。《雄乘》，大概是雄县的《春秋》了吧！

嘉靖癸巳菊月吉日，门人刘儒顿首拜书

# 附录

天一閣藏明代方志選刊

# 雄乘

# 叙雄乘

歲壬辰冬雄乘成少溪子適綰符来既服涖覈厥廣典咸既厥心即有關者稽于衆僉曰諸苟完無已惟邑史少溪子憫焉方圖厥成惟成之艱乃請之鏡堂子鏡堂子曰噫吾輩已爲之矣惟力靡競靡競弗勤是故弗梓因啓聽犂然就緒復相與訂正品秩彬彬焉蓋至是績既底矣夫梓工也史業也惟業之修于工何有雄民雖甚貧吾之俸亦可以贍吾何靳也夫吾何靳也夫鏡堂子爲王元修氏博物洽聞天分高擅史才其爲乘也核而精質而正嚴而有則旨遠辭文而不詭于雅是故可以永式矣　嘉靖癸巳夏六月少溪謝九儀識

# 自敘

鏡堂王齊曰雄舊弗乘于諭雄之三年以太守北泉闞公命始乘之乘疆域以正封也乘山河以明績也乘風土以經俗也乘田賦以恤隱也乘建置以序位也乘禮制以昭度也乘官師以鑒治也乘人士以章獻也乘選舉以右教也乘祥異以示畏也三月迺既予不才是懼爰命諸子襲相校勘適少溪謝侯綰章涖政遂筆削以傳焉嗚呼雄無其乘猶無雄也嘗閱前諭魏公綸前令馬公紀欲乘弗果今果乘者北泉少溪之功也予奚有焉敘厥始終以徵歲月若夫刪繁剔穢補闕正訛更有望于大方諸君子云

# 雄乘目録

## 上卷



## 下卷

人士第八 仕籍 武功 孝子 義士 節婦

選舉第九 進士 貤封 舉人 任子 貢生 監生 報効

祥異第十 祥異

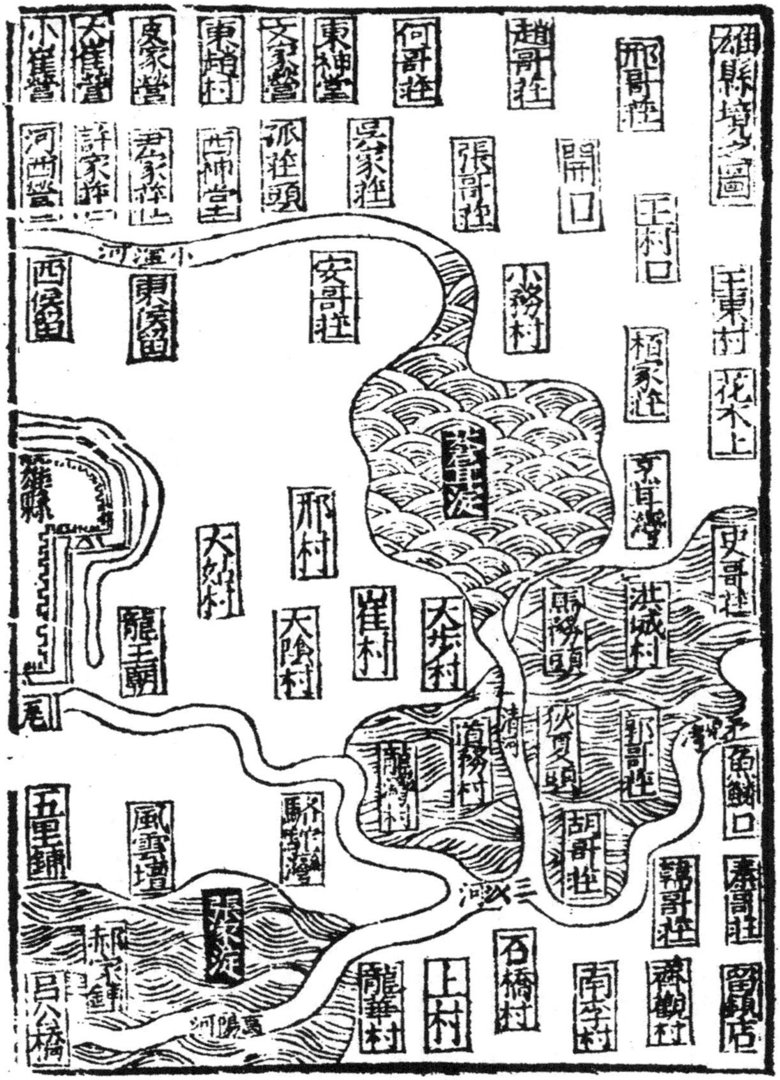
雄縣境之圖
邢哥莊
趙哥莊
何哥莊
東神堂
文家營
東趙村
大崔營
小崔營
王村口
開口
張哥莊
吳家莊
張莊頭
西神堂
許家莊
河西營
王東村
花木上
小務村
安哥莊
西侯留
東侯留
雄縣
邢村
崔村
大步村
洪城村
龍王廟
郭哥莊
胡哥莊
秦哥莊
韓哥莊
五里鋪
石橋村
上村
龍華村
呂公橋

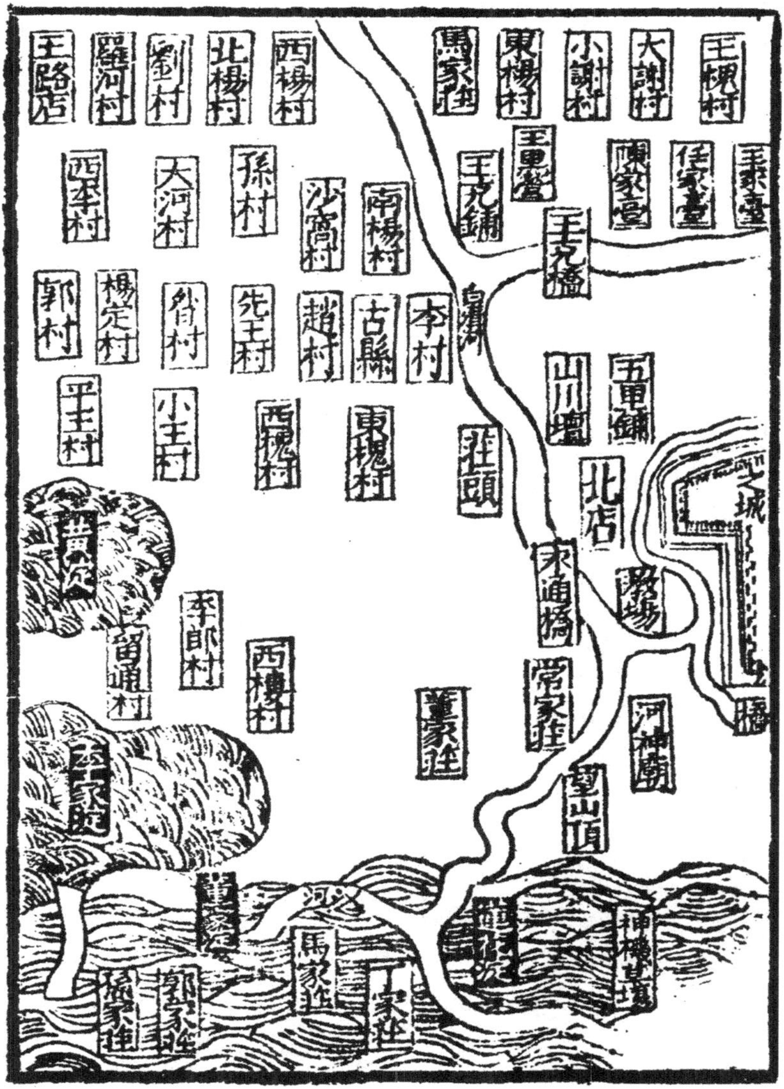
王槐村
大謝村
小謝村
東楊村
馬家莊
西楊村
北楊村
劉村
羅河村
王路店
任家臺
陳家臺
王允鋪
南楊村
沙窩村
孫村
大河村
西李村
王允橋
李村
古縣
趙村
先王村
楊定村
郭村
五里鋪
山川壇
莊頭
東槐村
西槐村
小王村
平王村
北店
城
永通橋
教場
常家莊
董家莊
河神廟
望山頂
西樓村
李郎村
留通村
馬家莊
丁家莊
孫家莊

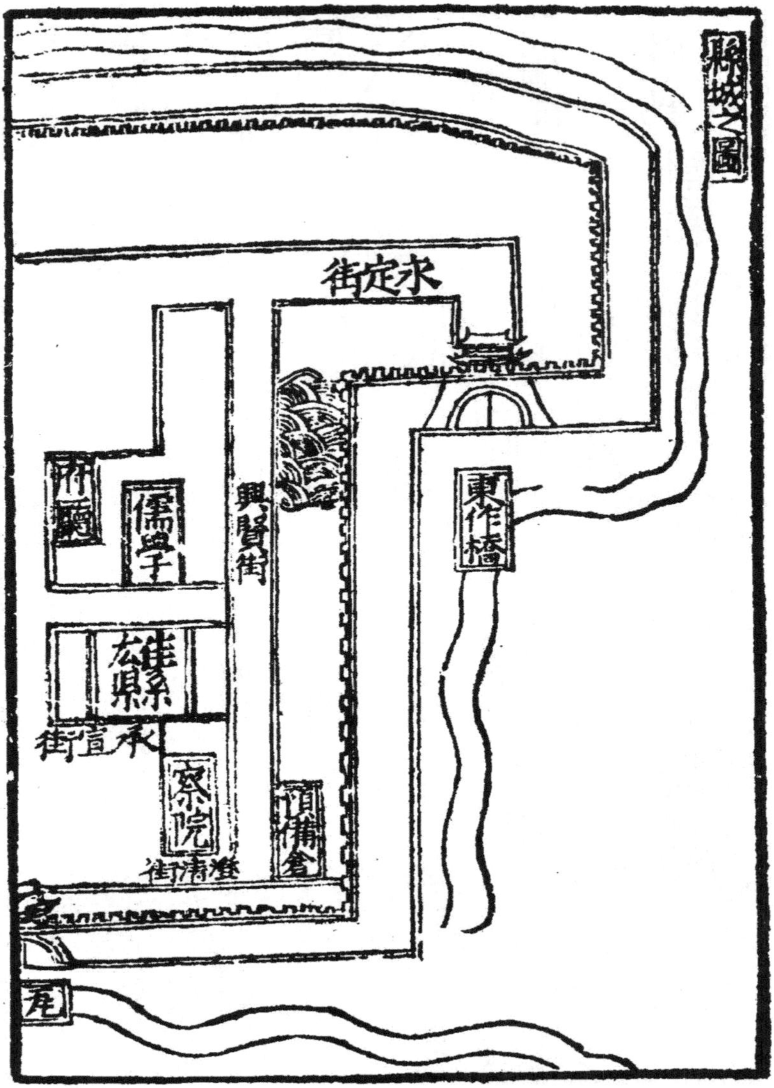
縣城之圖
永定街
興賢街
府廳
儒學
雄縣
承宣街
察院
預備倉
東作橋

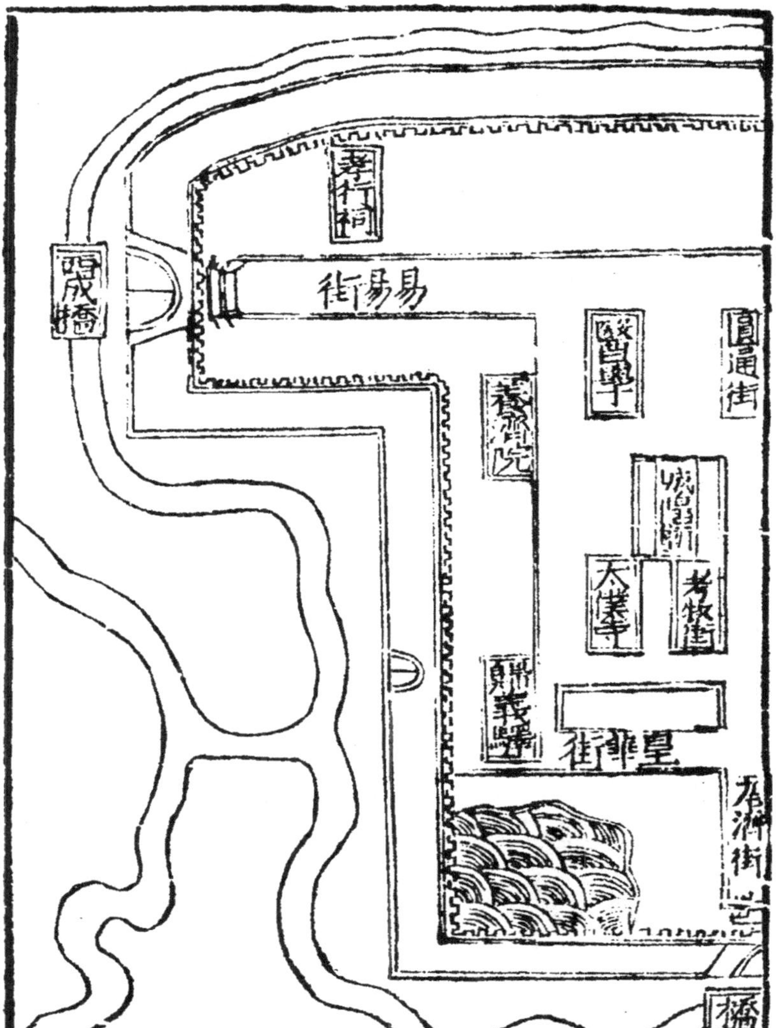
孝行祠
易陽街
養濟院
醫學
考牧街
皇華街
橋

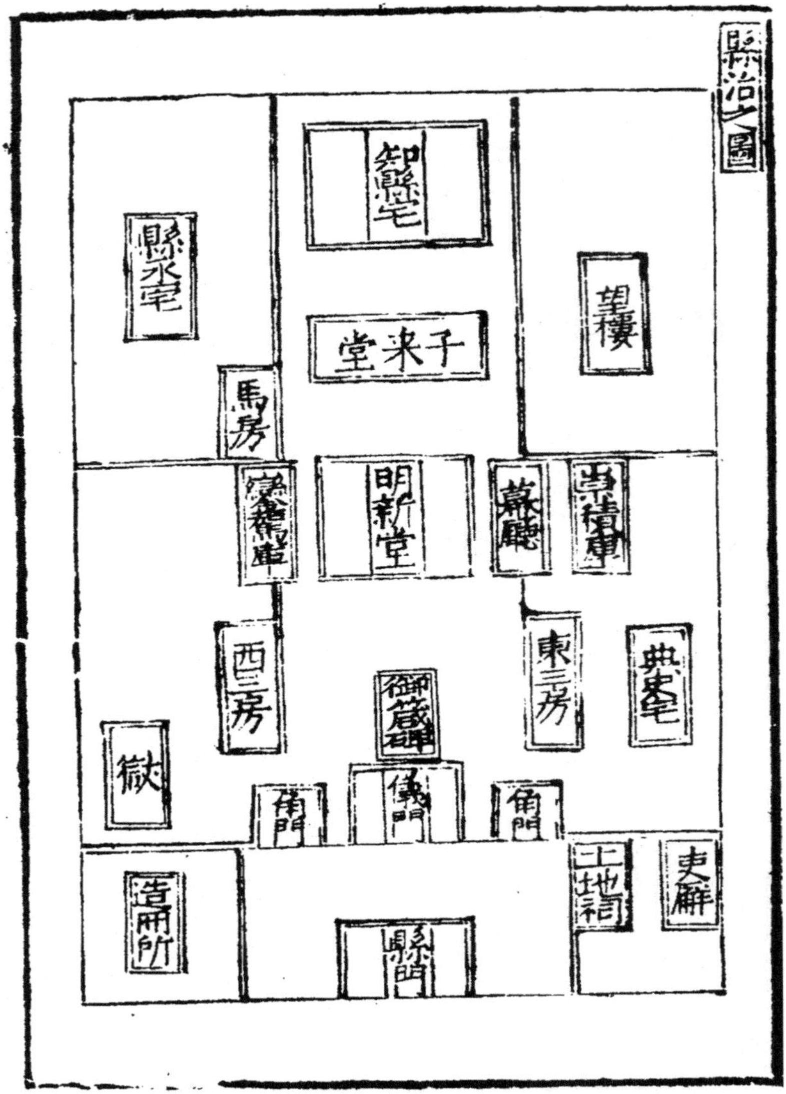
縣治之圖
知縣宅
縣丞宅
子来堂
望樓
馬房
明新堂
幕廳
西三房
東三房
典史宅
御箴碑
獄
角門
儀門
角門
土地祠
吏廨
造冊所
縣門

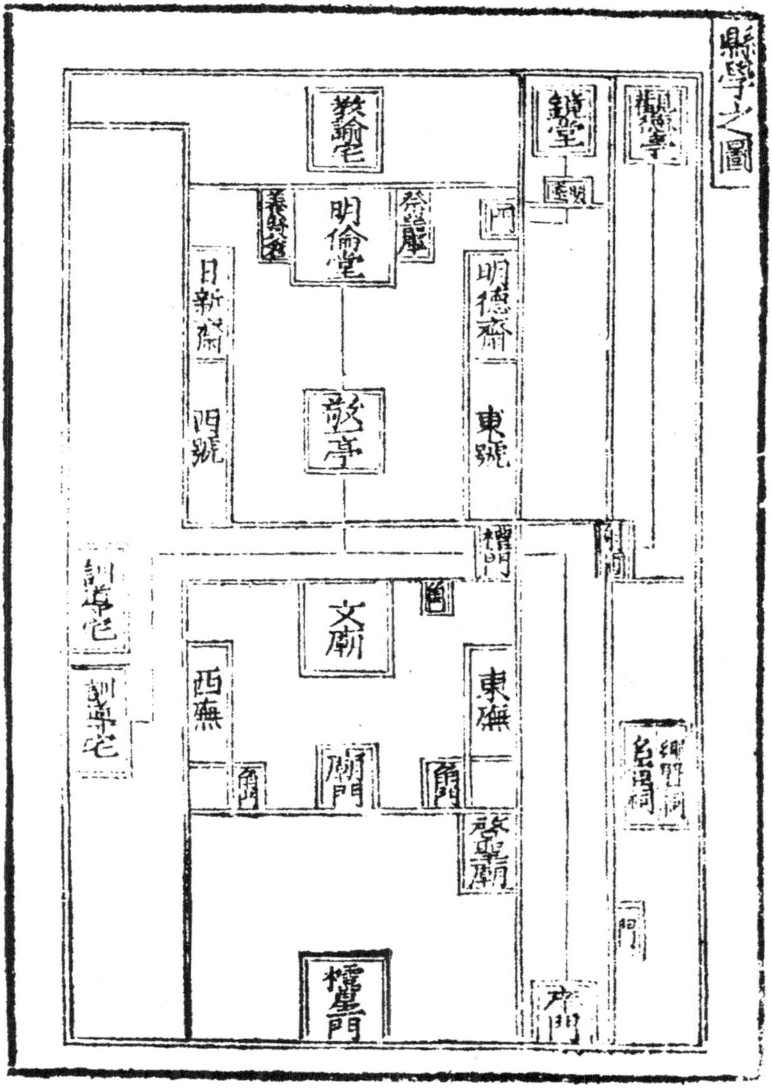
縣學之圖
教諭宅
饌堂
明倫堂
明德齋
日新齋
西號
東號
文廟
西廡
東廡
訓導宅
訓導宅
鄉賢祠
名宦祠
儒學門

# 雄乘上卷

新蔡王齊撰

## 疆域第一

乘曰：於赫邦畿，厥惟幽冀。顓頊兹雄，地昔儼崇。關趙北燕，南出夷入夏。宰割分制，因革變遷，載籍孔昭，古今可述。

### 乘疆域

沿革　今雄，直隸保定府之屬縣也。在昔神農氏王天下，始有地里。黄帝受命，畫野分州，都於涿鹿（今涿州），雄在涿之南。唐堯繼帝嚳而興，還屬冀州，如顓帝之所建。虞舜受禪，析冀爲幽幷，雄爲幽州南境。夏殷如唐。周興，復分冀爲幽幷，屬幷州（職方曰其浸淶易）。武王仰觀俯察，其分爲燕，以封召公奭。又爲燕地。歷春秋戰國，燕王喜十二年，趙拔我武遂（今安肅方城今固安遂入於趙秦滅六國置天下為四十郡雄屬上谷漢閒項羽封臧荼王燕都薊是雄皆其地也漢高帝十二年伐燕克之封盧綰為燕王改上谷為燕國分置涿郡肇建易縣以屬于涿今西北古縣是也文帝元年改屬河間國武帝置幽州刺史部并隷于幽景帝封綰孫降王盧它為亞谷侯亞谷在城之東東漢獻帝時公孫瓚遷今治號易京與武遂黑山賊連結為亂袁紹討平之遂復于漢昭烈在蜀魏因有之晉改為易城縣永康後陷于石趙據於慕容燕奪於符秦復於晉歸於元魏至高齊省入鄚州自漢歷北朝咸屬幽州郡不改隋開皇三年廢郡為州又屬于涿大業三年改州為郡遂屬河間唐武德元年改

郡爲州始陞縣爲北義州隸幽州總管府後七年改總管爲都督府貞觀六年併省州郡置十道州廢八年復置歸義縣屬河北道仍隸幽州都督府天寶十四載陷于禄山至德間肅宗收復五代初建瓦橋關今南關也石晉割幽燕十六州賂遼資兵伐唐雄沒於遼遼陞幽州爲南京又更爲析津府周世宗顯德六年收復瀛鄚遂廢鄚置雄州雄之名始此幷縣以容城新城来屬仍於瓦橋戍重兵與霸州益津關瀛州高陽關相犄角以控扼幽薊宋太平興國六年以雄州新鎮復置平戎軍改縣爲歸信至道三年分天下州軍爲十五路遂屬河北路數爲遼来侵景德間與定和議於狄戛頭以白溝爲界河政和三年賜州爲易易郡置廣信軍宣

和間遣使約金人夾攻遼遼亡復其地改析津爲燕山府
靖康以後燕冀北路皆没於金金改易易爲永定軍隸燕
京即燕山府元至元二年軍爾俱廢二十一年復建雄州隸大
都路總管府明年改大都爲燕寧府又明年隸順天路又
隸保定路

國朝洪武初改州爲縣改路爲府因屬之又設雲川衛永樂
間遷於白楊口今縣編戶社十有二屯七
社屯人和社居民在城河西住關東趙義和郝家西樓庄頭李郎留通東侯留小崔東槐西
槐常家西侯留利人葛村劄村南楊大河楊定羅王克古縣河沙窩北楊孫村東李西李太平渠河李村
馬家先王朱哥趙村西留大謝西楊楊家王槐東楊小謝進福孤庄神堂東趙何哥趙哥邢哥慶豐庄頭
開口董家大姑劉家張哥馬務郭哥豐樂亞谷郝家小王右縣大陰安哥邢村龍灣崔村胡哥道務秋聂洪城

衆安下村王村狄家小葛大葛進賢洪城魚鱗大葛史哥秦哥韓哥張家王東烹耳楊哥實興龍華
石橋小務昌頁史哥秦哥齊留鎮彩家福川觀南李北李安寧小姑王路上村留村民歌屯居民
永通北關保寧淶河禮義任家陳家定安李郎輯睦西留四角河致福郝家
王家殷富常家北關

王齊曰社爲土民屯爲遷民遷民皆永樂間遷南人填
實京師者遂以雲川貽地給之今生齒衆而地不加一
遇水旱死徙多矣雖以七屯出三社之後猶爲不給請
幷入以補土民之闕何如

封土縣在京師之西南二百有六十里保定府之東一百
有二十里其東爲霸州之保定附郭東南則文安南爲河間
之任丘西南則安州之高陽其西爲新安西北則容城其

北為新城東北則霸州廣九十里袤四十里　東至保定
之栢木橋四十里到保定則六十里西至新安之大楊村
二十里到新安則四十里南至任丘之易陽橋十有二里
到任丘則七十里北至容城之王祥鋪二十里到新城則
六十里西北到容城四十里以羅河為界東北到霸州六
十里以趙哥莊為界東南到文安九十里以亰垡灣為界
西南到高陽九十里以[redacted]為界
王齊曰雄以裁減小縣界於新城任丘巨邑間且路當
要衝（北有容城十里）遞者送迎不視界石而惟中道是代民有
不均之歎矣
分野雄疑在箕尾之間次析木寅位麗北斗樞星中台下

星占候主五車天嶽星先儒謂衛水南為趙分北為燕分分在箕尾之次考索云上谷入尾七度晉書自尾十度至南斗十三度為析木於辰在寅雄屬冀州寅位史記天官書二十八宿主十二斗柄兼之各有所屬雄屬斗之樞星宋史中台下星主冀五車星在畢宿北主五穀豐耗東北一星曰天嶽主燕趙分是也

〔形勝〕右跨白溝前臨易水郡志收復三關控扼燕薊輿地山川秀發雄鎮千里應邵地里雄冠中州星分箕尾劉駟角峙雙雄帶環諸水近則京師之咽喉遠則東南之門戶今乘正德間流賊不敢犯以可入不可出也

〔街〕十有五在永定門內曰永定東堯濟門內曰堯濟南易門內曰易易西縣前曰承宣西通驛倉前曰澄清西通察院學東曰興賢北通永定太僕行臺之東曰考牧驛前曰皇華〔圖〕通閣之東曰圓通北通永定南關曰堯橋橋之東北曰木

廠　西北曰灰街　東南曰東關　西關曰永通（以橋名）北

店曰北關

坊二十曰儒林在學之右　泮宮在學之左閣老牧在太

僕行臺之左　在尾濟者曰飛騰曰進士曰大司馬國（爲侯贊）曰

曰金榜傳芳曰大司徒國（爲侯觀）曰蟾宮接武曰及第國（爲侯恭）曰

豸史曰都憲國（爲袁宗儒）曰進士（爲何思）曰文奎（爲鄧亨）曰步雲（爲鄭）

襄曰秀拔（爲張濟）曰光裕（爲董時）曰貞節（爲李氏）在尾橋者曰登

崇（爲仲閎）曰貞節（爲胡氏）

店六縣南十里曰郝家（有鋪有所有蓮藕魚鰕）西三十里曰王路

北一十五里曰淶河（店分南北）東北二十里曰東趙　東南五

十里曰下村八十里曰留鎮

市九尾濟（南遇三日市北八日市）易場（六日市）尾橋（一日市橋上常市）北關（五日市）永通（十日市）淶河（四日九日市）東趙（二日七日市）下村（四日九日市）留鎮（五日市）

村四十有七縣之東二里曰亞谷七里曰崔曰小姑十有五里曰大姑四十里曰洪城　西三里曰西樓（亦有東樓中樓）十里曰李郎曰小王十有五里曰留通曰平王曰昝二十有五里曰大河曰羅河（俱以河得名）曰北楊（楊有東西南北以其姓也下放此）三十里曰劉曰李（李分東西）北二里曰西侯留十里曰王克二十里曰西留二十有五里曰大謝曰西楊曰王槐三十里曰東楊曰小謝　西北八里曰東槐十里曰西槐曰李曰古縣十有五里曰先王十有八里曰趙二十里曰郭曰楊定

曰南楊二十有五里曰孫曰沙窩　東北二里曰東倷留

三里曰邢三十里曰神堂亦有東西中之别　東南五里曰大陰二

十里曰道務四十里曰龍華曰上七十里曰石橋七十有

五里曰王東八十里曰齊覲曰小務九十里曰李亦分南北

莛二十有五縣之東三里曰安哥哥者諺語稱兄乃古人忠厚之辭二十

五里曰張哥曰郭哥三十里曰史哥　北三里曰賈家十

有五里曰馬家十有八里曰田家十有九里曰朱家曰高

三十里曰韓家　東北二十里曰胡哥二十五里曰何哥

亦分東西三十里曰趙哥曰邢哥四十五里曰劉家　東南五

十里曰大葛曰狄家五十六里曰小葛六十里曰秦哥六

十二里曰韓哥六十三里曰張家八十五里曰楊家　西

南五里曰常家曰董家臺三縣之北十有二里曰任家十有三里曰陳家　東北二十里曰王家訛爲望駕灣二縣之東南十里曰龍八十里曰烹耳一作蓬耳頭五縣之東十有五里曰伏夏三十里曰馬務　西三里曰莊　東北十五里曰孤莊　西南十有五里曰四角河口四縣之東三十五里曰魚鱗以多魚故也或曰民居之密如鱗　東北三十五里曰閘　東南五十里曰王村有渡曰清門務一縣之東南九十里曰蔡家

王齊曰雄之村落寔矣然地之在東南者獨遠且下而九河之水歸焉故東南之民十年九澇在西北者亦時

有白溝二溝之患此庚而不富也司水衡者可得不汲焉

營五（隸清衛軍所居故曰營）縣之北十里曰王黑十有五里曰河西二十里曰小崔曰大崔　東北十有八里曰皮家王齊曰我

太祖建都南京嘗設雲川衛于雄

太宗定鼎京師雄固畿內地也衛從民至今安之若求清軍營之在雄者遠于衛不屬于縣疆悍負固令不能約束日得民之地歲不供民之役車馬服舍漸甲於民民就貧矣有司者寧無處之

山河第二

乘曰翼翼雄關世守北陲扼津負險舉莫與京易水激
秦台满敝宋遷德易置陵谷變遷地利靡憑天險可恃
爰陳國紀聿存壯觀乘山河
〔山〕三西南二里曰大雄一名望山突出群表屹然獨尊特
領燕山如顧如望差翼小雄如呼如携俯視諸河淀若牛
涔蝸角帶束星羅峰頂亦廣闊可容數百武有亭有林木
宜晚照舉論魏綸詩烏翻落照照流卅綺風送歸雲補翠屏飄色遥連千里暗長虹斜壓九河明東南
一里曰小雄前瞰兀濟後枕城阜故傳多奇峰山今圮石鋒
有甘泉泉深不可測可愈瘡疾其上有五龍宮禱雨輒應
宮前有古桃冝暑夏多槐多榆宮右有庵有道魏綸詩雄山日照鶴晴烟
鬼削雲根迸出泉仙掌金盤嘗斷露峰頭玉井欠栽蓮

河二十西北三十里曰白溝，昔劉琨守此以拒石勒，一名
拒馬，即宋遼分界處。其源發涞山，經涞水關，達于定興，與白
澗、趙新城，今不東而南，至王克橋一支東下，由王家臺入
矛兒灣，抵天津一支南下，至北關北分流入雄河，經侯留
村東去（今漲則通，涸則塞），惟由永通橋環西南與易水合者，運濁
滷湧可畏，舟楫通焉。（元劉因詩：劉門霜落水天愁，匹馬衝寒瀾白溝。燕趙山河分上鎮，遼金風
物異中州。鄭經詩：易水南邊是白溝，北人為界海東頭。石郎作帝從珂敗，便割燕雲十六州。）十里曰沙
河，十有五里曰古乾河，曰涞河，二十五里曰羅河，曰大河
（皆淤）。西南十里曰易水，其源出固安縣閻鄉西山，東歷安
州北，受安肅之曹之徐，下連清苑之石橋之一畝泉，升蠡
之滋之沙之鴉兒、交唐之唐匯，入為九雄，當其衝，南向穿

蓮花淀會高陽河過易易橋由龍灣抵天津入于海其東
向者合白溝泊西郭為茬濟【史記】燕太子丹使荊軻刺秦王送至易水歌曰風蕭蕭兮
易水寒壯士一去兮不復還【國朝馮惟訥詩】荊軻一去不復返易水東流無盡期五里曰乾河或曰
運糧河今淤十有五里曰四角　二十里曰高陽自高陽
来由蓮花淀奔易易橋入易東下　茬濟門外者曰茬濟
易水合白溝為之舊自大雄山下南遶以入成化間改衝
西城循濠而南東會雄河尋易水入天津　雄城之周曰
雄河【郡志】派分易水圜繞雄城入茬濟東下【國朝】天順、間淤塞五里
知縣王夢賢濬之今淤　東南六十里曰清河自任丘来歷清口門經
矛兒灣入天津　二十五里曰玉帶自鄚州来今淤五里曰閘河
人言楊延昭運糧河尚有六郎橋六郎延昭行地　東北三十里曰運河源發盧溝

經新城東南由何哥入天津 二十里曰運糧東南四十里亦有之（今淤）東三十五里曰三汊以其會易水白溝清河之三故名東北三十有五里亦有之 西三里曰黃灣爲易水支流秋汎則旁溢爲災

王齊曰雄之河皆西北山水實渾濁易淤故多塞今之通者亦淺於往年矣君子固濬而小人方以曲防爲功是誠築垣而居水也果禹之治水乎抑圭之治水乎吾不得而知也

淀二十有九 港二 灣六 泊五 漕一 溪一 渡二 窩一 東之淀在安哥曰張家曰姚家（各方十里）曰趙家（方十里）曰馬山（方三里）在大姑曰蒼耳（方三十里多蒼耳泛則漲天涸則匝地）在小姑曰綠鬚（方五六里）

草生如鬢在馬務曰馬阜亦名馬務方二十里曰白以不毛也曰稻或生稻也各方二三里西之淀在西樓曰李家有大李有小李各方四五里港曰薛曰運窊曰黃淀方十里以取土築縣故名在李郎曰燒車方三十里在雄為少新安為多皆人載灰過雨而燒故得名焉渡曰婆婆口無舟在小王曰流通方二十里近留通村在平王曰馬家方二里在昝村曰何家方四里在李村曰石臼方五里與新安相半其形如臼在劉村曰王家灣長一里西南之淀在董家曰董家方五里在董家之南曰蓮花方三十里多蓮多鷺鷥詩芙蕖五月半開花勾引繾綣騷人笑語諱風淀綠雲香縹緲日高紅袖影橫斜在蓮花之西南曰白洋方六十里源猪龍河五家道口滙水所聚患及安州新安而雄為甚在白洋之東曰馬蹄灣去城八里南之淀在郝家曰高羅方七八里在宬曰戴家方十里漕曰王家埝各方十里溪曰柳即堤傍水也縹緲詩柳暗溪頭野氣清綠蓑青笠覺身輕一片溪雲依野鷺數聲漁唱集啼鶯東

北之淀在邢哥曰白絲方十里在神堂曰張家方五六里在開口曰鉅鬚濱方五里曰菱角多菱曰李家曰光以不毛也曰抓擬多抓各方三里曰小里方六其灣曰大黃曰小黃各方三里曰東坡約二里曰黿窩畝約半東南之淀在龍灣曰淺方三十里旱則民田澇則水鄉在下村曰蒲方十里多蒲窊曰天井方十里在上村曰張家方二十里窊曰白家方三十里在大葛曰陳家方十里曰鄭家方八里在秦哥曰五官方三十里下連任丘曰馬曰槃河曰塘各方八里在王村曰青草方五里渡曰王村有舟在齊觀曰吳安曰長兒各方四五里在留鎮曰花木港曰矛兒灣方百餘里上匯百川下通直沽水至則江海天成水落則洲渚星見傍涯田叟時切望洋而神機之營地在焉

沈存中曰尾橋關北與遼人爲鄰素無關河爲阻往歲

六宅使何承矩守瓦橋始議因陂澤之地瀦水爲塞欲自相視恐其謀泄日會僚佐泛船置酒賞蓼花作蓼花遊數十篇令座客屬和畫以爲圖傳至京師人莫喻其意自此始壅諸淀慶曆中内侍楊懷敏復踵爲之至熙寧中又開徐村柳莊等濼皆以徐鮑沙唐等河叫候鷄距五眼等泉爲原東合滹沱漳淇易白等水并大河於是自保州西北沉遠濼東盡滄州泥枯海幾八百里悉爲瀦潦其闊處有及六七十里者至今爲藩籬而澱淤至處采變斥鹵爲美田而魚蠏菰蒲之利人亦賴之或謂其歲失邊粟非也（出夢溪筆談）

王齊曰予嘗登大雄山引領西北俯瞰東南見蒼煙碧野

隱隱漠漠而堤井在下遂會辰命舟迴白溝窺易水客清河渡探天津之源見諸林麓星分淀布各各子好相依可灌可沃可溝可田細聽村父得魚換酒雨雨醉語雜落聞道晴暈雨恐恐然惟秋水之下有衆又魚鼈矣呼而問焉莫之所對甚矣民之惰也上之怠于教也宋之何承矩金之馬諷非今之令乎今之民非昔之民乎故嘗擬疏五事而亦未得聞也民其終餒已乎

律 臣齊脩河疏臣惟天地位而水爲脈絡脈絡運而天地之功成古者洪水病民神禹氏治之功凱天地周人力溝洫貫人開河渠五穀豐登萬民樂業皆以水爲利未聞其爲害也今夫直隸地方乃唐虞之冀州燕趙之勝地禹貢至於大陸播爲九河大陸今亦趙深州等地九河今在河間滄州之境皆禹之所嘗治者也故其博

大奕境絕直砥平歷代以来素稱膏腴唐宋而下沒於
金元災異爲甚無足怪也洪惟我
朝
太祖高皇帝爪掃胡元廓清禹績
太宗文皇帝平一水土定鼎北京富庶之業甲於天下夫何
自弘治以来數遭水患迄今未已譬如人之脉絡失調
病而爲癰腫爲瘡瘍此特皮膚之患使不及時砭藥以
宣導之坐待潰敗未有不爲終身之累者也今日之勢
何以異此臣嘗溯流窮源知爲患之有二焉一曰河二
曰淀以河本濁水也今下流壅塞故上溢而爲災淀本瀦
水也今河流横逆故旁出而莫救夫河之在順天爲盧
溝真定爲滹沱保定爲白溝河間爲沙河淀之在霸州
爲高橋雄縣爲白洋任丘爲五官武清爲三角至於河
間又爲禹貢九河之故地保定又爲今日九河之下稍
此其彼災最著之什一者也臣又按四府之水之在一
統志者數之爲河八十一有七爲泉二十有五爲水三廿
有一與夫十渠十有五井十有一池而溝潭又各有七
大淀一則又有九焉至於溪沽港泊淵窪陂灣以及瑣屑
難名不登志者俱謂小淀或源於桑乾或發於泰戲或
流自白坡是皆本諸西山而來每當大雨時行秋水灌
河之日衆流東下陸地行舟萬頃田禾俱爲巨浸是故
三二年間民皆薪蘆葦而飯魚鰕因之爲癘疾繼之以

瘟疫生意漸絶莫此爲甚臣以大分計之順天則利害相半真定利多而害少保定利少而害多至於河間則全受其害矣夫以畿輔重地災傷如此荷蒙
皇上體好生之德推再造之恩免租布賑連年不已是誠俛西江於既涸市特雨於既焚者矣諺曰治災如治病急則治其標緩則治其本今標已復矣苟不急求其本以治之其憂可勝言哉臣備員地方數求源委訪諸輿論參以管窺得其説有五焉一曰濬河道二曰疏滹沱三曰撤堤防四曰興水利五曰嚴考課朱人之愚至於昡石以爲實微臣一念愛 國之誠不忍自默謹具奏
聞用備採擇夫今之地即古之地古之河即今之河李何古以爲利而今反爲害耶是落沴雖出諸天而致之未必不由於人也臣看得直隸地方其地平下其土疏惡其水渾濁易於淤塞在昔非不然也有司隨在而濬之故不爲災今也致淤之道雖曰多端姑以可見者言之近年以來弁河州縣近水居民一遇河發也遂設壩爲漁則水去而土存因致沙淤也遂私耕爲業復下樁而逼水積之久則河漸平水漸逆不惟不肯自濬而反惡夫人之濬之也鄉長不之報有司不之問習以爲常坐成茲患是皆貪小利以敗大謀急近功而貽遠害者也夫何異哉宋儒朱熹有曰禹之治水只是從低處下手下面之水盡殺則上面之水漸平臣因朱氏之言而求

今日之水皆自直沽以入海是直沽乃衆水下流之通會也爲今之計請乞　敕下該部議處通行各該撫按衙門會同委官帶領書算畫工人等及置立工糧地圖空簿各一扇先自直沽而上遍歷州縣沿河閱視以大河爲宗小河爲支就其通塞之處相其高下之宜度其淺深之勢擬其河通者幾處某處若干里某河塞者幾處某處若干里某處有壩之當起某處有椿之當拔某處歸城之當改某處沖路之當避某處將淤而近淺某處新淤而未深某處有水當蕩條以去其沙某處無水當跡擬以出其土如水打南岸而淤北岸則因水勢以濬南岸之土如地淤西岸而濬東岸則將淤地以補東岸之民務使河身極其深廣河岸極其高闊高闊則中有所受不至飽溢而與陸相犯深廣則下有所納不至東隘而視海如歸每工仍計丈量該挑若干里上下水勢各若干廣若干深估計合用做工人夫該支口糧各若干并查堪以動支何項錢糧大約該幾月日可完計算明白填寫附簿仍令畫工就於地圖灣上按形草畫有水者其色深無水者其色淺與夫支河衆淀亦要標寫明白其有歲久地平漫無可考而水不得出者仍查各處圖經地志及年老知識求其源委所在務使官民兩便必於疏通後已若是堤不能回滔天之勢量可免陸沉之虞河道既清衆流得所抑且西通而備之利東

省漕運之河不惟有害於生民而亦有補於　國計矣臣所謂濬河道者此也夫河道既濬淀以淺水至於殺淀之本皆起科田地顧乃匯若江湖去冬之沮洳未乾歲之潰潦又至漸淘漸下反有深於今之河者矣於此不疏則其患固在也合無於閱視河道之時就將附近該修大小水淀一併踏勘估計圖寫地勢之遠近水勢之高下以大淀為主小淀為客主居其中客羅於外咸作深溝以通之築大道以夾之俾小淀入於大淀大淀入於河而小淀之近河者亦聽其自入焉又使溝遠而倍足以容其水水行而折足以殺其勢譬之鄉麗於縣將麗於州州麗於府界限分明道里通達而又犬牙相制則自無不治者矣仍因淀之多寡廣狹就以附近居民設立大小淀戶百人以上為大淀置立淀長淀副各一人五十人以上為小淀止立淀長一人令其督率本淀之人但遇雨過水泛之時逐一巡視水門無脩河道一有淤塞即便疏通及凡設罾取魚下樁淤地抑沮水利之類許赴所在官司呈告治以重罪若然水長同溢科而進水落亦隨坎而退歸宿有地出入有門定不如今之齊頭水下而避有不及坐室水成而卒難消遺者矣或曰引淀水作溝以入河似矣其間不無壞人田廬墳墓去處為之柰何嗚呼天下之事有緩急勢有利害但較其輕重多寡而已賈讓有言瀕河十郡置堤歲費

萬萬及其大決所殘無數如出數年治河之費足以業所徙之民大漢方制萬里外豈與河爭咫尺利哉臣亦謂自真定以東直沽以西每歲河水渰沒不下數十萬頃今日作溝之地況在本淀之中縱有所妨而官爲之處亦何難哉臣所謂疏渠淀者此也夫渠淀既疏足以散水矣其間有勢豪百姓護短有司不思天下之爲公但知隣國之爲壑各於縣界下流緊要去處築爲長堤水未至則看守曲過以圖收成之利水既至則盜掘洩放以享肥淤之田甚至經官告理竟莫誰何間有通達縣官欲爲撤去則順天不行於保定真定不屬於河間徒廢文移事皆掣肘殊不思以官守視之固各爲地方之民以天下視之則均爲

朝廷之土亦何苦利己損人如此哉臣嘗放之治水莫善於禹莫不善於鯀禹之治水水之道也鯀則反是是謂方命故禹貢但有疏瀹決排之說并無堤防壅塞之文而張戎謂以堤塞於下地猶築垣而居水蘇軾亦曰河流湍悍難亦其性然非堤防激而作之其勢不至於此由是觀之則齟齬乎當撤者矣今總於脩理渠淀之時并視下流除護城有堤堤有水門護路有堤堤有橋梁不徹外毋論遠年近日彼界此疆但有阻礙就令治河夫役一併開通移使利則其享害亦均分亦不許因而爲奸或故決官道以攪渡或盜決民田以復讐如此則

國有常刑亦難輕貸若水則勢有可行而淀溝之水自無
不利者矣臣所謂撤堤防者此也及致古之井田溝洫
河渠與今江南塘堰之制旱澇有備旣利于民臣以北
方地理觀之似亦無不可行者也姑就雄縣而言在宋
何承矩作守首建屯田之議嘗開塘泊種稻田民賴其
利在金馬諷爲令每當秋水澇漲溢害民田亦嘗視地
高下以疏通之民患遂息是水利在昔人固皆爲之矣
孰謂當今爲 王畿之地渠淀甚布源流不分顧有不
可爲耶孟子曰爲下必因川澤若因淀以爲田因水以
爲利蓋亦古人之遺意也合無於渠淀旣疏之後就委
能幹官員仿彿前項古今水利之制以創脩之使主淀
居中以潴水以淀長領之客淀居外以爲田以淀戶領
之旱則引而灌諸田澇則決而注諸河至於五溝五涂
深廣曲折之法以及周禮稻人之所職者又在臨時相
勢以爲去取有難以逆定者矣水利旣成之後各該有
司於秋夏水發之時又爲巡省耕耘之舉要見主淀有
無收放客淀有無種治墾行勸懲以勵勤惰若夫蘆葦
魚鹽之利則又聽民自取而莫之禁焉若是雖冀北鹻
鹵之地足追江南膏腴之田民可使富也臣聞禮義生
於富足而藍田呂氏之約鄉田同井之風亦庶乎其可
興矣尚何賦役之足憂災傷之足懼乎若夫行之旣久
民田治而河流安臣恐十年之後主客之淀亦可漸淤

而近乎小民，又將開置而弗舍者矣。臣所謂興水利者
此也。及查前項工程浩大，費用頗多，使非得人以因時
制宜，相機行事，專任而責其成功，則作舍道傍甲，是乞
非微以利害動之，鮮有不因循延玩者矣。候該部奏請，
命下之日，仍乞
勅各該撫按官員查照工糧底簿地里
畫圖，逐一磨筭明白，選委各該有司精勤官員分長幹
理。春自二月起工至四月中止，秋自九月起工至十月
終止，嚴督完報。如有未盡事宜，悉聽從宜區處。中間如
遇雨水事故妨誤，該地方委官即具由申報撫按衙門
知會。其有捏報支調者，各府分理官查覈該給口糧衙
門，亦不許刁難遲誤。每春秋季終，各分理官將備過工
程查勘明白，備冊呈報撫按衙門查考。除有妨誤外，該
脩若工程比與原擬不及者，遞加罰治；其全未者，請乞別
議。總理等官查無督催卷案及遲誤口糧致妨與舉
者，巡按衙門亦行叅究。其有留心地方依擬完報者，以
禮犒勸。待候工完之日，各撫按衙門仍將各府州縣備
過工程共若干，動過人夫共若干，支過口糧共若干，限
期月日共若干，總類分撒，備造黃冊并畫圖貼說各一
本，徑自奏繳；仍造青冊并畫圖申送該部查考。若疏
濬之後，但遇水災壅塞去處，仍令各該地方有司官隨
時疏濬，具由申報撫按衙門知會，待給由之日亦憑黜
陟。如此，則利害切身，人爭自奮，各項勘議將不托之空

言矣臣所謂嚴考課者此也抑臣所言勞民動衆功遠效遲疑若迂闊而不切於事情者矣然天下之事不一勞者不永逸不暫費者不永寧況畿輔重地災傷已極若不預為經久之計而惟目前是圖臣恐年年蠲租歲歲發粟錢糧有限而災傷無窮將日不暇給矣是可不為之長慮也哉夫濬河道者所以疏渠淀也疏渠淀者所以平水土也水土平則田野闢田野闢則稼穡治稼穡治則衣食足衣食足則民生遂民性復矣雖以之置常平之倉以禦災荒猶之可也尚何蠲租發粟之汲汲耶若夫撤堤防興水利者又皆助理河道安養地方者也孟子曰有行文王之政者大國五年小國七年必為政於天下矣臣亦曰信能行此五者小則五年大則十年弘治以前所謂富庶之業亦或可復見矣尚何天意有不可回地利有不可復而災傷之足患哉雖然濬河道疏渠淀撤堤防興水利四者皆措之政者也其嚴考課則責諸人者也而責人亦不可以不備也才不辦者不足任心不盡者不足任苟且順從者不足任否則未有不濫茲其謬者矣故曰為政在人此尤今日之急務也所惟

皇上敬天勤民法

祖復古躬行事耕蠶以先天下雖禹之盡力溝洫文王之即康田功不是過也臣躬逢

盛時踴躍思奮用效一得之

愚昧冗陳言仰煩天聽如蒙垂念畿輔重地關係天下安危後事爲可慮也量爲採擇以拯民患以開財源爲國家億萬年無疆之業幸甚幸甚

**古蹟** 殿一 道一 臺十 城七 關一 衛一 驛一 樓一 亭二 齋一 祠一 廟四 墓十有一

皇殿在縣西北十里約三十餘畝我太宗往來南京駐蹕于此垣井猶存

御道在大雄山之後

古臺五在亞谷三 邢村一 田家莊一 俱無考

佳鴿臺在東七里高數丈世傳周世宗自方城返駐蹕于此

秋夏臺即秋夏頭宋景德間與遼和議于此

流星臺在西三里

涼馬臺在西北三十里高數丈上容萬餘武寰宇記燕魏分易水爲界築二城正臺名登降權武且涼馬焉故名

城子臺在東南八

十里外高中平地勢特出　古縣城在西北十五里故址猶存（漢易縣也）易京城即今城（漢公孫瓚築陳孚詩晨出鄚州門回首古易京百樓不復見草白狠雉鳴鳴角角悉纂纂谷誰城此公孫瓚城南城北陂水滿寒蒲如劍出水短大火禁巢天不憂野鳧酣眠沙上煖）亞谷城即亞谷村　小姑城即小姑村　大姑城即大姑村　楊關城在西二十里故址猶存（相傳楊延昭守三關時築）外羅城今城之周十有八里缺者如鋸屹者如臺伏者如盤削者如峰踈者水之嚙平者民之田（宋知州李允則築）廢義州城雄州城歸義縣城歸信縣城俱今之城若夫縣治則今之驛也（陳孚詩燕南陲趙北際谷年魏城鐵可礪城上烽火明如彗只今殘堞黃雲噎老榆半枯懸萃荔市銷吐馬聲嘈嘈叩以尾橋替出弟英雄虎鬪空鶉世北風吹沙秋鶴唳）尾橋關即今之尾橋（今廢）雲川衛即今天寧寺　小使驛（見前齊自敘云抵雄州小使驛今失其處）鐘樓

即虎溪門城樓。望山亭在大雄山，〔元〕皇統二年徙單公建，後完顏公改為均樂亭。〔元〕鄉進士趙元卿記〔見別集〕，魏綸望山雲樹詩：天開九水為池沼，地擁群峰作畫屏。衆樂亭在臺谷城內，今戶部侍郎袁宗儒建。雪舫齋在縣治內，洪武間知縣周士瞻創，進士李繼本記：居山林則有登臨賦詠之趣，涉江湖則有飄泊放浪之懷，蓋志其志而不汩于塵囂之迫隘，適其適而不溺于世慮之紛紛，此古之曠逸之士出乎物而不物于物也。雄邑周侯構齋于公宇之偏，既成而落之，招予與其賞。所往來者讌集其中，一室瑩潔，其質猶雪然，四顧空明，其狀猶舟。然是日漏下二十刻，飲酒以樂，而天大雪，向乎若放舟江之湧，而山川皓縞，天地渾淪，不知吾身之在人世間也。侯起而囂曰：齋不可以不名。于是以雪舫題其額。又起而囂曰：齋不可以無記。于是識歲月以書其槩。是齋也，廣不踰尋丈，朴不事雕藻，壁以楮，不堊不丹，楣以木，不莞不簟，左有圖，右有史，藝蔬有圃，洗藥有池，豁然而疎，邃然而靚，雲容天影之洞，漁琴音書聲之流，暢神情，道氣之融，寫其為樂也。則雖獵天山，奪峯姿，獻賦兕嵬，而藻思橫出，未足以狀其槩也。然而山林之清幽，不若江湖之奐曠，浮游之險遠，不若幽居之閑適，而雪舫名齋，侯獨何取于是哉？蓋侯自宦遊以來，跋涉山川，而沅湖之氣炎舉乎迫隘之中，則其氣識之閎也水雪之質蟬蛻乎塵埃之表則其操行之高也以歲寒之盟而托交于千古則其友誼之篤也以濟川之才而載道于無窮則其文學之富政事之偉也吾知雪舫名齋豈不爲後日之佳話哉雖然雪之降也以天舫之運也以人而齋之不墜于風雨剥之餘則又在天與人交相勝者也非知道君子烏足語是哉嗚呼太素一雪也太虛一舟也安得策汗漫而遊無窮出乎萬物之外至道于鴻蒙之初則雪也舫也齋也孰有而孰無奚暇卯致詰耶侯徵予記故書是語以志其志而因以自適也

呂公祠在鄰家店北有橋傳世呂仙觀運于此陳孚詩山形夭矯蒼精谿日氣曈曨紫唇舟度盡世人人不識午煙起處是邯鄲李延興詩策名文彩動蟾宫飛上舟榜笑葛洪劍影冷含雲氣濕笳聲清繞月輪空懸翻詩壁研磨外神覘松精候謁中幾擬欲詢仙歲月矣谷溪上又秋風

堯舜廟在趙村〔元〕至正間建今淮舜廟

都土地廟在東侯留村〔元〕中統二年郭通建正德間鄉大夫蘇琰重脩孟之縉記畧維州城之東護侯留里有世所謂土地廟者曩周世宗駕幸尾橋有臣迎謁道左世宗問曰鄉人對曰臣侯留村土地上至敢不趨侍邑蹕世宗即錫以何冕服仍敕縣長昌其廟貌兵燹以来曁我元中統里之故老恐祀事不舉復完其廟并刻其種繫于石仍賦迎享送

神詩俾民歌之詩曰白雲兮英英覯神之儀形兮止神庭導孚亮淹兮易水上神乘車兮來慰民望秋風冷冷兮開琴
徽號肴富兮有酒在罍民脩烟兮神既是致百穀充美兮歲恒穰足龍王廟一在小雄山一
在神堂村神堂相傳宋時有神木浮河直立縣官祝而視之中函龍骨遂為廟之梁歷元至今禱雨輒應
正德八年人竊其骨而瘞感日哀焉焦用墓在城西三里　焦德裕墓在用
墓左有元學士徐世隆顯親碑殷奎墓在東南三十里有元中書省員外朱徽神道碑
董忠墓在東南三十里有元秘書監賀之神道碑何德全墓在東樓村
有元勸農事王持可墓碣劉觀墓在西南三里易水之濱有羅汝敬神道碑仲閔墓
在西三里　侯瓚墓在東北二里　侯觀墓在瓚東南一
里　李奎墓在西北李村塋無所考韓輯塚在神堂村高阜有石郭外
露指傳元人不知爲誰
王齊曰一統志城西六里有晏平仲墓蕩無所考郡志

西樓村有焦贊墓今焦墓在山東長山豈以贊爲用遠祖而誤以用墓爲贊墓耶若晏平仲乃齊晏嬰之字也今嬰墓在臨淄齊子城而高密又有廟爲吾雄在春秋爲燕地而平仲足跡未嘗至燕豈得墓在雄耶識此以待博古者

附

廟四寺二十有二閣三觀二廟東嶽在東關之北二聖在龍橋北祀二郎關王宋時建臨河人言廟前有石柱相傳爲獨雄椿毀之輒生水患閻王在龍橋關南石象在小崔相傳元時夜有石象害苗鄉人祀之寺觀音在龍齊街西者洪武間創景泰間重脩僧會在焉在孫村者元至正五年建天順間重脩在東楊者至正十年建在東李者成化元年建在齊觀者唐初建在永定門內者天順五年建天寧在圓通街永樂間創建普覺在先王村至正間建天順間重脩鎮海在北楊唐時建成化間重脩崇教在李村景泰間脩慶壽在涞河天順元年重脩定慧在東

趙唐時建**大覺**在神堂至正五年建**資通**在留通成化五年建**寶藏**在西楊天順元年建**寶**

在龍華至正五年建**真**在東南三十里至正十年建**清凉**在下村至正六年建**百福**在史哥至

正間建**雲居**在王村至正五年建**崇興**在留鎮唐憲宗元年建**興教**在侯留景泰二年建**閣**

**圓通**在圓通街永樂十二年雲川指揮王俊建**增福**在李村唐尉遲公脩今圯**神霄**在神堂至正間

建嘉靖五年重脩**觀真武**一在北城之下[illegible]宋仁宗康定間北蕃胡知遠来侵雄州摧塌時王

超為經畧使夜半隱隱見真武形知遠遂遁勑以事聞令建廟焉正德間内監李和重脩**詩**王齊十六日與縣守張

尹同遊詩陸爾仙家紫氣重晴雲旭日媚寒松青山載酒春檐杖絳節朝天午撞鐘五馬碁閑靜夜聞雙鳧冊熱鬼

神封步虗聲裡歸環珮近市花燈曉更濃一在飛濟街城隍廟之西嘉靖間脩

王齊曰右所附皆左道不經或祀非其人人非其地或

琳梵耗民緇黄避役當削不削者仍其跡也

風土第三

乘曰詩紀豳風禮陳月令節仕勤物崇約黜浮勝茲雄

邑風剛地迩桑海相尋氣習圖經孔子獵較魯人供簿

式清見聞以敦叔季乘風土

俗尚其俗射獵其業耕織風俗質勁尚墨大全稍事詩書之習

畧無澆競之風宋劉渙記士輕生而尚義有荊軻之遺風圖經

民質朴勁勇不以浮華為習而以耕織為生郡志宜大豕

馬牛羊通考

王晉曰人士都矣典禮繁矣氣節崇矣文日盛而質日

微矣葬者野而偽乎背史者佼而詐乎市井者輕生

而罔利乎其燕趙遺風固然乎轉移之機則有司存

時序孟春之月歷元日五鼓更燭炷香懸天燈祀真宰祀

先輩家衆以次稱壽既遂出賀壻至以物酬之是日西南

風收秫霜重夜綿越三日拜墓會賞厥春日眛土牛苅春

餅薦白蒿野人取牛土書門曰百事大吉厥元夕先後張

燈放花睇者達曙厥十六日病婦群聚窪下曰陶灸家人

蒸紙及剪裁為九條信手結之曰結羊腸卜休咎女子邀

厠姑卜流花問吉凶又剪綵簪之以相誇尚至莫過秏橋

度厄或投秏橋下厥廿五日以灰為梯囤形中撒五谷磚

石壓之曰填倉是日也亦喜為棗糕逆女是月也遣童子

入學農夫于耜糞田　仲春之月厥二日以灰糠画龍於

井以青灰引至甕下或倉庫内曰引龍是日也將鯉帶逆

女仍以禮饋之厥春分分膳醻作春分酒亦拌醋是月也

春氷既泮有鑿有拧有漅有抓貧者取易薪米漁者咸相率眷屋衩發魚以網以扠以笱以箔以釣以罾競取而多獲焉　季春之月厥寒食好事者樹鞦韆放風鳶闘人搥子爲戲至日暮吞士女畢出次日婦亦得歸省展孝敬焉一厥清明插柳簪花踏青挑菜厥穀雨禁蝎是月也雖不桑者亦理蚕事貧民着衩取藕供食或雜榆莢槐柳椿芽以亨之占法一日二日雨主旱　孟夏之月厥四日釀酒味嘉厥八日僧尼爲洗衩會富嵬起會施供厥廿八前十日上藥王廟是月也藕芽既盛蒲黃亦成咸取之占法一二三四日雨麥不熟　仲夏之月厥五日貼門符懸艾人繫百索啖角黍泛菖蒲酒掛蒜採藥携婦追節之盛愈于仲

春是日雨主重晝是月也芒種後遇壬入梅夏至後遇庚出
梅遇雷電為斷梅以遇壬日數為梅高尺數度物之高下
置之則不梅矣雄地下濕故亦梅如芒種後五日遇壬則梅高五尺十日則梅高一丈也季夏
之月廠六日儲水經年不壞窨麵醬麵有粗細醬有生熟是月也南浦菱
芡既登荷花亦盛吾民拉朋携妓畫船簫鼓竟日忘返至
于縉紳或棹小舟觴咏自適時泊柳堤聽漁唱亦陶陶然
迤運中秋後已　孟秋之月廠六日掛地頭用楮錢七日爆
洗是夕閨人以茜鷄作乞巧會祭中元樹麻稭于門左右
祓祝祖考以素羞復拜墓是日亦逆女　仲秋之月廠中
秋登樓臺玩月薦蠏觀鶴小樹表驗明年上元晴雨是月
也近水人家咸採芰荷之實易粜仍積菰實以禦冬　季

秋之月俗重九設菊糕春紅餈餡鴉卵登高對菊浮茱萸嘗新酒亦逆女亦占冬陰晴是月也作蠏醢釀菊酒甲他處

孟冬之月俗下元墓祭焚楮衣亦逆女是月南風則冬煖西北風寒是月也民多嫁娶有力不前者求救于人曰告助又斥鹵之地稗熟後貧而勤者咸採積以糊口焉

仲冬之月俗長至祠祭卑士夫亦有行交賀禮者亦逆女是日樹八尺之表以驗來歲水旱大抵據表之長而中分之日影中正則豐不及則旱過則水水旱分數亦如之于上元夜亦驗月影是月也泥水未冰漁家因水勢之廣狹製罛箔置水中以通魚往來可入不可出冰合鑿而取之爲費既多所獲亦薄騎射畋獵畢舉焉

季冬之月俗八日以諸米赤豆雜果肉加辣粥食之曰臘

𥚃男女剃頭黔耳厥廿三或廿四日暮以餳餅茶果祠灶婦女不得祭鄉人秉高炬照麻秉掃舍宇亦多嫁娶以爲無忌除日亦如之厥除夕陳祀真宰祀先之儀設庭燎爆竹樹將軍炭擊千金木燒蒼朮辟瘟丹懸新箒胡蘆麻筋于門夜分易門神桃符寫春帖天行帖子具酒殽各稱壽守歲是日作燈十二準明年之十二月釜蒸之以驗水旱其月旱則其燈乾其月澇則其水滿又以柴夾豆十二浸之占同其完皆亦卜之

王濟曰人言成化弘治之間俗尚勤儉民多殷富男務耕讀女務蠶桑服以木綿屋蔽風雨雖大族巨商婚不論財速客以八簋爲上酌以大斗三行五行即止是以

民無游食賈多遠久今也胥不然矣是故一遇荒歉雖
富室亦稱貸以卒歲他可知已觀風者溯流窮源長為
太息

土産【穀】多黍多稷多粟多稌有麥（來牟蕎）有粱有稻多穈多
薥（秫）有菽（黃黑豌菉紅小雜文羊眼蠶眉）有麻（黃白黑）有蘇子多菰米有稗
米有穇【畜】多牛多馬多驢有騾有特多羊多豕多犬有田
犬有猫而家禽則有鷄有鵝多鴨多鴿【果】有桃有李（嘉）多
杏有梅杏有李多沙果有甜果有蘋果有櫻桃有匾桃有
胡桃多梨（嘉）有櫨（小梨）有楸有榴有葡萄有椹有櫇荔枝
有無花果有荸薺有地梨有茈菰有蕪【蔬】多芥多葱多蒜
有韭有薤多芹多蒿（茼蔞蔄）有白菜有莧有薺有芫荽有苣

有著蓬有菠有芭苦賣有藍有葵有白華多黃華有葴藺
多荇多菰多銀條有蓴多蒲筍有蘋有蘩有灰有馬莧多
豆蚕蝙刀有甘露子有玉環有地瓜有地皮有蘑菇有蒔蘿
菰多芡多茭菱多蓮的多藕有茄多瓜甜王西冬絲菜筒多瓠多
壺有匏有芋有葖蘿蔔有葑蔓菁有荽鱗有鱘有鰉有鱣
多鯉嘉多鱭刀魚有鯖有鮊多鮭有鱮有鮰有鰋多魴嘉
多鱓多鰱美有鰻有鰺有鮪多黃骨有鱧多鮎多鱒多黃
頰多鯽嘉有鰍多鱨多鯯美多鯿多鱔嘉多針有毛鱎有
石鰱美介多鱉多蠏美多鰕嘉多螺多蚌多蚹蠃蜆蝸獸有
狐有狸有貛有兔有田鼠有鼠狼有彙蝟木多椿多槐多
榆多柳有檜有栢多桑有柘有楊有垂楊有楮有移唐棣

多杜有檽多櫟有荊有棘有檉有辣多萆麻花多菊多萱蜀葵、多菫多蕙萱多荷有玉簪有石竹有馬藍有薔薇有金鳳有鶯粟有黄葵有鷄冠有鳳仙有荼蘩有牽牛有扁竹有長春月季有迎春有馬纓有八仙有竹葉青有剪春羅有十姊妹有十樣錦有百日紅有轉枝蓮有紫胡蝶有夜落金錢禽有鴻多鴈有鶴有天鵝多鴉多鸛有鵁鶄有[illegible]有鸍有倉庚有鳦燕有鳲有鵲有鴿有鳩有鵙多鵲多鷹多鴟有隼有鸇有慈烏有鴨虎有鵶有鷺有鷦鵪有榆葉有鴷啄木多鷽山鵲有刀鷯有鷸有鶖多雀多反舌多鶉有畫眉有綉眼有鴞有蠟觜嘴有兜頭多鳶鷲多鷧鸕鷀有鳧有鷺多鷗多鷺多鵜鶘多鸂鶒多水鴉多水鷄多鴨

有斲有樬多鶖有脊令【草】多蘩多茅多蒲多萬多萍有芣苢多
蒹多游龍水葒多臺莎有菖蒲有羊蹄有牛舌有茈多藻
多莠有龍鬚蕒多蒿多椐馬鞭有兔絲多苜蓿多水葱有三
稜多菼荻有茨蒺藜有苕【虫】有蛟有蜥蜴有蛇有蟋蟀多
蟇有蝍蛆多蝨多服翼多蟁有螟蛉多蜌蛙有蠨肖有蚱
蜢多蜩蟬有螗蜋有螢有伊威有沙雞有尉蟲有蟻多蚪斗
有蛓有蚕有蠐螬有蠷蠹魚多虰蛵多蚊多蝱有螻蛄有
蟭蟟有蟘有蛭有蝶有蚯蚓多蠅有蠅虎多蝎有蝎虎多
蜉蝣有蝘【藥】有蘦甘草有半夏有地黃有牽牛有蓄羊蹄
多枸杞有地骨皮有茴香多蓷益母多蒲黃多薄荷有艾
有蕩商陸多茵陳有紫蘇有荊芥有薏苡有葫芦巴多大

戟有小戟多瓜蔞有穀精草有豬牙草有遠志有豨薟草
有蛇床子有香附子有金沸草旋覆花有麥門冬有栢子仁
有蟾酥有馬勃多瞿麥有苦參多萆薢有葶藶有紫花地
釘有濮公纓有地榆有山藥重出者畧多水蓮有荷葉多席
有蒲有蒻有扇有簾俱蒲有絲有土絹有綿花有布有麻絲線
有靛多菊酒有紅花有蜜有蠟有油有鹽多鹻有硝多網
器有蒲團
王晉曰雄亦樂土也五穀備矣肉帛具矣果酒嘉矣材
木任矣花草娛矣樂物需矣鳥獸魚鱉若矣貨財通達
矣仰觀俯察養生喪死無憾矣雄不得爲樂土乎今之
民弗獲以偕樂也天地既闢民物弁生衆寡相奪勝負

以形生齒日見衆矣財貨日微矣游惰日冗矣賦役日繁矣兼以豪華之爭長災害之疊至出有限而費無窮矣有生之樂何萌耶詩云天之沃沃樂子之無知此之謂也於戲欲與民同樂者其留意焉

田賦第四

乘曰灋備周官漢通平準不絫不豁國裕民殷叔世靡程上漁下蝕豐凶易時催科扎拙其何能淑足民足國

乘田賦

户口

國朝

高皇帝朝户一千七百七十三口一萬三千二百五十七

文皇帝朝户一千三百五十七口一萬一千三百四十六
章皇帝朝户一千二百八十三口一萬八百九十五
憲皇帝朝户一千四百三十九口一萬三千一百九十三
景皇帝朝户一千九百八十七口一萬九千七百三十六
純皇帝朝户一千五百二十六口一萬六千九十六
敬皇帝朝户一千三百四十五口一萬二千一百四十八
毅皇帝朝户一千二百七十六口一萬一千五百三十九
今上皇帝朝户一千三百五十五口一萬九千八百有一十
民户一千七百八十九軍户五百二十三雜役户三十二
地畝官民地一千三百二十八頃一十有三畝五分九釐
二毫官二十三頃四十六畝九分民一千三百一十有四頃六十六畝六分九釐二毫養馬在内
站地

四百四十六頃三畝八分
清寧宮莊田五百三十九頃九十五畝在何哥莊諸處東至小澤河南至清河西至黃花堤北至小堤
皇親栢氏莊田三百四十二頃五十五畝在王村口諸處東至苑增墳南至軍莊道西至白塔口北至清門口駙馬莊田三十七頃六十八畝在高莊諸處東至賈安南至賈奎西至官道北至王安焦駙馬莊田二十五頃在李郎諸村東至東道口南至清河西至民草塲北至横堤民牧馬草塲人和社八十頃七十九畝一分七釐在縣西南【舊】七十一頃一十四畝八分七釐新九頃六十四畝三分東至官道南至玉河西至黃花堤北至大雄山義和社九十七頃四十八畝八分三釐在留通東至張成南西俱至河北至田孔張安社一百四十八頃九十九畝六分在龍華莊東至車兒灣南至梁王口西至王汊口北至堤

實興社二百四十七頃五十一畝一分在齊觀（東至氾嘴南至牛海西至呂貴布北至河坡）神機營牧馬草場在龍華寺官村者八百一十有二頃八十六畝（東至茅兒灣南至西至北至清河）其間不堪種地七百有一頃八十八畝堪種者亦有上中下之分在西南諸村者十有二頃（東至黃灣嘴南至馬蹄灣清河西至鴨子臺北至楊家口長河）其間不堪種地三頃六十二畝堪種者亦有上中下之分

王齊曰厥土六分之墳壚者二斤者一泥塗者三

（賦稅）（武稅）稅麥二千三百有四石四斗一升九合八抄二撮（官）四十九石四斗九升六合一勺八抄四撮（民）二千二百五十四石九斗二升三合八勺九抄九撮（該徵）一千五十四石五斗三升五合六勺八抄二撮五圭（報効養馬免徵）共一千一百五十二石二斗八升三合三勺四抄七撮五圭奉戶部劄付停徵遠年在逃未復業人戶遺地不堪耕種者九十七石六斗五抄三撮人丁（絲）折絹一

百一十有六疋一丈四尺五寸該徵一百七十六疋二丈一尺報劾免徵者二十四
疋一丈四尺四寸停徵五疋有一丈二尺糧粟米四千七百六十一石六斗三
升九合九勺一抄九撮五圭官一百一十有四石六斗九升六合二勺一抄六撮民四
千六百四十六石九斗四升三合七勺一抄三撮五圭該徵二千二百三十七石八斗七升二合七勺六抄五撮報
劾養馬免徵共二千三百八十石八斗一升九合九勺六抄五圭停徵一百四十二石九斗四升七合二勺四撮
穀草八萬七千七百六十一束六分三釐九毫九絲二忽
九微五纖官九百二十三束四分八釐民八萬六千八百五十八束七分六釐一毫該徵三萬三千九百
一束一分三釐五絲養馬免徵五萬三千八百八十一束一分二釐五絲農桑絲折絹八十三
疋二丈一尺三寸九分官一丈六尺五寸五分民八十三疋四尺八寸四分綿花二
百有三斤一十三兩二錢官一斤一十二兩八錢民二百有二斤四錢站地歲
徵歸義乾寧二驛及楊青所工料銀一千四百四十九兩

七錢一分五釐（寄養馬）五百一十有八疋人戶稱是歲
發歲俵無定數亦無定時
子粒
清寧宫莊田堪種地歲徵銀一千兩七錢七分七釐九毫
一絲四忽七微五纖　栢氏莊田堪種地歲徵銀三百一
十兩四錢四分　馬駙馬莊田堪種地歲徵銀七十一兩
四錢　焦駙馬莊田洿下歲徵魚鰕課程六兩四錢　民
牧馬草場堪種地歲徵銀四百八十五兩二錢四分四釐
神機牧馬草場堪種地東營歲徵銀二百二十二兩三
錢九分五釐西營徵二十一兩三錢四分
王齊曰莊田及牧馬草場地素洿下水涸民爭佃之種

未復而水即還矣。三數年來包納累甚，欲吐不可得也。嗚呼！求利未得而害已隨之，此其爲凡民也歟。

稅課歲榷商鈔三千五百九十七貫八伯八十文，魚課鈔二千一百五十三貫八伯八十文，閏加之；戶口鹽鈔三萬七千五百八十四貫。起存各半

徭役歲徵內城弓兵銀八兩。一名。御馬監草脚夫銀八兩。一名。易州山廠柴夫銀八百七十六兩。二百九十二名，名三兩。擡柴夫銀一百九十六兩。三十五名，名五兩六錢。皂隸銀二百五十六兩，有閏加二十一兩。柴薪皂隸十八名，名十二兩；直堂四名，名十兩。府學齋夫銀十有二兩，有閏加一兩。一名。漷縣弓兵銀十有六兩。二名，名八兩。縣祇候銀八十四兩，有閏加七兩。七名，名十二兩。馬夫銀一百二

十兩三十名名四兩鄉飲銀十有六兩祭品銀九十八兩學齋夫
銀七十二兩有閏加六兩六十六名名十二兩膳夫銀四十兩驛館夫
銀八十兩顧車銀二百兩府縣各項力役銀共一千二百
九十二兩令聽差餘銀五百餘兩
歲辦胖襖十有五副六分折銀二十三兩有四分瓜鐵銀一十五兩狐狸
皮銀一十兩雜皮銀二十兩翎毛銀六兩三錢皂角銀一兩有五分擠乳牛連犢
銀六十兩其不以時奉各部所派者物與數每歲遞有多寡茲
不及詳
俸糧知縣月七石五斗米二石二十五折鈔一百五貫縣丞六石五斗米二
石鈔九十貫教諭訓導三石米不折鈔典史三石米二石鈔二十貫驛丞如
典史之數學生人一石米不折鈔司吏人一石米三斗鈔十四貫孤

老人三斗其俸糧縣隨縣倉之驛從學隨學倉

## 建置第五

乘曰王公設險官府置廨郡縣肇建堂廡攸崇稱厥仰瞻共惟綜理繼嗣相視傳舍弗知廼明部區稽此興廢

### 乘建置

城池雄城漢建于太平社東漢獻帝時瓚遷今治修營壘樓櫓作鐵門周遭七里高十丈上闊一丈五尺下闊三丈二尺濠塹三圍各闊三丈深一丈宋慶曆知州何承矩景德間允則復續北城共九里三十步及築外郭即外羅城濬濠引水謂之雄河其寬廣皆倍舊制

國朝洪武初知縣程九鼎嘗治之弘治初袁夢賢大加修葺有堞有

鋪有守有巡開四街為三門東曰永定南曰廣濟西曰易
昜咸有樓前樓有鐘以節晨昏河亦疏濬深廣於前植柳
三周以固堤岸正德末（知縣馬紀）又治之即今（知縣王□）大加修
葺築固焉（昔城西南為易水衝突北城亦為潴不可行杜若趾為蒙氏所代河亦淤為民田矣國朝）
張天瑞記（游邑）佔古為易京在橋於今為保定縣城其
外垣池溝并濬街衢并門閭闠并樓商賈并市馳道并治
居民行旅苦興販之繁受敲鼓之害凡商客無不歎其慘
落者前此来宰是邑者率以迎送政務之繁未暇也弘治
戊申歲春三月吾泉呂侯□□侯參賢權宰是邑即專意
於傾廢曰一邑之政百廢不舉庸非我有司之責歟于是
政令之暇乃著心思乃計土木之費始爰謀之營之乘若陳
度基而民不告勞鳩工庀財而人不知費城垣崇凡若
于仍門樓聳其壁凡若干又因舊溝而疏決地下新闠而
取象非日互市城去道途修整與凡學校會府橋梁河道
以鋪舍壇壝之類次第川成自是教養政日以綮神人事日
以集并垣者有堞聯聯并濬者有水汩汩并門者局鑰以
嚴并樓者崇竦千峻起并市者有布貿絲帛治者間矢以砥
興敗者不勞數鼓者以坊平平垣途有不禍起扶而行者

矣邑之士民咸佩侯之政而樂侯之成盖自興工以迄藏事不踰年耳邑有不忘侯之德政者乃以書幣走京師謁予紀其事於戲學不患於無體而患於無用不患於不變而患於不通吾良鄉之學之濟用才之跡洵信若此誠可嘉也已事用備書肅告於將来又詩古雄城廢幾經年半是人家半是田又三門鼎峙嚴開闔百雉城成定市廛

（公署）撫按察院行臺在縣治前之左中爲正堂後爲中堂前爲臺爲塀爲東西序爲儀門爲門中堂東爲吏舍西爲厨門外有屏左爲總鋪右爲官廳門子四人司鍵正德間知縣易鴻重修

太僕寺行臺在縣治之西北視察院少降焉門子二人

府署在縣治之北制如太僕而深邃不逮焉門子二人正德間鴻創

（縣治）縣在城東南隅即州治故地其中爲明新堂東爲幕廳西爲鑾駕庫後有軒有門有子来堂子来東有雪昉齋令北有望樓後爲知縣宅鑾駕之西爲縣丞宅東爲門

北有隙地爲厩幕廳東爲崇積庫樓南爲典史宅門由
承發司南明新之前爲露臺爲墀左爲吏戶禮房爲架閣
庫爲承發司右爲兵刑工房爲馬政科墀前爲
御製碑亭亭左右爲洼田至石前爲儀門門之東爲土地祠
祠南爲養廉倉東爲吏廨儀門前爲縣門門外爲榜房儀門
之內馬科之南則獄也周顯德六年創洪武間九年重建天順間知縣曹文昌成化間知縣
劉傑增修弘治間知縣党琛陳言正德嘉靖間知縣王顯及鴻及九儀及今子麒咸加修葺云官知縣一
人掌印縣丞一人管馬縣典史一人戶兵司吏各一人六房典吏六人咸主文
書　承發科吏一人主承發公文　馬政科司吏一人掌
馬　里長百九十人歲十有九人主里甲賦稅　書手三
十一人主造冊　群長歲十有四人　醫獸五人主馬
門子四人司鑰　皂隸五十六人司朴　快手二十人有
馬　民壯八十七人咸主警　祇候九人主候　馬夫十
人司廐　禁子五人主獄　吹鼓手十有六人司樂　匠

役二十八人各執其藝

〔學〕學校學在縣之北元在學之東北曰夫子宮處洪武八年九月改創中曰明倫堂堂壁刻

御製臥碑一通堂前爲禮庭其東曰明德西曰日新兩齋相向齋南各有號房七楹堂之兩翼左爲祭器庫右爲養賢倉堂後爲教諭宅宅之東爲鏡堂有翼有軒有明遠門庭創建令子謙重修以課多士禮庭之左右有科貢題名碑二通其南爲

今上敬一碑亭碑七通亭之前循文廟之後趨西迤南有訓導宅□趨東爲儀門直南爲庠門門之內由東有射圃中有觀德亭門之外有辟有坊東曰泮宮西曰儒林其制廣二十有八丈袤七十丈四至直方二辟俱通庭齊景泰間文昌天順間嵩弘治間子堅正德間紀嘉靖間鴻九儀咸加整飭若敬

一亭則縣丞王偉建也今子猶循其舊規削為備故士多寧宇肄業焉天洪楊東山鏡堂記迺雄邑庠明倫堂之東有隙地焉新蔡王子元修數教之明年構堂三楹名曰東堂蓋為游息潛修之所也落成之際客有獻方鏡者廣尺許元修嘉其有自照之義迺更堂之名為鏡堂遂號鏡堂主人賦詩刻諸壁見取名也後二年豐楊子於承乏述堂之厥成并所有屬志之楊子曰甚矣王子之好奇焉耳君子之好不同其致未嘗不一也何也好者情之暢一者理之歸情拂於理不情之好道寓夫數君子審之也今元修數教於雄也以鏡名堂而士人千斯有自新新人之意寔君子作則之良也夫靡自明則罔以明人本體昭矣則虛含靈感發絲啓玄天下之務不其該乎是王子之好根諸理也若夫主人於堂主堂其客也往聞元修典試闈中謂之主者既客於外堂之居然者不其為主乎迨丙旋登堂客之主再盟固其所也然而倏忽紛紜世之恒也遷變久近特之定也求其主人不為客客不求為主人者鮮矣是王子之好明諸數也堂南面壁莊東西岩石遠峙石徑通橋曲水環合前後桃李數株春華夏實鮮如頳如叢擠茂竹目能抗霜千風捷勁節而元修置琴剖樽須易臧詩俛仰長嘯神交千古有懷世化俗高涉遐覽之志元修之好不謂之奇就然哉於是王子矍然避曰楊子之規我矣爾以斯言併書於堂以諗夫二三子了亭鏡堂書嘉會記吾嘉靖壬辰易水中秋

歲功康阜風物閒美王子燕坐于鏡堂府友既登童冠在
列談孔孟頌羲皇鳴琴賦賡歌翔孤鶴於高雲薦巨蟹
以新彫金石亥宜欣對未央已而月鑒庭槐露湛園英撫
流光之易逝憫嘉會之靡常世促名悠各勤檢素於是諸
千稱壽頌言考終請綴華縫求昭宮泮王子遂染翰爲
會典序爵爵同序鎰　官僚四人　賓友三十人　門人
百一十有九人[illegible]王齊詩古壇贊樹嬾仙家更
築東堂遠俗譁石徑疊橋流曲水瓦盆移土種新花青山
撫卷看雲起黃鶴臨琴送日斜數
愛高人留白墮故邀明月照烏紗官教諭一人掌訓導
二人學生二十人增廣生二十人附學生不置額惟其人
凡學生歲人復四丁司吏一人門子三人養賢倉斗
級四
人歸義驛在縣西故歸義縣治有中廳有左右廂房有
前廳廳東爲廚庫又東爲公廨西爲倉房前爲中門門西
爲馬神廟外爲鼓樓洪武間九間創驛丞一人掌記吏一人司候
庫子二人主鋪
陳斗級二人司財　鋪夫八人司穀　馬驢夫百一十
三人司乘　草腳夫一人司抹　土民馬上中下五十三
匹南馬三十六匹驢六十頭大小鋪陳百一
十三床以館賓旅大小什物七十七件以備晴雨遞運

所在木廠街大使一人　河泊所在馬務河泊一人俱洪武間
建天順間裁革　陰陽學在縣之西訓術一人掌記洪武八年建陰陽生五人咸主日
醫學在陰陽學之西訓科一人掌記醫生五人咸主醫陰陽醫生咸以市人充之不
開本業給役使而已　僧會司在觀音寺僧會一人掌記　道會司[闕]社
學在預備倉北有養正堂有禮庭有門垣其十二社七屯
之學則各隨其地焉教讀如社屯之數　旌善亭在縣南　申明亭
在縣西有亭有門弘治間夢賢正德間晁重修老人十九人木驛老人五人
倉庫　養廉倉在縣內歲備縣糧[闕]一人斗級二人司老人守　預備倉在縣
東南有糧廳有廠有門有垣洪武辛未奉工部劄子建弘治間夢賢子監典史李從寬
增修老人人斗級五人一　養賢倉見學校　驛倉見驛傳　續倉存鹽庫在縣內財義
伕儀伕五十有二天丁六十有二冠袍帶弁如其數　架閣庫在縣內架案牘閉諸典吏一人主

籍崇積庫在縣內有亭有樓嘉靖初縣丞錦建貯貢稅糧課罰贖諸金幣庫子二人

司驛藏馬庫見驛草場在太僕行臺之西約十五畝許脚夫二人司草

鋪舍急遞鋪五曰總在察院東曰郝家莊南十里達任丘曰王克北十里達新城曰楊定西十五里達容城曰郭莊東南二十里達文安咸有堂有亭有舍有門垣有墩臺有守人鋪長司吏一人鋪兵三十有八人鋪司五冷鋪十俱在城內外設具以禦水火盜賊總甲十人

堤橋堤曰杷頭西自安州新安經縣南逓崔村馬務而東長二百餘里相傳築以捍水可以行車亦名直道堤曰大堤其大謝王槐西楊東楊東趙俱有之曰黃花在西南多黃花曰沿河在大陰曰萬柳在縣南即今路也楊士奇詩雄縣城南水没路是也後夢賢修之自正德十二年水民利擺渡橋道俱決鴻創修高五尺闊五丈植萬柳以固堤岸故名之補王齊冬日城南詩危橋疊岸逐江斜屈

急途長走白沙天作米花横百里歲收旅米度千家田翁日傍竈鼉宅驛吏是何駟馬章忍聽訴米来野哭誰將此景獻重華

王齊曰關南路實要衝人言昔無堤橋時四向皆萬鄉途者數爲舟子所敗易鴻建橋築堤十里如畫民至今思之於戲橋梁道路有司之職前後非有司耶鴻仁人也鴻仁人也

橋曰尾橋即舊關南洪武間九兕創嘉靖間鴻重修魏綸尾橋夜月詩銀蟾東轉海天凉十二欄干夜未央驪就長鯨金作背歸来仙鶴雪爲裳寶珠落水驪龍戲樂忭敲雲頭兔忙試問漢家題柱客終慚商代濟川航曰草橋在縣南三里洪武間九兕創今廢曰新橋六皆在縣南路草橋之南易易之北嘉靖間鴻創設船戶二十五名防守盜決刻石呂公祠前曰呂公在呂公祠後永樂間知縣趙魯創嘉靖間鴻重修設船戶十名防守有碑曰北店在北

關之北天順間知縣秦紘創今圯曰王克在本鋪之南横渡口曰溝久廢正德
間紀重修曰王家在本臺曰任家在本臺正德間民任景禾修今廢曰施家
在縣北三里天順間知縣周嵩創今廢曰王黑在本營曰侯留在本村
天順間周嵩創今廢曰孫莊在本莊曰東作在永定門曰西成在易
易門東西俱正德間紀創今廢曰永通在縣西一里横渡口曰溝景泰間知縣曹
儁創正德間紀鴻成重修焉
武備教場在永通街南有閱武堂有將臺有壘有射侯有
講武坊歲時掌操官率民快習武其中聽知縣勸懲

雄乘上卷 終

雄乘下卷　　　　王齊撰

禮制第六

乘曰唐虞邈舉周孔并作禮壞樂崩奸政濫俗我
朝天開綱陳紀列經世遂生萬民秉式矧雄近郊觀法靡
忒爰述舊章維徵維極乘禮制

〔公儀〕

聖誕冬至正旦知縣帥僚屬設儀具服先一日習儀於天寧
寺至日於縣行
朝賀禮如　制祝從縣治
開讀
詔勅知縣帥僚屬如　朝賀儀行禮如　制

新官上任先一日致齋於城隍廟無齋所則宿公所至日祭城隍畢詣縣祭門畢具公服行謝　恩禮畢公座畢便服行祭見禮畢諭僚屬耆老移廼饗官屬父老

鞭春歲立春先一日縣官率衆迎於東郊赴春宴至日候其時縣官具朝服帥僚屬行鞭春禮如　制

日食知縣帥僚屬具朝服於縣伐鼓行救日禮　月食具常服行禮如日食

祀典文廟在明倫堂之前左為東廡右為西廡東廡北有便門達於學廟前為露臺為廟門門之東有舊文昌祠前為杏壇亦多桃李又其前為櫺星門洪武間九嘗創成化間縣丞王瑄重修今子虛大加修葺門廡俱新焉祀　孔子配四子及十哲從祀諸子漢唐

宋元諸先儒春舉祀於二月秋八月上丁日　制也月朔望縣官率師生晨謁焉文廟門子一人月支糧米三斗祭器庫見學校庫子二人司祭器銅爵百有四十鴻置

啓聖公祠在學中祀啓聖孔公以先賢顔無繇曾點孔鯉孟孫氏配以先儒程珦朱松蔡元定從祀亦於上丁日先舉焉門子一人

社稷壇在北關西南中爲壇爲石以依神北向周爲垣南爲門壇之西爲齋所有庫有厨厨庫今圮祀縣社縣稷之神春二月秋八月上戊日出主以祭　制也門子一人司洒掃

風雲雷雨山川壇在草橋東南其制如社稷祀風雲雷雨之神本縣山川之神本縣城隍之神春秋繼社稷壇出主

而合祭之制也（門子一人）

邑厲壇在北郭內門垣俱無歲清明七月望十月朔先期牒城隍之神主其祭至期出主榜無祀鬼神而分祭之制也（門子一人）

里社壇人和在東趙義和在東槐利人在平王太平在趙村進福在神堂慶豐在張哥豊樂在小王泉安在上村進賢在洪城賓興在留鎮福順在龍華安寧在小姑民歌諸七屯在任家臺及易易門外各鄉人於春秋上戊日集之以祀其里社稷之神

鄉厲壇在各里社之旁各祀其鄉無祀鬼神期同邑厲

城隍廟在牧廠街之後有堂有後堂有東西序有翼室有

中門有門當無像今有像侍史從者亦有像月朔望往祭焉

名宦祠在學内射圃前之左中爲崇德堂門垣俱備祀宋

河北沿邊安撫使李允則本州團練使何承矩

國朝知縣程九疇秦紘王豪賢馬紀易鴻教諭王繼禄魏綸

各一壇焉門子一人

鄉賢祠在名宦之右中爲考德堂祀

國朝太子少保都察院左都御史劉觀南京兵部尚書侯瓚

太子少保户部尚書侯觀各一壇焉門子一人名宦鄉賢春秋

繼山川壇致祭其豐與潔隨縣之宜而禮儀則放諸家禮

祭禮大鄉每祠羊一豕一菓十碟十酒如其神之數俱子麒修

王齊曰祭法有五曰法施於民曰以死勤事曰以勞定

國曰能禦大菑曰能捍大患則祀之又有祀先賢於東序祀鄉先生於社之義是名宦多論功鄉賢多論德而功德兼至又所必祀者也迺若雄之名宦合祭法者得九人焉而已鄉賢得三人焉而已而張叔夜陳傒初王庸胡斌別祀之官師人士可詳也或言有可祀者匪直不可信且不可考矣

雙忠廟在白溝祀宋張叔夜

國朝陳傒初郎二公死所也春秋繼名宦祀焉（令于鯤建）

孝行祠在易易門內祀元孝子王庸春秋繼鄉賢而致祭焉（嘉靖十年䄵請於提學陳中川公建）

王庸曰忠孝人之天也庸也生非其辰無可仕矣隱居

事親獨全其天是爲元之孝子非今之忠臣乎是宜祀

以式夫人之不夭者

義行祠在尾橋關外祀義士胡斌祭期如孝行祠知縣謝九儀建

馬神廟在太僕行臺之左有堂有門以祀馬祖之神歲春

秋上戊日管馬官率群長備牲帛以祭

八蜡廟在易水之西縣官備牲帛致祭如馬神之期蝗作

時禱之

龍王廟在小雄山上旱則縣司禱之其應如響

河神廟在大雄山之後水則縣禱之

土地祠在縣内祭期祭品並如八蜡

旗纛廟在教場今圮歲霜降日營官操官具牲幣率民快祭

之文職不與焉

鄉儀　鄉飲酒禮歲正月望十月朔縣官就明倫堂舉行如制

鄉射禮予按古禮多不能行今會典所載洪武初奉禮部劄子令生員日講畢習射府州縣官辦事畢亦習射朔望行射禮如式八年四月改令每月上旬習射三日下旬亦如之二十五年重定射式朔望以提調官主射永樂三年七月復申明之周旋曲折簡便易行齋嘗準今酌古參訂今射禮儀注於春秋二仲月行之遵　時制也

冠禮諸生將冠者白於縣習於學行於家

婚禮之行與家禮不盡合維人雖不論財而女家粧奩亦

大侈費不可不戒

祭禮士大夫間有行者如家禮亦有不如家禮者予於時祭必率諸生行之以作觀者

喪禮士夫間有放家禮行者民間則多尚陰陽供佛齋僧須嚴禁乃已

〔卹政〕養濟院在易易街西中有室有亭外有門有坊洪武間九年建以養民之老而鰥者寡者獨者惟其人不限以數月有糧歲有薪季有帛冬有綿病有藥死有棺

惠民藥局在易易街東有室有坊洪武間建弘治間參賢重修

義塚在城西半里約三畝許有垣有林木義士胡斌以收葬死無歸者禮也

刑法縣有獄有卒有管有杖有訊竹板有枷有杻有縲鐵以有錄視囚人之輕重別其優處病者餧者寒者必療而飼之衣之時洒掃之扃鑰械繫不得不嚴焉。雄人之訟有田宅有錢糧多戶役多人命多鬭毆有婚姻有盜賊多訴訟有不孝凡訟而輕者縣得而自擬之重者必達於府請於撫按行臺轉詳刑部而後如擬

王齊曰刑法非 國家之得已也世降民漓不可不慎嘗見今之長民者不能明刑而言邮刑不知嚴刑而言省刑務名喪實估暴惠奸殺人者不死而傷人者不抵罪為日滋矣於戲東長民者之首務乎先民有言不肉刑不三代又日治世刑重亂則輕良有以夫嗚呼明刑

弼教雖堯舜周孔不廢也故以刑法附諸禮制之末

## 官師第七

乘曰雄在叔世師牧并陳文獻無徵勳名靡托紀綱

天啓政教日新爰有甘棠式滋墮淚耳目所及臧否仍稽

敢襲舊史用垂殷鑒乘官師

撫臣宋劉福下邳人福魁岸有膂力以功遷雄州防禦使至部按行城壘調鎮兵以給繕完出私錢以資宴犒寇雖大至恃以無恐福雖不學而爲政簡易御下有方在州五年郡境寧謐遷洪州觀察使（一統及隹安志）

何承矩初知州事推誠御衆同其甘苦首建屯田之議民賴其利邊民有告機事者與之欵接無所猜忌故契丹動

息皆能前知後拜本州團練使以輕脫生事失守禦體承
矩求解邊任遂罷之及一統志綱目
李允則景德初眞宗以契丹新定和議雄州之守難其人
召宰執議之宰執首舉允則群臣咸謂當其才也遂有是
命明年始置河北沿邊安撫使即以允則爲之允則在雄
十四年河北既罷兵治城壘不輟虜主問其相張儉曰聞
南朝尚脩城備得無違誓約儉曰李雄州長者不足疑既
而有以爲言詔詰之允則奏曰初通和不即完治他日有
所頹圮復安敢動因此廢守備臣恐虜性不可測上以爲
然城北舊有甕城允則欲合大城爲一先建東嶽祠出黃
金百兩爲供器道以鼓吹居人爭獻金銀久之密自撤去

聲言盜自北至遂下令捕盜三移文北界乃興版築揚言護祠而卒就闢城浚壕起月隄自此雞城之人悉內城中嵗脩禊事召界河戰棹爲競渡縱北人遊觀潛寓水戰州北舊設馬院城中起樓爲斥堠望十里自罷兵人莫敢登允則曰南北既講和安用此爲命撤樓爲院爲諸軍蔬圃浚井疏洫列畦壟築短垣縱橫其中植以荊棘而其地益阻險因治坊巷徙浮圖北垣上州民旦夕登望三十里下令安撫司所治境有隙地悉種榆久之榆滿塞下上元舊不然燈允則結綵山聚優樂使民縱遊明日偵虜酋欲閒入城中觀允則與同僚伺郊外果有紫衣胡人至此夕與俱入傳舍不交一言出妓女羅侍左右劇飲而罷且置所

乘騾廡下使遣去即幽州統軍也後數日爲虜所誅嘗宴軍中甲仗庫火允則作樂行酒不輟副使請救不答少頃火息命悉瘞所焚物密遣使持檄瀛州以茗籠運器甲不旬日兵數已完人無知者樞密院請劾其不救狀上曰允則必有謂姑詰之對曰兵械所藏儆火甚嚴方燕而燔必姦人爲害救之事或不測又得虜諜釋縛厚遇之諜因出所刺沿邊金穀兵馬之數允則曰若所得謬矣呼主吏按籍書實數與之諜請加緘印因厚賂以金繒遣未幾繼呈還所與數緘印如故反出虜中兵馬財力地里遠近蓄以爲報一日民有訴爲虜人毆傷而遁者允則不治與傷者二千衆以爲怯逾月幽州以其事來詰答以無有蓋他

諜欲以毆人爲質驗得此報以爲妄乃殺諜雲翼卒亡入虜中允則移文督還契丹報以不知所在允則曰在某所契丹駭不敢隱即歸乃斬以徇後無敢亡者

蒙齋袁氏曰帥閫以真才爲重以善謀爲主有才而無謀不足以爲真才矣允則之守邊也胸中之謀愈出愈奇懼虜人疑已而揚言護嶽祠脩城築也引水作石梁聚舟爲競渡寓水戰也撤樓羨阬而植榆塞下設險固也上元舊不然燈特結山張樂使民縱遊陷虜將也不救火災容運器甲以補所焚安衆心也此猶易能耳未足以見其奇虜遣間諜刺我兵數而能使諜者轉爲我用此一奇也虜毆吾民將以爲質我能反其鋒而用之

又一奇也靈壽卒伍之洮潰以不知所在爲辭而允則指言其處運智如神又一奇也天下多事之秋使閫外之寄者皆善謀如此可以寬顧憂矣雖然設謀易用謀難自信易爲上所信難李牧縱匈奴數侵趙邊而終不肯出戰謀則善矣然其迹似乎養寇陸抗與羊祜邊境交和謀亦善矣然其迹似乎賣國必也上之人寬洪大度聽其所爲而無掣肘之患則謀成而功立不然信任不專讒間入之則所以撓其謀者多矣予是以深取李允則之善謀而又三嘆眞廟之善聽也

王曾康定間爲經略安撫使撫安雄州之地四十餘年紀聖實錄東坡次韻王雄州還朝留別詩老李威名八十年塞間精悍見遺類自開出守風流似稍覺承平氣象還但遺

詩人歌杕杜不妨侍女習陽關內朝接武知何日白髮羞歸供奉班老李謂允則也

湯懷敏仁宗慶曆中內侍治水有功

耿南仲高宗時爲節度副使

金李彌驢大安間權中都西路經畧使撫安雄州之地郡志

張甫貞佑間封高陽公鎮撫雄州綱目

元徒單公皇統二年以昭武節度使撫安雄州

完顏公以昭勇節度使撫安雄州俱均樂雄州亭記

王齊曰撫民之職那易稱也茲若允則固不可及矣劉福王勔徵諸志則自郡境寧謐徵諸詩則自承平氣象大宋之雄與夷狄爲藩籬雄復寧謐復承平民其得所哉惜乎史不及詳也福耶勔耶其稱職耶若承矩懷敏随

水之功又何能捍耶曰瀾驢曰甫曰徒單曰完顏者夷狄之臣宜畧而不畧若有事地方不容以盡畧也

又曰郡志載五代王思同從鎮雄州武州曹元忠爲歸義節度使予按五代史及綱目及一統志思同爲雄武節度使注雄武在燉煌故地今秦州也亦無從鎮雄州武州之說而歸義注亦在沙州況宋之歸義縣先已改歸信矣二人之誤無疑因削去焉

〔守將〕漢公孫瓚伯珪遼西令支人獻帝時爲騎都尉討漁陽賊有功後殺劉虞盡有幽州之地恃其才力不恤百姓紀過忘善睚眦必報遂爲鮮于輔等所敗因童謠徙鎮于易築城自固號易京與武遂黑山賊張燕連結爲亂後六

年為袁紹所破潰自焚死〔綱目及後漢書〕

〔唐〕劉仁恭能穴地攻城軍中號劉窟頭初為李匡威將後奔晉晉以為幽州留後取滄景德三州請命于昭宗昭宗不許但以其子守文為橫海節度使後朱全忠攻滄州仁恭遂調境內兵屯瓦橋復求救于晉晉攻潞州梁軍解去仁恭幸世多故驕奢極欲子守光烝其妾羅氏仁恭怒遂爲守光所執隨滅于晉〔綱目及唐史〕

〔唐〕楊仁晸穆宗時為魏博節度使同光四年將兵戍瓦橋踰年代歸至貝州部兵皇甫暉作亂劫仁晸仁晸不從遂遇害

趙在禮以效節節度使裨仁晸戍瓦橋脅于皇甫暉反攻

魏及李嗣源即位爲明宗徙鎮横海泰寧天平所至邸店羅列積貲鉅萬人咸苦之爲眼中釘索捘釘錢

王晏球瑩之洛陽人初寓于杜氏隨杜後復姓梁太祖選良家子之材武者置帳下號廳子都晏球爲廳子都指揮使後降于唐莊宗賜姓名曰李紹虔同光四年與段凝房知温將兵屯瓦橋晏球有機畧善撫御士卒後爲招討使大敗契丹兵横刀棄甲六十餘里中國之威大振自晏球始焉

**段凝**初妹爲梁太祖美人故親信之末帝昏亂凝依附趙巖爲奸通賄奪王彦章之功遂代招討使已而梁亡率精兵五萬降唐復因景進納賂劉皇后以求恩寵莊宗賜姓

名曰李紹欽以爲泰寧節度使將兵屯瓦橋明宗即位伏誅

**房知溫**伯玉兗州人初爲隨軍指揮使後莊宗賜姓名曰李紹英將兵屯瓦橋李嗣源反知溫首馳赴之及嗣源即位拜泰寧節度使由是歷鎮天平平盧盧臺在鎮厚斂于民積貲鉅萬後廢帝立封東平王卒子彥儒盡獻所積拜沂州刺史

李彥饒即符彥饒同光四年爲指揮使來戍瓦橋已發魏時汴州軍亂復還討平之始就戍

**楊光遠**德明初爲莊宗騎將明宗時爲馬步軍都指揮使將兵戍瓦橋以治稱後晉高祖授宣武節度使鎮平盧封

東平王出帝即位拜太師謀作亂召契丹入寇出帝遣李守貞討之其子承勳欲降光遠不從承勳劫而幽之遣使奉表待罪遂爲守貞所誅召夷狄爲晋首禍滅晋氏瘡痍中國二十餘年皆光遠基之也俱綱目及五代史

宋郭進守雄州太祖令有司造第於御街之東賜之使盡用同瓦有司言非親王公主例不得用太祖大怒曰進爲我捍契丹十餘年使我不憂西北豈不比我兒女卒用之宅成以賜進屢辭乃敢受石林燕語

劉延慶宣和四年屯雄州出外傳

遼姚内斌爲契丹將守瓦橋後周世宗親征遣趙匡徹先破關内斌降之綱目

周 陳思讓周世宗以瓦橋新復改爲雄州命思讓戍之綱目

焦贊鎮瓦橋關一統志

元 達朶兒只元季以副樞據有雄州以鄉人王成杜茂爲團練千戶作威濟虐民不堪命劉德和墓碑

國朝 楊松革除年以松爲都督總帥率兵八千戍雄縣後爲燕山副千戶朱能執之不屈而死

潘忠爲松副將同時被執俱見楊士奇撰朱能碑

王俊永樂中雲川衛指揮

王齊曰仁義節矣松與忠正矣夫爲將而正而節炳炳琅琅史冊生光君子不有取耶若夫瓚恭而下及五代金元之人賊也叛也虐也貪也夫以貪虐叛賊之徒而

可爲將耶直虎狼耳是雖有晏球存皦之功亦弗能自
贖矣他尚何辭哉
知州 陳 沈敦悅 見陳書沈不害傳
歷 袁正辭 莊宗時拜雄州刺史 闕
宋 李繼洺 莅政頗嚴不事廚傳積公使錢貯米三千斛爲常
平奏下其法他州 一統志 孫全興 闕
賀令圖 會功生事輕而無謀太宗時令圖與其父懷浦首
謀北伐一歲之中父子皆敗天下笑之 綱目
高繼勳 時契丹獵獻劍候卒報有兵入鈔邊州皆驚 繼勳
料其不然已而渤海人叛契丹行剽兩界也 一統志
安守忠 嘗與僚佐宴飲有軍校謀變聞者倉卒入白守忠

言咲自若徐謂客曰此輩酒狂耳擒之可也人服其量郡志

張利一時遼人刺兩屬民爲兵民不堪其辱利一招徠之有大姓舉族南徙慕而來者至二萬乃發廪賑恤之

張昭遠會大雨陂塘大溢昭遠勒兵築長堤以捍其衝

葛懷敏恩信孚洽賊不敢犯改滄州士民遮留數日始得去

趙滋開封人父士隆邠寧環慶路都監戰没滋強力精悍有智略累立戰功至於簿書米鹽皆有法在雄六年契丹憚之官至步軍都虞侯

劉兼濟先是有邊民避罪者逃契丹轍納之守將畏罪不敢詰兼濟悉移檄責還之

楊應詢善料敵徽宗以歸信容城兩縣弓手爲契丹所憚欲增爲千人或恐生事應詢曰吾欲備他盜彼安能禁我卒增之

〔劉舜卿〕善料敵或告契丹遊騎大集不爲動在雄六年恩信周洽著名北州明一統志

〔和詵〕子美嘗以事詣京師鄭居中召與語而悦之薦于徽宗敷奏明暢大契宸旨進横階一等俾還任詵因上制勝疆遠弓式極輕利能破堅於三百步外即邊人所謂鳳凰弓者在雄十年嘗阻伐燕之議及於責北事之作未及用以死蓋兩河名将云桯史

郭成在雄以功遷防禦使踈財貝利施襟度坦如郡志

〔元〕陳奉訓，號止善【均樂亭記】。劉因有贈雄侯陳止善詩：久被邦君撫養慈，野人無路識風姿。願將明胡甘棠詠，用續諸君止善詩。

〔同知〕〔元〕牛承事【均樂亭記】

〔判官〕宋黃懋，閩人，同承矩治屯田與水利，詔發諸州鎮兵八千給其役，後果有功。

〔吏目〕〔元〕王欽禮，子敬，任丘人。以詹事院署書轉雄州吏目。州當南北衝要，號為繁劇，卒以才識明決服其同僚。後調南皮尉。

王齊曰：宋分命朝臣出守列郡，號權知州軍事，則宋之知州不可謂不尊且重矣。而雄獨與夷狄為唇齒，使守非其人，則兵民俱禍矣。今求之史冊，若繞與昭遠之惠

變懷敏兼濟之威信利一之招徠滋誘之才能其他尋
對料敵亦皆各盡所長是以邊境靖安士馬休息契冊
累世不敢南窺者雖曰寇準澶淵之功要亦有宋置守
之稱也雄其多得哉

知縣〔宋〕[illegible]為歸信令土垷人

〔金〕馬諷為歸信令境內有河曰八尺口每秋潦漲溢害民
田諷視地高下疏決之其患遂息一統志

〔元〕王時可至正間知歸信縣事兼管諸軍奧魯勸農事[illegible]作
樂亭記

〔國朝〕程九思括蒼人洪武初任時縣久汙腥膻榛莽弗治九
思草創開闢百務脩舉儼然一都會也德遠政湮今弗克

見但縣宇間隱隱有九字者，父老相傳以爲首功，且稱其鑒識不凡，於板築中見劉觀兄弟頭角秀起，知爲非常人，遂遣就學，卒知其言云。

劉岩樞，名字不傳，亦不知何許人。李延興贈雄侯劉岩樞詩：騎齋寂寂遠塵氛，草滿闌扉翠欲黰。日轉棠陰侵席過，風迴琴響隔花聞。水分九派通滄海，地擁三關壓紫雲。河朔逈來爲令者，路人争道不如君。

周士瞻，松江人。出雪帆齋記。李延興贈士瞻早起詩：五鼓頻催漏點殘，三年清苦笑倪桓。銀燈出院秋光靜，彩仗穿花曙色寒。腹稟千篇登錦帙，心旌萬里照金鑾。修名要出龍黄上，不數仙家九轉丹。

張恭，桃源人，永樂間任。〔闕〕

朱耀，嘉定人。〔闕〕

趙曾，本縣人。報效

〔常毅〕黎陽人，宣德間任。毅廉勤恭慎，志在恤民，亦嘗新學校，修祭器云。

汪善正統間任闕　曹偉常郡志

奉紘世纍單縣進士授御史天順間以言事外補紘剛毅嚴明公廉勤慎政教兼舉境土肅然公庭晝靜里甲感放歸治農而吏胥得以讀律門皂各執藝以供食暇即召集諸生親爲講解時大旱祈雨而雨紘獨立雨中既足乃退後忤中官逮繫于京者再矣雄之旌倪幾千人伏闕請貸聖朝宥之民至今思慕不忘且能詳云後仕至戶部尚書兼左都御史太子太傅謚襄毅公

周嵩宣城舉人　曹文昌代州舉人　邢廷禎金華人由明經成化間任　[illegible]混源舉人

劉傑 汾水舉人傑剛方勇略不畏強禦被民董繼宗告調任

王夢賢 良鄉夏津舉人弘治間任夢賢廉而勤公而不阿其律已也正而御下也寬才思敏達政治有方修廢舉墜百務皆興撫按君子稱其有王道焉後陞大興尹窮鄉父老至今耿耿言夢賢不忘

雷子堅 綏德舉人

党璐 同州舉人

劉英 掖縣進士由束鹿令調任英剛直明敏慷慨敢言禮士愛民令行禁止民亦稱便陞知州云

陳言 長樂進士言德量淵弘制行謹厚工書能文至剔蠹弊毀淫祠尤力焉時久旱民皇皇然言逢首跣足行禱而雨民賴以安未久以外艱去後陞監察御史

方鑑祁門進士正德間任被民侯舉告去
杜翊濰縣舉人翊沉靜簡默勤恤民隱人咸愛慕之尋以
憂去後陞監察御史　陳珍祁門舉人
王顯長安舉人由保定教授陞任後調萬泉
李信朔州舉人　鮮汶文水舉人後調慶雲
章寬遼海衛監生自新安調任
馬紀直隸鈞州進士紀廉能勤植明敏公平賑恤流亡醫
濟瘟疫省約浮費芟刈豪強囹圄不各得其當而作新學校
勸課生徒則尤爲加意故士心歸向民亦允懷而旁邑之
訟獄者日爭趨焉尋陞監察御史
易鴻沖霄固始舉人嘉靖初任鴻嚴于惡惡樂于善善蓋

公而明廉而威者也持身臨事不徇不阿斥僧道毀淫祠興學校恤貧士事集而不擾惠洽而不費秋水浸縣南路鴻建橋築堤途者稱快民間婦有不孝者立誅于市風俗一變奸宄凜然士民罔不悅服焉甫三載以勤勞卒于官卒之日無以爲斂百姓如喪考妣上下咸贈賻之至今猶藉藉然曰易父母易父母鴻逢迎雖拙撫字實勞有不譽焉

梁致讓德州舉人以捕盜功陞平涼通判

蔣銘莊浪衛人貢生　張佐保德人貢生

謝九儀君賜號少溪章丘進士九儀溫厚端嚴廉能勤慎禮賢下士吏畏民懷興學校崇節義裁冗費懲奸貪六事

允治百廢俱新三月而政成才思敏捷尤工于詩文爲甫
七月以宏才大器遂調德清士民咸爲借留不可得也少
華許公嘗稱九儀金鐘玉釜瑚璉圭璋今廣東道監察御
史
鄒縣武進監生
楊雲洛陽舉人三月而卒善用克施焉
王子麒仲郊號魯西汝南人儀衛司籍舉人今任
王齊曰令之循不循民之治亂關焉是置令親民不可
不慎而令之稱亦難矣哉雄在 國初史闕文文不足
徵也已齊廣詢博訪聞之雄中父老其稱治者咸曰紘
一治也夔賢一治也紀鴻司一治也九儀一治也四治
之餘若九思之治世遠莫詳若毅之介英之果言之惠

翊之平亦可以令稱矣而子麒之治亦懋前聲其他弗
聞也嗚呼邑之治令之循也百七十餘年僅若人而已
令之稱亦難矣哉齊弗敢罔弗敢蔽用述雄人之言以
信天下詔後世

縣丞

國朝張輻本縣人報效　高厚山東人成化間任　羅思綱四
川人　王瑄歸朐人吏員瑄有才幹嘗修文廟　苗鳳廷
津人弘治間任　施信黃巖人　田泰尉氏人正德間任　彭鎬
王輔樂陵人　孟佑鹽城人　魏應和咸寧人　許輔
大同人嘉靖間任　王倖遼海監生倖平易人也
臨淄監生　李榮沁源監生　胡璟武定監生今任

王齊曰雄之丞僅著人而已視夫令不及夫三之一何寥寥耶無他才則傳弗才則弗傳也弗才而傳者近也若瑄之才幹倖之平易雖欲久而弗傳得哉

典史

國朝李文正統間任　宋盛滕州人成化間任　蔣貫湖廣人　李輔昌邑人弘治間任輔有才幹工書　梁剛東平人　崔綸東河人　吳章江陰人正德間任　李從寬巴縣人從寬能吏也　胡廣山西人　周鑑安化人　章璧宣城人嘉靖間任　馬恩讓恩縣人　辛銳霍州人　董永寧定襄人今任

教諭

國朝馮盛蒲州舉人永樂間任　王鸞太和舉人景泰間任
蕭琮大同舉人成化初任琮心地光明勤于啓迪士子
恒稱頌之　鄭玠巴縣監生玠條教嚴明學亦稍稱
朱明嘉定舉人弘治間補任
王繼祿天錫洛陽舉人繼祿光明純篤廉静勤慎博學工
也時雖久乏科第繼祿銳志立教無間暑寒日督課程量
才求進雖柔退不立者亦所不棄是以蘇表趙昊英豪黨
進皆其造就雄之人亡少長貴賤亡不重王先生者至今
猶繾綣追慕不忘言之有泣下者若繼祿可不謂恩義兼
盡文行并立足稱師範者耶九載考績陞青州推官以吏
事非其所長退老寡合卒貧于家云

鍾昕　南海舉人昕純篤勤慎士也陞福州通判

何昴　陳州貢生自香河陞任昴學政脩明志行高潔而啓迪有方才識亦稱士子賢之

魏綸　理之利津舉人綸少年博學雅量俊才尤工於詩文正德間以祿養來署學事條教嚴明勤于勸課身以孝弟相率故無賢不肖皆知向上自繼祿之後而文風再振至今稱之時流賊猖亂綸上十事多見施行朝野重之丙子典文湖湘南還召拜南京工部主事

陳璡　寧陵貢士

挰經　河州舉人經正直爽慨人也立身教人各有法度生儒咸安之陞平鄉令

劉祿　沁水貢士

王齊元　脩號鏡堂貫江西豐城人河南新蔡籍舉人宋內

翰禹偁之後嘉靖八年任今任丘知縣

李嶲滕縣貢生前內丘知縣今任

王齊曰雄之多士固不待文王而興然廉頑立懦者亦不可少是故雄庠自王洛陽之一造士風一變魏利津之再造士風再變乃今英雋者知文學純厚者知廉恥冠蓋楚楚科第繩繩皆王魏之遺澤也嗚呼典教如王魏者幾何人哉槐陰閣筆歔欷長思

## 訓導

國朝王傑正統間任　陳瑞嘉定人由經明行脩科成化間任人言瑞不愧是科云　蘇瑁濱州貢士　張俊儀真舉人　甯振孟津貢生振孤介寡合而啓迪有功焉　周奉

劉福章丘貢生　王定陳留貢生弘治間任　李儀鄭
州貢生儀之教惟寬行亦可取　陳佐益都貢生　胡詢
陽穀貢生詢方直不苟　毛炳高密貢生正德間任炳勇
勇如也　冉嵩濮縣貢生嵩忠厚人也　陳訓莒州貢生
張榮潛山貢生榮志行足稱詩文可取　項鎮登州貢
生　鮮以德壽光貢生[redacted]嘉靖間任陞
吉州學正　殷紳利津貢生　楊韶洛陽貢生　王世臣
以忠夏津貢生陞真定縣諭　張若虛洵陽貢生今任
王齊曰訓也如陳瑞之風範甯振之清高胡詢之方正
張榮之學識及今之仕咸耿耿焉諒哉訓之賢也其何
能擇耶

（使臣宋）歐陽脩使遼初至雄州詩古關衰柳聚寒鴉駐馬城頭日影斜猶去西樓二千里行人到此莫思家西樓遼上京也

（彭汝礪）使遼至雄州詩馬頭今日過中都得到雄州更有書道路莫嗔音問少天寒沙漠鴈全踈

（沈文通）使遼還雄州詩濟濟新聲出禁潢邊城一聽醉千觴明月朝便是南歸客已覺身依日月傍

曹利用景德元年契丹請盟寇準以利用往許銀十萬兩絹二十萬疋定和議于狄夏頭以白溝為界河

（馬其廣）訪者號弥齋閤門宣贊舍人先是童貫遣張憲趙忠齋書遺燕王王斬之又使趙翊差使臣譚九殺直等說易州土豪史成起兵獻易州史成送燕京斬之宣撫司知

游說不行遂遣种師道進兵壓境問罪募馬以往馬有膽氣口辯與館伴蕭夔抗論不屈燕王召李處溫議曰女眞騎據西京大宋重兵壓境與大金夾攻朕觀天時人事不敢當此寶位欲稱藩南朝同保血屬言畢嗚咽流涕處溫亦爲之泣下遂遣秘書郎王介儒等來雄州居二日以客禮見童貫作報書以鐵騎送歸嗚呼使于四方不辱君命於齋有焉傳出外

趙良嗣宣和五年如金議和還至雄州以金書遞奏王黼欲功之速乃請復遣良嗣自雄州復如金許以歲幣卒成和議金主許以燕京及六州來歸

張叔夜爲簽書樞密院事勤王弗克從淵聖北狩上道不

食糲惟飲清湯至白溝河御者曰過界河矣奮然而起仰天大呼扼吭而死

呂中曰屢再犯闕勤王之師一無至者叔夜以孤軍入衛其忠已足稱及北遷不食其粟不入其境則始終之義無憾矣

（文天祥）以少保樞密使信國公勤王邦克有厓山之敗元張弘範遣使護送天祥赴燕渡白溝詩昔時張叔夜統兵赴勤王東都一不守羸馬遷龍荒適過白溝河裂髭鬚欲張絕粒遄不死仰天扼其吭思公有奇節一死何慨慷江淮我分地我欲投滄浪滄浪卻不受中原行路長下車撫梁門上馬指樓桑戴星渡一水慘淡天微茫行人為我言

宋遼此亾疆懸知公死處為我出涕淚我死還在兆烈烈
同肝腸令我為公哀後來誰我傷文武道不墜我輩終堂
堂
國朝陳復初革除年以禮部侍郎監曹國公李景隆軍大戰
于白溝河景隆恃位自驕罔諳兵律至于敗績公見勢不
可支從容具朝服南向百拜曰臣力竭矣臣事去矣請見
先帝于上天訴景隆也遂躍馬入于河死之（出何孟春備遺錄）
王齊曰使臣若無與于雄弗乘亦可也夫以張陳之死
節文山之正氣歐陽有衆徽之風彭沈得四牡之體若
曹若馬若趙皆能抗義直言不辱君命篤章與江河同
沛忠義與日月爭高烱烱煒煒于雄有光如之何其弗

乘耶

流寓（元）李繼本延興號一山貫河南人北平籍乃承旨楚國公彥聞之子繼本幼年博學多才登王嗣宗榜進士授太常奉禮兼翰林檢討元室弗靖隱教雄邑所至輒有題咏故求新劉克彥評其文曰豐而實直而通引物連類據經援史鏗鏘振發曲折宥如抑揚收縱變化多端萃于仁義道德之歸而規矩不逾也有一山濟美集行于世

人士第八

乘曰畿甸首化川嶽效靈造俊生才立功贊業忠貞義烈光啓後先命世名時日昭星紀淑慝孔明從違是紹

乘人士

仕籍元

焦館儒裕子也餘姚知州　焦潔館之弟也信州治中俱一統志

何源巨川歸信人源性質端慤愛好人倫弱歲通儒業及長明習法律由高堂都目轉知長信司幕府事秩滿調廬州路經歷階承事郎廬府丞遷風紀職總案牘事務之繁號稱不易源小心謹畏明練脩至故雖久處劇任卒能以幹敏爲時稱道源起身白屋得與縉紳之列五十餘年以老致仕累階承直郎保定路總管府判墓碣

董志于道龍華人志性穎悟甫弱冠諳經史尤精律學始自崇祥典簿就充本院宣使三遷授繕工司大使復擢本司照磨兼提控案牘志筆鋒動而文思雅如聲動臺閣二

轉授直樞密院斷事雖邊差之煩儲兵之大照見千里無不繫應朝廷知其才超遷奉訓大夫復陞大興尹兼管諸軍奧魯勸農事懸居輦轂事煩訟劇剖决有方不勞而治又歷二任陞朝列大夫不侮矜寡不畏豪強威振京華發摘有功將大用志以疾告歸至正間復遷朝請大夫監都安肅未及半載政聲四達人咸以良有司目之（神道碑）

王齊曰焦氏闕矣何源能矣董志明矣世遠言湮不能詳述或考於墓石而已石而可信何董亦表表哉

又曰舊稿載五代劉昫爲雄人自端明殿學士拜相今考之一統及郡志俱無而五代史亦不曰雄人但稱以問學知名燕薊間而已闕之以俟

國朝劉觀字崇觀人和人觀年儀奇偉天性穎悟幼爲程令所
知長從李延興遊登進士授太谷丞召拜監察御史陞僉
都御史後出守嘉興嘉興稱治尋丁外艱永樂初 詔訪
耆舊奉 命起復除戶部侍郎轉副都御史時肇建北京
命觀帥木于浙先是所司懼不如數犯獲罪往往誇功利
飭虐文觀至盡革其弊事不後期因是全活者累千萬人
後陞禮部尚書未幾涼州羌叛捷奏西陲
太宗命觀以刑部尚書督將臣往征之羌戎授首群醜就殲
椎髻祝發而至者萬二千餘西土以寧凱還遷左都御史
時雄爲畿內尚爲雲川軍所擾奏遷白楊口鄉里至今安
之官至 太子少保羅脩撰汝敬謂公身事 四朝德隆

師保忠信弘毅為時名卿故一時聞望如曾棨金幼孜周
述程南雲沈度各有稱述茲不及詳云
王齊曰鄉人言
太宗朝觀嘗攝政四十八日決死刑刑者伸手有黃金二千
兩字觀即截其手以進
太宗皇帝嘉嘆者久之夫攝政却金二事甚尊且美當時諸
老全未之及齊弗能傳疑姑述其畧以見公之在
朝朝廷重之在鄉鄉人德之修撰稱其忠信弘毅其有所試
哉
仲閔希曾人和人閔早頴悟善屬文以舉人授淮安同知
明敏剛果人不能欺富陽趙公新以吏部行便宜事識閔

才器爲守鳳陽聞政務簡易至驅逋盜釋死冤則數數見
稱旱蝗河決不能爲災以故當時元老若高穀則曰龍貴
獨步前東則曰豈弟君子咸爲之立德政碑以示誇焉
侯瓚奉璋保寧人登進士授戶部主事奉　命視湖廣饑
奏免稅糧八十餘萬石民困以蘇歷員外郎出守鳳翔下
車即賑濟流移全活者衆九載陞山西參政進光祿卿轉
右僉都御史巡撫甘肅初衛所以虧折芻糧指揮以下經
年繫獄者八百餘人瓚命各償其半數日盡釋之時有哈
密之變瓚召赤斤蒙古二衛授以方畧克復八城俘馘千
五百餘不自有其功兵部奏　聞降　璽書嘉諭及戰勝
邊虜兩錫銀幣繼陞兵部右侍郎改南京禮部轉戶部左

侍郎遷南京工部尚書轉兵部參贊機務數懇致仕進階榮禄大夫公性亶剛介踐履篤實不妄言笑尤慎交游最名有家法歷官若干年儉素自如甚惡求謁子弟稍服華靴皂輒呵禁之凡經不明不得舉進士以故詩禮源源咸稱其家兒云

鄭襄廷贊義知人以舉人授鳳陽通判襄公勤廉静撫字有方招撫流移全活者衆居六載兵民咸保留之以疾歸鳳陽民至今稱之

侯觀仕賓瓚之季子登進士授登封令勤恤民隱釐剔宿弊邑有豪猾世濟其惡者觀廉得其情亟治之積惡頓除時大旱疫觀禱于中岳願以身贖既而咸甦歲且大孰部

使者以治行異等交薦以瓚例不得爲科道授户部主事進員外郎郎中歷十七載始陞南京太僕少卿念學禄公年老留京師懇乞終養越二年丁外艱起復改太常少卿陞户部右侍郎時内外盜起俱 命觀兵左都御史理軍餉有白金文綺之賜轉左侍郎
武宗北巡復兼憲職從班師賜緋魚衣二襲蔭一子世官陞尚書四乞休致乃得卒 贈太子少保其少師楊廷和爲作墓表謂公孝友天至榮禄府君性嚴厲公委曲承順無少忤晚年服金紫侍側終日無惰容事兄泰如父師撫養諸子姪若已出待宗族有恩義且篤於故舊鄉人來謁者雖田夫後進亦遇之以禮於戲若公之德業真可以起

頑懦而敦薄俗也夫

趙循宗禮豐樂人循言動真實仁厚不爭人固犯之亦不能詈人事父母有古孝子風中鄉試授淮安同知其淮安志云循勤政愛民廉慎不苟清理兵伍尤所用心

韓茲人和人貢生仕至應州學正茲經明行修剛方正直有古人風度故所在學者咸宗事之而子姓亦克稱焉

王齊曰齊觀雄之往哲若少保公固磊磊矣若司馬公廉貞之風當直與少保媲美而家法過焉至知司徒以孝友著鳳陽以聞望稱若襄之思若循之厚若茲之毅亦文皆章章如也于雄不有光耶惟諸往哲嘗聞之袁公司徒蘇公太守王公别駕者備矣夫人有言信

者言傳德盛者言傳三公者皆雄之望故其言可傳也已齊何敢軒輊于閒哉於戲雄山匪高雄川匪深惟二三君子斯爲雄之名臣

又曰語云蓋棺事始定故于今之君子行業有弗録者俟也知我罪我其在玆乎

武功宋趙振歸信人景德中隰州兵馬監押積功累遷龍神四厢都指揮使歷知數州終佐神武軍大將軍振剛強自負喜謀畫輕財尚氣衆樂爲用一統志 趙珣趙瑜皆振之子也咸工騎射仕至顯官瑜弟璞亦知名

宋咸歸信人建炎時弓手也素寡言笑重然諾譎詐不情有膂力提刀重七斤能左右輪弄以驍勇聞于河朔有衆

數千假行仁義能以甘言撫士卒故不能得衆心累功知
歸信縣雄州失守成妻子在城中爲亂兵屠戮成率其衆
救萬人各扶老携幼渡河來歸朝廷授以右武大夫忠州
防禦使充京東河北路都大捉殺使朝廷慮其衆太盛命
分二千人往南京一千往宿州把截糧道餘衆令押赴行
在成遣部將史亮者統所分之人行亮至宿州輒剽殺居
民焚汴河橋成躡其後逗留不進以陶道士子思相術所
誑遂生異謀朝廷得其姦命光世追討至光州界勦殺平
蕩無餘成僅以身免初光世許得成者以成官爵予之士
奮命爭奪故人得其秘篋與所用提刀云

【金】焦用世用贊之後也用性慈孝勇而力智而謀果敢而

有禮仕金以戰功授東鹿令陞千戶守雄北門元兵至州人開南門降用猶力戰被獲世祖壯其人以爲忠釋之復其官命徇山東未嘗妄殺一人及回遼道沿謝者蟻集後值凶荒多盜城門晝閉餓殍塞道用推食食人全活者衆卒贈中書左丞謚正毅（墓表及一統志）

（元）焦德裕用之子也德裕通左氏春秋有才辯善騎射金將武仙敗走其黨保仙故壘太宗使德裕招降并擒殺之其地遂平累陞都元帥府參議後從征鎮江焦山寺僧誘居民叛阿术既誅其魁欲盡坑其黨德裕諫止之卒追封恒國公謚忠肅（一統志）

脩伯宗歸信人少有勇力膂略過人年十九從軍平江南

有先登陷陣之功得告身充彈壓閤當至元八年從劉元帥征和林復有功授忠顯校尉錫銀符武衛親軍百戶卒於官　毅圭伯宗之子也襲授敦武校尉職如故泰定間供給軍需陞忠翊元統二年兼領倉事糧儲增羨褒昭信校尉武衛親軍百戶　毅守中圭之仲子也嗣忠翊校尉武衛親軍百戶守中讀書知義篤於孝彝負幹濟之才府中稱其強敏

國朝由徑洪武末以武功授保定後衛千戶孫珣襲職正統間北虜入寇祖孫殊死戰不勝俱亡珣喪其元歸葬東侯留村子姓遂絕而褒贈之典不與焉

劉泰　少保觀之弟也永樂初爲朱能嚮道[1]襲破雄城冒功

陞懷遠將軍世襲指揮

王齊曰趙氏焦氏殷氏世濟厥美矣無論也田莊節矣柰何無後劉秦雜矣而子孫落落也不亦宜乎

孝子（阮）王庸伯常利人人母李氏有疾庸夜禱北辰叩頭出血疾愈後母卒哀毀幾絕露處墓側旦夕悲號一日雷雨暴至隣人持竇席往蔽之見庸坐卧之地獨不沾濕咸嘆異而去復有蜜蜂數十房來止其家歲得其利以供祀事有司遂以孝聞

義士（阮）董得禄景福歸信人得禄喜施好禮耕則讓畔佃則市租里閈以善人目之（阮）有古井傭人浚治之其錢盈窖公曰生子願忠孝安用阿堵物耶遂舍不治至於嫁娶

孤幼存恤流亡置義塾以教其鄉人皆有成立迄不責其報焉墓碑

劉德和觀之父也幼知讀書通大義孝友姻睦發於天性而賦質剛果疾惡如仇元季雄遭達丞兒只之變有二十三人轉徙他邑捕獲將斬以徇德和力辯其無辜既辯則已戮其一矣歲丁火歉人嗁草剥樹以食相枕藉死德和乃漁易河取廪糜雜烹之以給餓者凡活數千人焉墓表

國朝胡斌人和人洪武末我雄有東門之變枕骸蔽野陰雲鬼哭野無居民途者心悸斌素仗義扶危憫窮悼屈一見黃沙白骨心甚惻然尚制筐往瘞之維被霜露冒星月亦

所不憚越六旬事畢男女各爲叢塚于西門外至今胡氏子孫歲持麥飯酒焉知縣九儀嘉其義祀之

蘇景鳳翔守琰之祖也傳云景善刑名多陰德恒生其人而不責其報一日其子出牧得遺金景命往候之失金者果奔號而來遂驗還之隱德弗耀人多罔聞後琰登第咸以爲陰德之報

李恒仲常諸生也博學高才貧苦亦稱一日早出拾白金一袋亟還候於門少頃有吏人王振者呼號狂顧恒詢之乃失柴夫銀一百八十兩也恒即俾之封識宛然歸貢而卒卒之日無以爲殮令其子緒亦諸生焉貧窶尤甚不知天之報施善人將何如耶

王齊曰孝義大節也予奪弗可妄也庸也史存焉識也塚存焉昭昭烈烈與天地相爲悠久故少溪祀之以觀法于雄望其祠宇有不興起者耶若董劉徵諸墓石蘇李出自人言要亦不可闕也附之

節婦

元李氏三臺鄉犀城溥增昌之女夙喪父家貧事母李氏氣禀醇正不事容冶及笄嫁雄州民劉甫年二十而甫卒有子曰英方五歲誓不再適採薪拾穗紡績自存護持其子劉氏不亡李氏之力也國史編修李德原志

國朝李氏馬贇妻也年二十有六贇卒李撫其二孤守節時永樂初兵亂父母不堪其憂欲奪其志李以死自誓勤儉紡績以訓其子曰驯中永樂二十二年鄉試李年踰七十

有二如一日有司以 聞 詔旌其門曰貞節

王氏慧聰縣丞大本之女庠生胡謙妻也年二十而謙卒孤文進甫月餘舅姑憐其貧欲奪之不可撫孤成人娶劉氏生孫未周而進亦卒遂名其孫曰節蓋勉劉以節也節九歲又卒劉遂改節一日歸省携禮置之炕王見而怒梜逐之遂拆其炕曰毋汙此土也貧嫠六十餘年貞操如一有司具實以 聞

胡氏妙全劉鳳之妻胡節婦之女也年十有九而鳳卒孤宗銀甫三月胡素聞母訓通孝經大義不幸遭此願死以從者數四母諭解之乃止曰忘夫非貞也棄孤非信也背親非孝也吾知吾毋可矣遂閉門紡績養姑教子每嘗令

節輒不飲食里人聞其哭聲咸爲之罷慶賀孀居五十餘年遭子不肖貧窶老甚有司奏 聞 詔旌之

費氏通判爕之女也適恩生侯巽生說方六月而巽故時費年十有九也孀居四十年教說成人費始故遇

今上皇帝崇奬節義例及死者有司上其事亦旌表焉

張氏進福民梁廣妻也年十七適廣越十年廣卒哀痛幾絶有遺腹于大安娶蕭氏年十有八生子幹而大安亦卒明年亦得遺腹子棟鄰嫗或以年少勸之蕭撫嬰慟哭曰汝不知吾爲節婦婦乎爲節婦婦而失節縱不媿人獨不媿我姑耶嫗媿而退乃共歷艱難終無異志今張年七十有七蕭亦五十有五遠近覩睞稱無間言齊嘗以聞臺署

未得報云

楊氏年十有七嫁進福民尹章甫四月而章卒尹族或利其有諷之他適氏泣誓曰寧死無二心也撫遺腹子景暘娶婦王氏生三子至三十有一而景暘亦卒今楊年七十有六王亦年五十有七白首同孀始終不渝人或間章之貌楊想像者久之但涕泪交下亦不知其似云

王齋曰文山謂光嶽氣分士無全節嗚呼士且難矣尚何望于閨人耶若王胡之毋女梁尹之姑婦以及李贇諸嫂孤身雙節烈烈休休是真有士行直可以敦風教而激習俗者也吾見縉紳之列不獲多讓

又曰齊嬰歲孤貧內外寡依獨鞠于　先毋氏毋氏苦

節十有九年不及見不孝之首存又不才不能爲母氏作傳且爲王孝子立祠齊不孝孰甚焉於戲樹欲靜而風不休子欲養而親不待三復流涕罔極何言

## 選舉第九

乘曰 國家啓運科貢肇脩蘊德抱才乘時奮翼輔國樹功異軌同途名哲雖湮碑板孔列次第通攷顯蝕靡遺先進風流後生龜鑑乘選舉

### 進士

國朝洪武乙丑科劉觀 景泰甲戌科侯璦 成化戊戌科侯觀[illegible]甲辰科侯[illegible]仕號璜之伯子也刑部主事 弘治己未科[illegible]廷珎號雄山豐樂人登進士任蘭溪知縣蘭州知州陞戶部員外郎中仕至鳳翔知府 正德戊辰科

泰宗儒醇夫號靜菴殷福人登進士江西道御史大理寺丞少卿都察院僉都御史今南戸部侍郎嘉

靖壬辰科何思慎之魯之子也初知襄陵今工部主事

舉人元至正時一人趙元卿

國朝洪武時一人甲子科劉觀見進士永樂時九人乙酉科史

簡進福人徐溝知縣張肆代州同知辛卯科蔡樂人和人金縣知縣甲午科馬

馴人和人岳州同知丁酉科潘絅豐樂人御史張翔衆安人臨清訓導癸卯科

仲閔見進士張翱翔之兄也常州通判宣德時三人丙午科楊聰進賢人三

原知縣壬子科鄧亨福順人刑部主事馬馴賓興人南國子助教正統時二人

戊午科王章人和人濟陽教諭甲子科李東衆安人海豐教諭景泰時一

人庚午科侯瓚見進士癸酉科鄭襄見進士成化時四人乙酉

科史聰進福人孟縣知縣甲午科劉銘人和人大同教授丁酉科侯觀見進士

士庚子科侯泰見進士弘治時五人戊午科吳光世保寧人福山知縣蘇琰見進士袁宗儒見進士辛酉科趙循見進士甲子科張佐定安人正德時七人丁卯科張儒宗孔義和人文登知縣庚午科王鹿文蔚利人仕至萊州通判丙子科何曾子謙利人今平涼通判己卯科韓潁汝霖人和人今河南府通判呂應祥伯禎豐樂人今西安府同知張存義守敬豐樂人平陰教諭張濟亢甫義和人兗州推官今青州教授嘉靖時方六人乙酉科呂孟信誠之應祥族弟也吳堂子升致福人今陝西行苑馬寺丞董時居易慶豐人海豐知縣戊子科侯承爵位讓之子也何思見進士辛卯科劉儒宗正民哥人

## 袁宗儒科第題名記

國家懸科舉以待士，其諸昉於古乎？曰：未也。古昔先民莘野釣磯焉，簡矣；鄉舉里選焉，備矣。其名實之播諸宇宙者何如也？然則科目之士由此其選者，抑未盡合古人乎？曰：未也。大道既隱，天下爲家，則科條品式燦然海內者，亦聖人通其變於未窮之道也，勢也。是故聖王通變以宜民，君子應時而名世。昔者成周命鄉論

秀士升之司徒曰選士司徒論選士之秀者而升之學
曰俊士又論造士之秀者以告於王而升之司馬曰進士
凡以簡賢而成天下之治者也我
明憲天立極實典彝典率視成周故賢才之出雖不盡假之
科目其在今日或亦有不能外是而他求者矣維雄密邇
神京涵濡
列聖之化最先且久則其人文丕變宜何如哉越自開國以
迄於今在
太宗時則有若少保氏劉觀在
孝宗時則有若司馬氏侯瓚在
武宗時則有若司徒氏侯觀其他耆儒以出者彬彬相望猗
與休哉茲乃僉議勒石用昭鑒戒而以記屬諸素宗儒乃
拜手稽首曰嗚呼先哲尚矣予復何言哉予聞太上貴立
德君子無近名茲舉也將無近名乎哉傳曰五百年必有
王者興其間必有名世者是惟皐陶稷契其人焉然則茲
名也獨非君子之所垂於天下後世者哉蓋君子非名之
患而德業之難如其伊皐諸君子焉則亦追配前人矣如
匪伊皐諸君子焉則將遏佚前人光矣於戲上下數千百
年而卓然名世者其誰哉儒也是
懼敢鑱諸石用以告夫同志者

王齊曰雄在燕趙間素多豪俊然以地乘之闕宋元靡

詳矣索漢魏我

朝設科百七年來進士則有七人舉人凡三十有二人或功業鳴于時或文行著于世表表掌在人耳目人士可考也學校養士何其盛哉

附 系出雄縣在大倉出身者景泰甲戌科進士高宗本副使

在府學出身者舉人楊皓 張甚

貢生

國朝洪武時十人劉肴仕至僉常由由明經授都御史韓山給事中成林御史呂姺陽城知縣王襄姚安知府王自新海寧同知高泊徽州同知苑昇 高規田疇海門知縣永樂時五人孫賢德州知州郭宗寧州判 秦武萊陽知縣薛官向照汚縣知縣王黄嶧縣簿 洪熙時二人溫泰姚安縣照磨馬善蒲州同知宣德

時四人康寧榮無丞侯英嵩陵知縣李俊蒙陰簿劉通惠州衞知事正統

時七人王源長洲丞劉澄盂縣訓導周冏馬英張舉王大

本綏安丞劉聰河東運判景泰時三人李廷學任縣丞李雄汝上丞霍

敬舒城簿天順時五人傅益鄆城簿楊恕上林署丞許裔群牧所吏目丁

豫平涼經歷王端山東都事成化時十二人劉琛遼府奉祀史昭太平簿韓

瑾福州衞訓導羊紀昌邑教諭姚禮齊東簿徐鍾杞縣知縣後調石樓仲愷南錦衣衞

經歷李宗和益府教授郭洪項城訓導王飛沈丘丞鄧晟臨淄簿王琰遼東衞訓

導弘治時九人韓竑[illegible]劉士宏青城丞郭豫靈璧丞高逵宣城

訓導賀正魚臺丞李大安臨淮丞劉經汝州同知王賢郟城教諭王文章兗州

訓導正德時六人陳耿青州訓導韓竚山丹知事許銳陽城簿郭俊太原訓導

郭璠靈石訓導董經今肅府審理正嘉靖時才十一人李希蘭丘縣丞蘇

瓏琰族弟今汾州同知楊宗今泰安教諭焦憲 趙元 郭文新 趙璠
侯讓臨朐教諭章希顏孫紘之董濟民

袁宗儒歲貢題名記

明天子受命十有一年詔天下曰惟古帝王旁招俊乂嚴惟丕式用丕釐耿命乃茲適崇科目匪是弗庸其無乃闕矣乎其自今彙征有位惟其人不惟其官將無休哉維時天下諸司率奉揚德意遴選多賢貢之天子躋諸華要而施焉聲聞亦移遂日流嗚呼詎謂七室果無其人哉夫杞梓楩楠同產於山故山為勝珍怪寶藏同產於川故川為靈人才乘運以出或哲而謀也或溫而直也或慈而良也或矯悍而毅也要之惟器所適而顧於科目之外漫不之崇焉豈其然哉雄州蜀在山谷控引京華吾嘗俯視方輿大雄小雄之山嶢巖崒嵂如踞如伏龍泉易澗之水縈迴旋繞如環如帶則喟然嘆曰美哉其茲山乎懿哉其茲水乎其所以發我人文之秀者乎暨觀我國初御史大夫而下凡若干人皆由貢其選已而入總憲政歷建勳庸其諸庶士則項背以興率多思奮古稱燕趙多感慨悲歌之士其信然乎哉邑侯九儀既鐫科第題名於左方矣乃茲鐫諸貢者相頡頏焉君子曰是可以觀政夫政以飭治治以昭德故德立而名孚則民勸治以飭而物矣

執則化行化行而勸時乃罔不興故曰可以觀德矣於乎休哉予時爲御史大夫敢執筆於后以俟觀風者采焉

附 系出雄縣于府學出身者一人 侯英 知縣

監生

國朝洪武時 王士德 由人才南豐知縣 天順時 胡清 貴州驛遞運所大使 以[illegible]

[illegible]德四十 以上[illegible] 王禧 信陽塲大使 成章 蒲臺稅課局大使 張禮 豐都驛丞 董誼 封丘知縣 長 張珍 牛房川平大使 劉軍 永嘉塲大使 李聰 紫陰訓導 高泰 上里塲大使 羊禮 豐諸城巡檢 俞秉 華州稅課局大使 張縉 時堡巡檢 向善 延安倉大使 王文周 人和典史 成化時 董繼本 宣城簿 王宸 廣東所吏目 王淮 光州吏目 正德時 蘇瑞 伊府典簿 徐升 高淳簿 董淮 太平知事 徐節 旌德丞 龔鶚 廣州衛經歷 李希蕙 鄭州判 林榮官 新鄭簿 嘉靖時 李溥 今尚氏丞 李儒 今宿州衛經歷 張文瑞 今和順簿 侯說 今長治簿 董汝鳳 今馬湖府經歷 徐孟暘 胡恒 董惠民

李森 李抑 高渭

報效

國朝 趙魯 鄭謙 張輻 俱學生初太祖北征時魯等齎糧迎於保定西水寨太祖曰忠孝民也授魯本縣知縣謙新城知縣輻本縣丞後革職太宗即位後詔曰念爾戍功仍復舊職魯歷改藁城山陽壺口輻歷改滿城大興

趙得 南錦衣衛指揮同知以下俱永樂時人 王敬 劉欽 俱保定後衛千戶

楊春 寬河衛千戶 賈宣 北豹韜衛百戶 董塤 保定後衛鎮撫

貤封 漢盧它 景帝四年封為亞谷侯 郡志

宋 趙從信 太宗太平興國初封為雄州防禦使贈楚國公 郡志

元 何德全 以源貴贈承直郎 董亨福 以志貴贈朝列大夫

國朝 劉德和 以觀貴贈太子少保兼都察院左都御史 韓從義 以岫貴贈行人左司副 成

貢士以林貴贈湖廣道監察御史仲士信以閔貴贈淮安府同知楊朋益以聰貴贈三原知縣侯文質以孫瓚貴贈南京兵部尚書侯林以瓚貴同文質之贈袁亨以孫宗儒貴累贈南戶部右侍郎袁安以宗儒貴同亨之贈

任子

元

殷端異闕

國朝

侯巽以瓚蔭四夷館中書侯訥以祖瓚蔭監生侯謐以觀蔭詹事府主簿侯詰以觀蔭錦衣百戶袁揚以宗儒蔭監生

祥異第十

乘曰洪範徵極春秋考異靡爽氣數爰責我人見休思愧見災思省庶幾夙夜天威攸霽昔雄戰區今雄樂土追述往前迹覽孔覺乘祥異

秦

始皇二十年甲戌秦破燕於易水初燕太子丹質于秦亡歸怨秦欲報之遣

荆軻刼秦，送至易水，至秦不克，秦益發兵就王翦於中山，與燕大戰于易水西，大破之。[illegible]文

漢獻帝興平二年乙亥，公孫瓚城易京。先是有童謠曰：燕南垂，趙北際，中央不合大如礪，唯有此中可避世。瓚以易地當之，爲鮮于輔破後，遂徙鎮易，爲圍塹十重，築京高十丈，崇樓鐵門，專與姬妾居，疎遠賓客，無所親信，謀臣猛將稍稍乖散，且曰：兵法百樓不攻，今吾諸營樓櫓數十重，積穀三百萬斛，食盡足以待天下事矣。

建安三年戊寅，袁紹攻公孫瓚，圍之。紹連年攻瓚，不克，欲與釋憾連和，瓚不荅，增脩守備。紹于是大興兵以攻瓚。先是瓚别將有爲敵所圍者，瓚不救，曰：救一人，使後將恃救不肯力戰。及紹來攻，南界别營知不見救，或降或潰。紹軍徑至易京，瓚衆日蹙。

四年己卯春三月，瓚自焚死。黑山賊張燕率兵救瓚，瓚密使人賫書，使起火爲應，瓚欲自内出戰。紹候得其書，如期舉火，瓚遂出戰，紹設伏擊之，瓚大敗，復還自守。紹爲地道，穿其樓下，燒之，樓輒傾倒，稍至京中。瓚悉縊其家屬，引火自焚。

晉

武帝咸寧五年己亥春三月，隕霜殺桑麥。

惠帝元康八年戊午，大水。

趙 建武四年戊戌夏五月大蝗

秦 建元十八年壬午夏五月蝗 大熟

魏 神瑞二年乙卯荐饑魏比歲霜旱民多饑死 延興三年癸丑水

太和十一年丁卯春夏大旱牛疫民死 秋七月賑貸

隋 恭帝皇泰二年己卯竇建德使高士興拒唐兵于易水士興降之初隋臣羅藝降于唐唐以為幽州總管夏竇建德以兵十萬寇幽州使高士興拒藝兵于易水藝兵繞至士興即降建德敗還

唐 中宗嗣聖十三年丙申陷于契丹河北震動周武氏制起狄仁傑為魏州刺史河北始定 神龍元年乙巳大水 玄宗天寶十四載乙未陷於安祿山祿山陷范陽故先陷之 代宗廣德元年癸卯春正月收復

夏四月分屬幽州節度使河北副元帥僕固懷恩北伐史朝義賊將李懷僊請降殺朝義

傳首京師遂以懷僊為節度使大曆六年辛亥春三月旱米斗千錢昭宗天祐
三年丙寅秋九月劉仁恭募兵戍瓦橋梁王朱全忠以幽滄湘首尾為魏患
引兵渡河圍滄州劉仁恭救之下令境內男子十五以上七十以下悉自備兵糧詣行營文其面曰定霸都士人則
文其臂曰一心事主得兵十萬軍于瓦橋畏汴軍彊不敢戰城中食盡全忠使人說劉守文曰何不早降守文登城
應之曰梁王方以大義服天下若子救父來將安用之全忠愧其詞直為之緩攻
〔梁〕乾化二年壬申春正月晉師及鎮定之兵會於易水伐
幽州晉王李存勗遣周德威東出飛狐口與趙將王德明義武將程巖會于易水伐燕主劉守光
〔唐〕天成二年丁亥有年粟斗十錢清泰三年丙申冬十一月陷
于契丹初石敬瑭求救于契丹德光草表稱臣子之禮約以盧龍一道及鴈門以北諸州為賂許之秋九月
赴援唐兵大敗德光立敬瑭為晉皇帝即位遂踐前約雄沒于夷
〔晉〕師來攻拔之周德威遣裨將來攻其將吏及莫州刺史李嚴皆降開運二年乙巳

春三月晉師敗契丹於白溝初平盧節度使楊光遠招誘契丹入寇至是復入寇附馬杜威等諸軍會于陽城與契丹戰遂北十餘里契丹踰白溝而去三年丙午大饑盜賊蠭起

周廣順二年壬子契丹大水雄州大水流民入塞者四十萬口周詔所在賑給存處之中國民被掠得歸者十五六萬顯德六年己未夏四月世宗自將伐契丹

五月收復置雄州以陳思讓戍之世宗以北鄙未復下詔親征命親軍都虞侯韓通等水陸並進其水陸都部署趙匡胤先至瓦橋關契丹守將姚內斌舉城降相繼關內悉平宴諸將于行營議取幽州諸將曰陛下離京四十二日兵不血刃取燕南之地此不世之功也今虜騎皆聚幽州之北未宜深入世宗不聽遂趨幽州會日暮還宿瓦橋命瓦橋關爲雄州以陳思讓戍之有疾乃還

宋太宗太平興國五年庚辰冬十二月契丹入寇帝自將禦之契丹主賢圍瓦橋關南京留守耶律休哥帥精騎渡水而戰官軍大敗休哥追至鄚州帝自將禦之次于大名以高瓊爲樓船戰棹都指揮使部船千艘趨雄州虜遁乃旋帝詩有一箭不遺戎馬遁六軍空恨陣雲高之句

雍熙三年丙戌春正月曹彬出師伐契丹初賀懷浦將兵屯三交好議邊
事與其子知雄州令圖上言契丹主少母后專政寵倖用事請乘其釁以取燕薊帝信之以曹彬爲幽州道行營都
部署崔彥進副之米信爲西北道都部署杜彥圭副之出雄州三月遂敗契丹于新城東北夏五月曹
彬次師雄州初曹彬兵次涿契丹耶律休哥兵少不敢出戰設伏林莽以絕糧道彬居涿旬日食盡退
師雄州帝亟遣使止彬急引師緣白溝河與米信軍接俟潘美田重進合勢以取幽州後彬敗績冬十二
月契丹誘執知州賀令圖先是耶律休哥諜紿令圖曰我獲罪本國旦夕欲歸南朝令圖
信之私遺重錦十兩及我劉廷讓敗績休哥宣言願見雄州賀使君令圖意其來降欲擅其功即引數十騎逆之既
至休哥執之自是河朔戍兵無復鬬志契丹乘勝長驅而南殺官吏俘士民輦金帛而去淳化四年癸
巳春三月開屯田初何承矩至雄州即建屯田之議會黃懋亦請于河北興水田乃以承矩爲使
懋爲判官發河北諸州戍兵給其役至道元年乙未夏四月契丹入寇何承
矩禦却之承矩條子河汊之捷諭州民且揭于市契丹諜知纔忽將襲取承矩以雪恥夜引數千騎抵城

下承矩整兵出拒遼明與契丹酣戰契丹敗走帝詰虜入寇之由謂承矩輕脫生事失守禦體罷之真宗咸
平三年庚子春正月契丹引還范廷召追敗之初契丹入寇知帝自
將次于大名乃縱掠而去廷召追敗于雄州城南斬首萬餘級盡獲所掠餘寇遁出境景德元年甲
辰冬十二月與契丹定和議于秋夏頭帝自將次澶州契丹請盟遣曹利用
往定和議于秋夏頭以白溝爲界自此南北弭兵寇準之功也三年丙午春二月知州李
允則城城大中祥符元年戊申有年斗米七八錢仁宗天聖
六年戊辰秋八月水康定元年庚辰契丹入寇王勔禦
之契丹將胡知遠來侵雄州榷場王勔爲經畧安撫使乃令果勇抵敵擒勝知遠遂遁去嘉祐二年
丁酉夏四月地大震壞城廓覆壓死者數百人神宗元豐間契丹兵竊
關鎖劉舜卿知州事契丹兵夜竊關鎖吏恐以聞舜卿但密令易其門鍵大之後數日契丹兵牒送盜幷鎖至舜卿
曰吾未嘗亡鎖命加于門不合并盜還之虜大慚治盜以罪哲宗元祐八年癸酉秋八

月水

徽宗宣和四年壬寅夏四月白虹貫日時四月十五日童貫出師時也出門牙旗竿折已而失二認旗五月地震五月戊寅己卯庚辰連夕有流星若盂起椀自紫微文昌犯天津河鼓越天漢斗牛間皆南向而奔曳光如疋練十餘夕不已時方用兵雄州地震已而雄之正寢忽元武見龜大如錢朱蛇僅若筯身行必相逐二師拜之藏以銀盒置于大城北樓真武廟明日啓視之皆死矣[illegible][illegible]師童貫蔡攸也

六月童貫擊遼白溝敗績退師雄州先是宣徽使童貫駐軍高陽關以蔡攸副之用知州和詵計降黃榜述弔民伐罪之意且云若有豪傑能以燕京來獻者即除節度使遂分雄州廣信軍爲東西路命都統种師道護諸將進兵師道總東路兵屯白溝辛興宗總西路兵屯范村遼人諜而前師道前軍統制楊可世敗績士卒多傷雄莫間死尸相枕籍遂退保雄州帝聞報而懼詔班師

秋九月劉光世敗績光世進軍應州太師高鳳之約至白溝爲牛欄軍所敗不得前劉延慶洎軍雄州

冬十月遼人蕭容韓昉至雄州容昉至童貫蔡攸以軍禮見之貫攸以其所上表不納土止納款稱臣麾而去之斥容昉曰非納土不受昉笑曰納欵即納土也虜種類雜未易圖朝廷當思兩全

無貽後日之悔貫以蕭后表飛奏留容助於雄州聽朝廷指揮童貫復進兵攻遼敗績退師雄州初七月詔再舉伐遼至是貫遣都統制劉延慶觀察使郭藥師將兵十萬出雄州以樂師為鄉導渡白溝至良鄉遼蕭幹率衆來拒延慶戰敗復遣大將高世宣楊可世與藥師率兵倍道襲燕山蕭后密報蕭幹幹還燕巷戰藥師世可敗績生還世宣死焉幹復縱兵追延慶延慶兵潰退保雄州燕人知宋無能為作賦及歌詩以誚之

七年甲辰春三月童貫入燕犒師貫自河間莫雄入燕馬廣訪自保州入莫迎貫于任丘因語兀室已擒天祚事謂貫宜急備邊以防女真貫至燕撫犒郭藥師以下軍有差仍招集逃亡軍人及招刺諸處游手充軍以備邊

欽宗靖康元年丙午冬命馬忠將所部趨雄州追襲金人　簽書樞密院使張叔夜白溝河死節

二年丁未秋九月陷於金金闕毋陷河間府雄州

寧宗時蒙古將張柔來攻拔之柔為河北都元帥取金雄州

金人復取雄州

金　天會七年己酉置永定軍節度使賜名易易郡　貞元

二年戶口增宋屬戶二萬四百一十又一 貞祐元年癸酉冬十二月蒙古圭留怯台自將來攻破之留怯台與子拖雷由中道破雄束鹿今焦世用分捍北城力屈而降人民殺戮幾盡金帛子女席卷而去屋廬焚毀城郭丘墟

元 至元六年庚辰春三月大水平地水深三丈民居半溺 十九年壬午秋七月旱 二十七年庚寅夏四月易水溢田廬漂沒無遺大蝗秋八月地大震地陷黑沙水踴出壞官署民居不可勝記壓溺死傷者甚衆 泰定三年丙寅夏四月饑初張珪歸省保定帝思見之召還問曰卿來時民間何如曰珪老以實客不能遠知真保河間臣鄉里也饑甚朝廷雖賑以金帛惠未及者十五六帝惻然命賑糧四月復免半租 天曆二年己巳夏四月旱蝗民饑 至正十九年己亥夏五月大蝗飛蝗蔽天溝塹盡平民大饑銀一錠易米八升有殺子而食者

國朝

太祖洪武元年戊申春三月大將軍徐達果取雄州遂下之
時達與常遇春會諸將于臨清率馬步舟師進遂克之進圍燕都
三十二年己卯秋八月
初靖難師起我師既
我師襲破雄縣總帥都督楊松潘忠敗績死之
克欒河燕山中護衛副千戶張玉進曰都督楊松潘忠在雄州扼吾南路宜先擒之
上大悅遂發兵命玉為前鋒副千戶朱能副之復得嚮道劉
泰于八月十五日夜襲破其東門敵衆敗走追及于月漾
橋擒其總帥松忠不屈而死復追其餘衆于
莫州斬獲不可勝計遂乘勝長驅而南矣
三十三年庚
辰夏四月曹國公李景隆都指揮平安來攻
帝自將禦之大戰於白溝河禮部侍郎陳復初死之
初景隆受華除
之命以陳復初為監軍帥兵攻北平城時朱能率師從
太宗至鄭村壩與景隆兵遇大戰城中亦出兵來擊之景隆
狼狽走還雄縣復收潰散之卒號百萬進攻
太宗自將禦之以朱能為前鋒張玉武勝李彬陳珪陳亨
薛祿陳賢諸將各進兵至白溝河敗其都指揮平安軍及
中又與景隆兵戰大破之復初具朝服南嚮再拜躍馬入

于河死之明日以能領左哨當前鋒又大敗景隆兵盡克其砦擒景隆遂走保濟南我師追之

英宗正統間蝗遣吏部右侍郎魏驥捕之

憲宗成化六年庚寅夏澇秋旱　二十二年丙午夏四月有年夜雨晝晴　二十三年丁未大水

孝宗弘治元年戊申春三月知縣王壽賢甃城　二年己酉夏六月大水城市乘桴野田禾沒無遺

武宗正德十二年丁丑夏六月大水禾稼盡傷民大饑疫死者枕藉　十三年戊寅冬十月星隕爲石大如斗　十四年己卯春大疫

今上皇帝嘉靖二年癸未夏六月知縣易鴻誅不孝婦於市

十年辛卯夏六月水免田租之半　大饑　十一年壬辰春二月大賑　夏六月李氏婦誅不孝子安宰庵橋

十二年癸巳秋八月大雨雹　冬十月丁丑星隕而雨
十三年甲午有年　十五年丙申夏蝗　秋水　十六年
丁酉春二月雨傷麥　大賑

雄乘下卷終

門下史熊蘭趙桃寫

雄州秋興兼贈少溪謝公德清之别八首

雄山屹立草亭孤徑入林稀望眼穌百里花封依日月十
年桑野半江湖星羅謝傅新碁局秋入王維老畫圖勝地
自来多感慨　明時誰許着潛夫

龍泉背郭釀千家泉上龍宫晚報衙歲久人窺星宿海秋
高客泛斗牛槎金莖露下青雲濕玉井蓮開白日斜咫尺
蓬莱隔烟樹一川蘆荻散晴花

吕廟仙橋秋水濱閑花野草尚鮮新黄粱歸夢騎黄鶴白
日来遊詠白蘋嘒嘒玄蟬依落木冥冥鴻鵠傍離人若溪
此去三千里雪棹終當一問津若溪在德清境

易水西来會九河誰家金鼓弄清波蓮房菰米秋偏好佔

客漁郎晚更多飲馬上流思郭隗屠龍失計笑荊軻儒宮
蕭散寒尊發細聽滄浪孺子歌
飛橋闌隣井梧秋急杵繁砧起莫秋萬壑松風連古塞一
天花月近高樓公孫臺殿俱塵土袁紹干戈亦白頭獨有
河邊黃石在柳陰時纜濟川舟
鏡堂高啓泮池東蘿月娟娟竹樹風古木蟠龍朝夕見層
軒巢燕往來通黃雲香落蟹初紫白雪團開酒正紅萬卷
少年虛自負一尊今日有誰同
西湖十里鏡光平水落雲間夕照明蘆笛秋清歸棹緩耦
花風細舞衣輕忘情仙侶沙鷗狎放目乾坤海鶴鳴聊擬
習池拚一醉浪傳王謝得齊名

柳堤風物已蕭森，坐對寒花思不禁。楚北松楸頻入夢，燕
南桃李幾成陰。蹉跎四載青氈敝，留滯三關白髮侵。戀國
未陳王粲賦，臨岐空羨宓生琴。
昔者鐔堂公之乘雄也，采擇精當，法度謹嚴，故于詩文
咸約取而附見焉。公之自作，則避而不録。且乘再梓矣
失今弗録，後將奚傳？故河疏諸作，大子既補之矣，而秋
興八首尤爲時所珍，是故繫諸卷末，庶好事者之有徵
焉。
嘉靖丁酉夏四月沙田王世臣識

王齊曰予少也孤遺兵燹之餘父書俱失又不甚知隆師友望亡所問途故聞見亦孤弱冠得領鄉薦就論于雄而乘雄也雄無多大夫士而書史亦鮮存者亢亢窮年猶家居也故雄乘未備而少溪已刻傳矣比牧任丘數領

少傅序翁及諸名公之教且得多讀其書刪剔補正視舊孔益欲再梓而弗能焉今年春會西王侯崇文敦化淑世牖民以予任丘志之成也謀諸沙田復委訂正然寔不能詳詳畧畧如任丘也姑毖而歸之其卷爲二其綱爲十其目六十有五

嘉靖十六年四月八日

跋雄乘後

春秋魯史也萬世信之無閒者褒貶善惡惟公爲而已夫志邑史也若夫作者文字雖工而褒貶未嘗又奚貴于志哉雄乘邑志也吾師鏡堂公之筆也巨細分別皂白畢陳其心公其論確足以信天下詔後世而國史之採有足徵矣噫雄乘修而邑之善者勸惡者懼其輔世立教而功德雄人者與雄相終始矣披閱之下竦然起敬乘其雄之春秋也哉

嘉靖癸巳菊月吉日門人劉儒頓首拜書

詩　中川左國璣大梁進士

昔時懷葉縣令日宰任丘笑爾王喬舄仍爲
帝里游九河追禹貢一乘行春秋信有馨香德神明久
眷侯

又　兼野黃禎兵部郎中

大雅聞王子相逢鬱夏雲情通簪盖外荆識海瀛分
花邑稱幽爲絃歌亦宓君誰爲雄地乘史籀有遺文

# 后　记

《雄乘》作为保存至今、最早记录雄县的第一部县志，尽叙历史沿革之要略，追述先贤英杰之功绩，记录经济文化之盛衰，为后人留下了宝贵的历史文化遗产，对于雄安新区的文化建设意义非凡。因此，对《雄乘》点校注工作的重要性不言而喻。

旧志整理是一项艰深的工作，需要扎实的史学专业基础、丰厚的古文字学和古文献学知识储备，还需要考释与校勘的深厚素养，然而事情总要有人做。雄县山川锦绣，物产丰饶，人杰地灵，文化厚重，需要一代代人耕耘、守护和传承。因而，我们怀着对历史文化的深深敬畏，怀着对历史文化传承的使命担当，为《雄乘》做点校注。为此，我们倾注了大量的精力与心血，唯愿能为雄安新区的文化建设略尽绵薄之力。

我们选用的是天一阁藏明代方志选刊《雄乘》，先是对《雄乘》的影印本做了初步的断句标点，再逐字录入电脑、核验标点、校勘、翻译。尽管做了比较充分的心理准备，然而这项工作远比我们想象得更为艰辛。在原著录入过程中，繁体字转化为简化字，需要对照原文反复核验校对，其中还有不少罕见的生僻字，由于电脑字库中没有而无法录入。由于刊刻等原因，原著中的一些形近字出现错讹，更是需要仔细辨识，谨慎取舍。对于原文的点校，由于涉及疆域、山河、风土、田赋、建置、礼制、官师、人士、选举、祥异等诸多领域，疑难问题甚多，我们反复切磋，多方请教查证。对于其中一些专业性很强的问题，处理起来总感力不从心，有时难免捉襟见肘。

为古籍做翻译，实为不易。译文过白，则原文意境全失；过文，则无异于不译，其中的合适尺度不易把握。例如，“风土”中提到“孔子猎较，鲁人供簿”，这句出自《孟子·万章下》：“孔子之仕于鲁也，鲁人猎较，孔子亦猎较”，“孔子先簿正祭器，不以四方之食供簿正”。赵岐注：“猎较者，田猎相较夺禽兽，得之以祭，时俗所尚，以为吉祥。孔子不违而从之，所以小同于世也。”后因以表示和众随俗。簿正祭器：用文书规定祭祀用的祭品。朱熹《孟子集注》认为孔子用文书规定祭祀用的祭品而不用别处的食物，这样争夺猎物的风气自然就慢慢消失了。引用的意思很清楚，但这两句如何翻译很难把握。再如，“风土”中有一处关于梅雨的记载：“是月也，芒种后遇壬入梅，夏至后遇庚出梅，遇雷电为断梅。以遇壬日数为梅高尺数。度物之高下置之，则不梅矣（雄地下湿，故亦梅，如芒种后五日遇壬，则梅高五尺，十日则梅高一丈也）。”其中“度物之高下置之，则不梅矣”应该如何断句，经多方考证求教，也不能确定，有的在“置之”后断开，有的在“高下”后断开，有的断为“度物之高，下置之，则不梅矣”。由于不清楚该句表达的意思，所以哪种断句准确合理，不能确定，因而也无从做出有把握的翻译，只能留待方家释疑。

在《雄乘》的整理与点校注过程中，整个团队成员分工合作，完成情况如下。标点：张莉萍，彭艳芬。校证：彭艳芬，张莉萍。注释：赵艳平，赵平分。着手于这项工作，团队成员投入了大量的时间和精力，尤其寒暑假期间更是集中精力全力以赴，我们先是按分工完成初稿工作，后期从点校注细节、格式排版到核校修订，团队成员经常讨论推敲，不断打磨，尤其是赵平分教授，在书稿录入翻译注释之前，对照原文逐字审核多遍；初稿完成后，又对全书详细审核、反复修订。

本书即将付梓，衷心感谢保定学院领导对本书的鼓励、扶持与具体指导；衷心感谢河北大学出版社，特别是责任编辑李丽华老师，她给我们提出了很多中肯宝贵的意见，李老师严谨求实的治学态度、一丝不苟的工作作风、深厚的专业素养和丰富的点校经验，我们尤感钦佩；感谢保定学院崔玉谦、李想、苏彤老师，保定第三中学王路明副校长，雄县第三高级中学赵冬梅、刘颖梅老师在地理、历史、经济等方面的启发和赐教；感谢保定学院文博学院翟怡洁、刘婉滢、杨曼、赵鑫、赵梓涵、刘晓涵等同学在书稿录入中的帮助与付出。

由于学识能力所限，本书的点校注肯定还存在很多问题，诚请各位专家、读者提出宝贵意见，以便有机会做进一步修正和完善。我们会带着各位读者的鼓励和督促，砥砺前行。

感悟历史，汲取智慧；前事可鉴，未来可期。希望《〈雄乘〉点校注》能在传承雄县历史文化、增强中华民族文化自信中发挥应有的作用。

赵艳平

2022 年 12 月